国家自然科学基金青年项目 "渴望及其对农村居民收入差距的影响研究"
（项目编号：71903117）

"现代农业产业技术体系建设专项资助"（项目编号：CARS-28）

中国"三农"问题前沿丛书

收入渴望与收入不平等

尤亮 霍学喜 著

以苹果种植户为例

Income Aspirations
and Income Inequality:

A Case from Apple Growers

社会科学文献出版社
SOCIAL SCIENCES ACADEMIC PRESS (CHINA)

目 录
CONTENTS

第一章 导论 ·· 001
 一 研究背景 ······································ 001
 二 研究目的与意义 ································ 007
 三 文献综述与评价 ································ 012
 四 研究思路、技术路线与研究方法 ·················· 027
 五 调查方案设计 ·································· 031
 六 可能的创新之处 ································ 035

第二章 概念界定与理论分析 ·························· 039
 一 苹果种植户及特征 ······························ 039
 二 渴望及特征 ···································· 040
 三 收入渴望形成机制分析 ·························· 051
 四 收入不平等的定义 ······························ 058
 五 收入分配相关理论 ······························ 060
 六 收入不平等与收入渴望关系理论分析 ·············· 066
 七 本章小结 ······································ 074

第三章　苹果种植户收入渴望与收入不平等特征分析 …… 076
- 一　样本区域基本情况 …… 076
- 二　样本苹果种植户基本特征 …… 078
- 三　家庭决策者收入渴望特征 …… 090
- 四　苹果种植户收入不平等特征 …… 092
- 五　本章小结 …… 102

第四章　收入渴望形成机制的实证分析 …… 104
- 一　理论分析与模型设定 …… 104
- 二　变量度量与描述性统计分析 …… 108
- 三　模型估计结果与分析 …… 118
- 四　本章小结 …… 129

第五章　收入不平等对收入渴望的影响
　　　　——社会比较的调节作用分析 …… 132
- 一　模型设定与变量描述性统计 …… 133
- 二　模型估计结果与分析 …… 135
- 三　本章小结 …… 154

第六章　收入渴望对收入不平等的影响
　　　　——生产性投入的中介作用分析 …… 158
- 一　模型设定与变量描述性统计 …… 159
- 二　模型估计结果与分析 …… 165
- 三　本章小结 …… 189

第七章　收入渴望与收入不平等互动演化分析 …… 192
- 一　收入渴望与收入不平等互动演化分析 …… 193
- 二　低收入群体收入渴望提升路径探讨 …… 196

三　本章小结 …………………………………… 198

第八章　研究结论与建议 ……………………… 199
　　一　主要研究结论 ……………………………… 200
　　二　主要建议 …………………………………… 207
　　三　研究局限及展望 …………………………… 210

参考文献 ………………………………………… 212

附　录 …………………………………………… 235

第一章
导论

一 研究背景

（一）中国农民收入不平等程度加剧

发轫于1978年的农村家庭联产承包责任制，通过改变农村旧的经营管理制度，极大地调动了农民农业生产经营的积极性，促进了改革开放初期农民收入的较快增长。自20世纪80年代中期起，受经济发展重心从农村转向城市、粮食购销体制的市场化改革以及国际经济环境的影响，农民经营性收入增长缓慢，总收入增长低迷。20世纪90年代伊始，随着市场经济体制改革逐步完善、农村劳动力跨区流动桎梏逐渐被打破，大量农村劳动力涌入城市，工资性收入成为农民收入增长的主要推动力。2005年之后，随着建设社会主义新农村及众多支农、惠农政策的出台，城市化和工业化进程中的第二、第三产业快速扩张，吸纳了大量的农村剩余劳动力，农民收入取得了快速增长（Lin，1992；潘文轩、王付敏，2018）。

如图1-1所示，从总体上看，农民人均收入从1978年的133.6元增长至2016年的12363.4元，38年间增加了接近92倍。然而，近年来随着农民人均收入水平逐步提高，农村总体收入差距、区域间收入差距、区域内收入差距都呈现扩大趋势。从农村总体收入差距看，2010年农村收入最高20%家庭人均收入约为最低20%家庭人均收入的3.3倍，而2013年这一比值扩大至7.41倍，2016年扩大至9.46倍[①]；郭文伟（2018）使用CHNS数据的计算结果表明，2010年农村居民收入不平等的基尼系数值高达0.49，超过0.4的国际警戒线[②]。

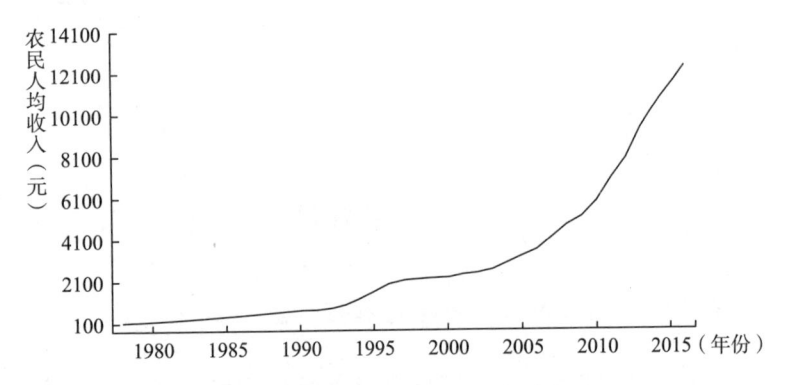

图1-1 1978~2016年农民人均收入增长趋势
资料来源：根据国家统计局年度数据库相关数据整理所得。

从区域间收入差距看，2000年全国农村家庭人均收入最高的上海约为最低的西藏的4.20倍，人均收入差额为4265.56元；2010年全国农村家庭人均收入最高的上海约为最低的甘肃的4.08倍，差额达10543.31元；2016年全国农村家庭人均收入最高的上海约为最低的甘肃的3.42倍，差额高达18063.5元。[③]从数据上可以得出，虽然区域间的相对收入差距逐步缩小，但绝对收入

[①] 数据来源于国家统计局年度数据库，经整理计算所得。
[②] 对于基尼系数测度的收入不平等程度，目前国际上通用准则是：基尼系数若低于0.2表示收入平均，在0.2~0.3表示相对平均，在0.3~0.4表示相对合理，在0.4~0.5表示收入差距大，在0.6以上表示收入悬殊。通常将基尼系数等于0.4（根据黄金分割律，其准确值应为0.382）作为收入不平等"警戒线"，超过"警戒线"，收入不平等容易引发一系列社会问题，导致社会不稳定。
[③] 数据来源于国家统计局年度数据库，经整理计算所得。

差距持续扩大。

从区域内收入差距看,以江苏和甘肃为例,江苏省 2010 年农村收入最高 20% 家庭人均收入约为最低 20% 家庭人均收入的 6.67 倍,绝对收入差距为 16983.3 元;2016 年的相对收入差距虽然缩小至 6.48 倍,但绝对收入差距高达 31806 元。甘肃省 2014 年农村收入最高 20% 家庭人均收入约为最低 20% 家庭人均收入的 6.84 倍,绝对收入差距为 10649.9 元;2016 年的相对收入差距扩大至 9.48 倍,绝对收入差距扩大至 16044.2 元。①

从总体上看,我国各区域的农民收入整体上取得较快增长,农民生活水平不断改善,但区域间、区域内的农民收入还存在较大的差距,尤其是区域内农民收入差距较大。

(二) 优化收入分配可有效缓和社会矛盾

中国共产党第十九次全国代表大会报告对我国社会主要矛盾做出与时俱进的新表述,将新时期社会的主要矛盾概括为人民日益增长的美好生活需要和不平衡不充分发展之间的矛盾(习近平,2017)。而城乡之间、区域之间、区域内部发展的不平衡是我国"不平衡"发展问题的重要表现(许光建,2018)。党的十九大报告将 2020 年全面建成小康社会目标实现后到 21 世纪中叶的发展目标划分为两个阶段,第一阶段的目标为人民生活变得更为宽裕,中等收入群体所占比重明显提高,城乡和区域之间的发展差距和居民生活水平差距显著缩小,基本公共服务均等化基本实现,向全体人民共同富裕迈出坚实步伐;第二阶段的目标为到 21 世纪中叶,全体人民共同富裕基本实现,人民将享有更加幸福安康的生活,建成富强民主文明和谐美丽的社会主义现代化强

---

① 数据来源于《江苏统计年鉴》和《甘肃统计年鉴》,经整理计算所得。

国。① 可见无论是第一阶段缩小居民生活水平差距的目标,还是第二阶段实现共同富裕的目标都凸显出解决好收入分配问题的重要性,而提高低收入群体收入,降低收入不平等程度是关键。因此,提高低收入群体收入将成为解决我国"不平衡不充分"发展问题的重要途径,也是全面建设社会主义现代化强国的必然选择。

此外,在经济和社会发展中,在实现全体人民收入水平提高这一目标上,分好蛋糕与做大蛋糕同等重要。在我国未来的经济增长将更多依靠内需和消费动力的背景下,较高的收入不平等程度将导致社会有效需求不足,阻碍产业结构的转型升级,降低低收入群体的人力资本投资,造成社会阶层的分化和固化,诱发一系列社会矛盾,影响社会的和谐稳定。基数庞大的农民普遍处于低收入群体行列,部分群体仍然处于贫困状态或贫困边缘,随着当前精准扶贫工作的强力推动,绝对贫困问题最终会得到解决。而脱贫之后如何解决农民收入差距持续扩大问题无论在理论上还是在实践中都十分重要。

(三) 宏观到微观演变视角的收入不平等原因

二战后大批发展中国家独立及发展经济学问世,虽然已经过去了半个多世纪,但逐渐上升的收入不平等程度和持续性贫困仍然是发展中国家社会经济发展所面临的巨大难题,同时发展经济学家也在为发展中国家降低收入不平等程度、摆脱贫困并实现良性发展而殚精竭虑,但并没有做出令人满意的解答。发展经济学家往往专注于一些"大问题",包括探究不平等的最终原因、应该在多大程度上信任自由市场机制、民主制度对发展的益处、外来援助对降低不平等程度的效果等 (Banerjee & Duflo, 2012),但基于"大问题"视角的研究,往往难以提出具体降低收入不平

---

① http://www.gov.cn/zhuanti/19thcpc/index.htm.

等程度的长效政策方案。其中的原因应该是收入不平等问题的复杂性，尤其是导致个体异质性的外生系统和内生系统交互作用的复杂性使得经济学界难以形成具有普适性的、能够解决不同类型收入不平等问题的理论和方法。收入不平等问题如此复杂，且涉及社会公平与正义及人类福祉改进，因此吸引了学术界聚焦研究。

基于市场主体的个体行为视角，研究社会经济问题，是评判某种经济学理论的合理性，以及是否接受该理论的重要标准。任何经济理论，如果缺少以现实为基础的微观个体行为决策分析，都将导致人们对其可信度的质疑（Arrow，1994）。而只有立足于地区收入不平等的具体情境及个体的微观行为，才有助于探索形成具有针对性的解决具体收入不平等问题的方案，这也是20世纪90年代以来发展经济学在收入不平等问题上研究思路与范式方面的重要突破（Greif，1994；叶初升、赵宇，2005）。

（四）收入渴望是影响个体收入增长及收入不平等的重要因素

已有研究表明，即使在预期投资回报率很高的情境中，农民也会存在投资不足现象。Goldstein 和 Udry（2008）对加纳南部农户经营行为的研究发现，与种植粮食作物30%～50%的投资回报率相比，农户种植菠萝的投资回报率高达250%～300%，但当地仅有18%的土地用于种植菠萝。Duflo 等（2011）对肯尼亚农户肥料投入行为的研究发现，即使在农户认识到肥料投入的回报率超过100%的情境中，也只有不到15%的农户在玉米生产中使用肥料。在中国情境中，樊桦（2001）的研究表明，虽然农民健康对其人力资本质量改善以及收入增加具有重要影响，但农民在健康领域的投资依然严重不足。Banerjee 和 Duflo（2007）的研究表明，与上述类似的行为偏差在低收入群体中表现尤为明显。

农民在生产和生活中显现的投资不足行为是影响其收入状况

的直接原因（邹薇、方迎风，2012）。发展经济学视角的研究一般将农民投资不足归因于其行为决策时所面临的外在约束影响，但对上述投资不足现象的解释依然乏力，问题关键在于决策主体的行为缺乏内生动力。传统经济学理论不能对市场主体在做决策时的非最优行为提供完整和满意的解释，近年来经济学界注重从学科交叉视角寻找答案。受到人类学家 Appadurai（2004）和部分心理学家研究成果的影响，经济学相对前沿的研究结果认为，激发个体行为决策的内生动力需要从突破其内在约束入手（Dalton et al.，2016），而决策主体的渴望[1]是影响其内生动力的关键因素（Flechtner，2017）。具体表现为渴望影响决策主体的投资行为（Bernard et al.，2014），进而影响决策主体的收入增长及群体内的收入不平等程度。

渴望是一个多维度概念，渴望的指向可以是资产、收入等物质性渴望，也可以是婚姻、生育、幸福、平等等社会性渴望。现阶段，与渴望相关的研究主要集中在心理学中的教育渴望和职业渴望方面。在经济学领域，与渴望相关的研究近年来逐步开展，相关研究成果发表在 *The Economic Journal*（Dalton et al.，2016）、*Oxford Economic Papers*（Besley，2017）、*Econometrica*（Genicot & Ray，2017）等有影响力的杂志上。本研究关注农民的渴望与收入不平等之间的关系问题，因而聚焦于渴望的收入维度，即收入渴望。前人在农民收入不平等问题上的研究多关注于物质资本、人力资本、社会资本、地域因素等，而对影响农民行为决策的内

---

[1] 渴望对个体行为的激发作用在中国传统文化中也能找到相似的表达，如谚语"授人以鱼，不如授人以渔；授人以渔，不如授人以欲"中的"欲"与渴望的描述有异曲同工之处。这句谚语的前者强调的是传授给人既有知识，不如传授给人学习知识的方法，而后者强调的是传授方法不如激发欲望，将被动转化为主动，培育和形成内生性发展的动力机制，即鱼是目的，钓鱼是手段；鱼是结果，而渔是根植于渴望吃鱼的理念与方法。如果想要持续有鱼吃，就要学会甚至创新钓鱼的方法。"欲"就是植根于内心的渴望，时时处处影响着个体行为决策的内生动力。

生动力因素——收入渴望缺乏必要的关注。

在理论及应用领域,渴望这一概念分散在心理学、人类学以及经济学等多个学科,各学科对渴望形成机制的认识缺乏互动性,进而对收入渴望形成机制的研究尚待探索。经济学家 Ray (2006) 将个体能够观察并感知与自己背景相似的人形成的集合定义为个体的渴望窗口,个体的渴望窗口影响个体渴望的形成。具体到收入渴望,可以预判个体所在生活环境中的收入分布和结构会影响个体的收入渴望。而收入渴望作为影响个体行为决策内生动力的关键因素,对个体收入增长具有重要影响,进而会改变个体所在社会环境的收入分布情况,即影响收入不平等。

基于这种背景,以苹果种植户为例,本研究拟解决的关键问题包括:从多学科整合视角看,收入渴望的形成机制是什么?宏观的收入不平等是否会影响微观个体的收入渴望,若有影响,那么影响机制是什么?微观个体的收入渴望是否对宏观的收入不平等造成影响,若有影响,那么影响机制是什么?收入渴望与收入不平等之间的互动关系会导致收入不平等出现何种演化路径?

二 研究目的与意义

(一) 研究目的

本书以从事专业化、市场化生产的苹果种植户为研究基本单元,以苹果种植户的收入渴望和收入不平等为研究对象,从心理学、人类学和经济学交叉视角,回答渴望或收入渴望是什么。通过建立收入渴望形成机制的跨学科整合框架,回答收入渴望何以形成。在此基础上,建立收入不平等影响收入渴望的理论分析框架,揭示收入不平等对收入渴望的影响机制;建立收入渴望影响收入不平等的理论分析框架,探究收入渴望对收入不平等的影响机制;在收入渴望与收入不平等关系的理论分析基础上,探讨收入渴望与收入不平等互动关系下的收入不平等演化路径。采用两个整村的苹果种植户调查数据，运用实证研究方法，对理论分析得出的收入渴望形成机制、收入不平等影响收入渴望、收入渴望影响收入不平等的理论分析结论予以检验。在实证分析结果的基础上，探讨样本村苹果种植收入不平等的演化路径以及探究如何提高低收入群体的收入渴望以降低收入不平等程度。具体研究目的如下。

（1）针对不同学科间和同一学科内部的研究者在使用"渴望"概念时出现的内涵差异，本研究将在系统梳理心理学、人类学、经济学等学科与渴望相关文献的基础上，对渴望予以系统界定，分析渴望的内涵、特征及其与相关概念（如希望、期望、信念等）的区别与联系，即探讨渴望或收入渴望是什么。

（2）从跨学科整合视角，在个体的渴望适应、社会比较、自我效能感和控制点的基础上，构建收入渴望形成机制的跨学科整合框架，即探讨收入渴望何以产生。

（3）从理论视角，以社会比较作为调节变量，构建收入不平等对收入渴望影响的理论分析框架。以物质性投入为中介变量，构建收入渴望对收入不平等影响的理论分析框架。在此基础上，探讨收入渴望影响下的收入不平等演化路径。

（4）以苹果种植户为研究案例，采用统计分析方法，分析样本区域苹果种植户的苹果种植收入渴望现状和苹果种植收入不平等现状。采用实证分析法，对收入渴望理论形成机制予以验证，即探究在家庭决策者收入渴望形成过程中，家庭决策者的收入渴望适应、社会比较收入、经济自我效能感和经济控制点等的作用。实证检验苹果种植收入不平等对家庭决策者收入渴望的影响，家庭决策者的社会比较收入在苹果种植收入不平等对其收入渴望影响中的调节作用。实证检验家庭决策者收入渴望对苹果种植收入不平等的影响及家庭人工投入、物质投入在家庭决策者收入渴望对苹果种植收入不平等影响中的中介作用，即对本研究的理论分析结果进行验证。

（5）根据实证研究结论，分析在家庭决策者收入渴望影响下，苹果种植收入不平等的可能演化路径以及如何通过提高低收入群体的收入渴望来降低区域内部的收入不平等程度。

（6）结合理论和实证分析结论，对提高苹果种植收入、降低收入不平等程度提出相应的对策建议。

（二）情境设计

渴望是一个跨学科概念，其既受个体内在特征影响，也受个体生活空间中的社会经济环境因素影响，收入渴望作为渴望的重要维度尤为如此。尤其是个体外在社会经济环境因素对收入渴望的影响使得学者在研究中难以厘清收入渴望与收入不平等间的关系及其中的影响机制。换言之，情境（context）对收入渴望和收入不平等具有重要影响。因此，结合研究目的，有必要对本研究的情境予以假定（assumption），这也是本研究得以开展的前提条件。

近年来，我国苹果种植面积逐年扩大，苹果是高价值农产品，发展苹果种植业对苹果产区农民的收入增长具有显著提升作用。但区域间的苹果产业发展不平衡，其中环渤海优势种植区的苹果产业整体发展水平较高，而黄土高原区和黄河故道优势区苹果产业整体发展水平相对较低，相应地影响苹果种植户的种植收入。地区经济发展水平对苹果产业发展影响重大，既涉及产业组织化程度、生产技术水平，又涉及要素市场和产品市场发育程度，而这些因素对苹果种植户收入具有直接影响。地区经济发展水平较高，可能意味着居民收入水平总体较高，农户从事苹果种植所面临的机会成本较高，因而促进苹果种植户收入渴望的提高。由此，本书提出假定1。

假定1：当地经济发展水平越高，苹果种植户的收入渴望越高。

改革开放以来,在市场经济体制的逐步完善下,人口流动壁垒逐步被打破,在经济不平衡发展过程中出现的城乡收入差距、区域间收入差距和农业科技进步释放大量农村劳动力,进一步增加了城乡间、区域间的人口流动。从农村到城市的外出务工人员,会潜移默化地受到城市经济社会环境的影响,与长期居住在农村的居民相比,其思想观念已发生很大转变,尤其是市场经济理念的转变。在与未外出的农村居民的接触过程中,他们又会对后者的思想观念产生影响,尤其在外出务工人口占总人口比重较高的地区。由此,本书提出假定2。

假定2:当地人口流动性越强,苹果种植户的收入渴望越高。

从物理角度看,个体能够直接观察或接触到的人口规模是有限的,通常个体间的信息交流可能以某种特定的方式为主,如面对面的言语交流。但随着互联网科技的发展及手机、电脑等网络终端设备的普及,农民获取信息的渠道增多,与经济发展和农业生产相关的信息获取更加便捷,如全国范围内的苹果产销信息。信息流会影响苹果种植户对未来宏观经济环境、产业发展前景以及微观产销形势的研判,从而对苹果种植户的收入渴望产生影响。一般而言,信息流动性对苹果种植户的收入渴望会产生正向影响。由此,本书提出假定3。

假定3:当地信息流动性越强,苹果种植户的收入渴望越高。

地方政府通常会通过政策供给,优化当地产业政策,对符合比较优势的产业予以扶持。在一些将苹果产业作为当地农业支柱产业的地区(如陕北、甘肃陇东等),当地政府出台相关的政策措施促进苹果产业发展,如开展技术培训提高苹果种植户的果园管理水平、推动地方苹果品牌建设等。但在苹果主产区,并非所有的地方政府都会出台相似的产业政策,并且地方政府在政策实施强度上也存在差异。对苹果种植户而言,利好的产业政策会提高其生产的积极性和对未来收入判断的准确度,相应地,苹果种植户的收入渴望通常较高。由此,本书提出假定4。

假定4:当地苹果产业政策越好,苹果种植户的收入渴望越高。

(三)研究意义

围绕促进农户收入增长和降低收入不平等程度等关键问题,以收入渴望为切入点,采用两个村庄的苹果种植户微观调研数据,运用以规范分析与实证分析为核心的研究方法,测定苹果种植户家庭决策者收入渴望与苹果种植收入不平等,探讨家庭决策者收入渴望的形成机制,分析苹果种植收入不平等对家庭决策者收入渴望的影响、家庭决策者收入渴望对苹果种植收入不平等的影响、家庭决策者收入渴望影响下的苹果种植收入不平等可能的演化路径,具有重要的理论和现实意义。

(1)从心理学、人类学和经济学学科交叉视角,系统界定渴望内涵、特征及其与相关概念的区别与联系,回答渴望及收入渴望是什么;从跨学科整合视角,建立收入渴望形成机制的理论分析框架,回答收入渴望何以形成,并从实证上予以验证。这是当前阶段提倡学科交叉背景下的研究主题,丰富了对个体行为决策的认知,补充和发展了当前的渴望理论,有助于推动渴望理论在经济学科的深入应用。

(2)通过分析苹果种植户收入不平等对家庭决策者收入渴望的影响及家庭决策者社会比较收入的调节作用,有助于研判当前中国农村收入不平等状况对农村居民收入渴望的影响。进一步而言,这有助于理解收入两极分化的社会为何会出现较低的收入流动性、部分贫困人口的收入渴望较低以及社会阶层固化现象。

(3)通过分析苹果种植户家庭决策者收入渴望对其收入、收入不平等的影响及家庭生产性投入的中介作用,从新的视角阐释了农户收入增长的内在机制,为中国农村居民收入不平等和区域发展不平衡现象提供了新的解释，为促进低收入群体收入增长和降低收入不平等程度提供了可能的路径，同时，有助于从个体内在约束视角理解持续性贫困现象，对当前的精准扶贫工作具有参考价值。

（4）从收入渴望视角来探讨收入不平等问题，可以挖掘出导致当前我国收入差距较大的个体深层次原因，为国家完善相关收入分配政策提供理论和现实依据。

三 文献综述与评价

（一）个体行为决策的外在和内在约束

1. 外在约束

个体在行为决策时往往因受到一些约束条件的影响而导致投资不足，进而对其收入造成影响。发展经济学家尝试从个体行为决策的外在约束视角探讨个体行为决策并没有表现出传统经济理论所预测的那样的原因。例如，个体投资来源受到限制而导致其投资不足（Kochar，1997），信用及保险市场不健全（Ahsan et al.，1982），权利贫困制约（即个体交换、生产权利及自身劳动力、继承或转让权利的丧失）（阿马蒂亚·森，2001），专业化分工体系中个体经济行为间缺乏有效协调（Kremer，1993），制度或政府政策失灵衍生的官僚体制、腐败导致的投资机会限制（Bardhan，1997），营养不良导致成年人工作能力消减（Dasgupta & Ray，1986），贫困地区邻里间长期、反复的负面影响导致的集体行为意识负向激励（如轻视教育投资）（Sampson & Morenoff，2006），以及社会契约属性的亲属制度（kin system）对个体进入现代部门的不利影响和经济转型中亲属制度导致其成员掉入贫困陷阱（Hoff & Sen，2006）。个体通常需要大量观察成功的案例才做出决定，但较高回报率的投资决策极易受到信息、知识的制约而流产（Yamauchi，2007）。此外，外在约束既可能独立于市场机制而影响个体的理性决策，也可能伴随着市场失灵而抑制投资机会对个体的吸引力，如平等主义规范（Platteau，2000）、政府过多赋税和过度规制（Hausmann et al.，2008）均具有社会约束特征。在这种情境中，个体行为及努力的回报因为必须与社会其他个体或组织分享而受到抑制，即使决策所能获得的回报较高也会因面临与他人分享而影响其积极性，从而导致行为决策受到约束。

因此，从微观视角研究个体行为决策面临的外在约束及其对个体行为决策的影响，深化和丰富了对个体投资不足行为的理解。制约个体行为决策的外在约束因素众多，既涉及制度和政策，又涉及社会保障和社会规范，并深受个体所在社会经济环境的影响。

2. 内在约束

卢梭（2015）认为，在人类所有知识中最有用却不为人类了解的就是人类对自己的认识。行为经济学从影响个体决策的心理学机制探讨行为决策受约束的原因，发现个体决策中面临的内在约束是抑制其投资不足进而影响其收入增加的重要因素，研究主题包括自我控制、身份认同、渠道因素、心理账户等方面。

在自我控制方面，Duflo 等的研究值得关注。Duflo 等（2006）在肯尼亚贫困地区的随机田野实验中发现，贫困农户缺乏自我控制能力，几乎无储蓄习惯，因而他们即使储蓄很少的资金都存在困难。根据这种情境，Duflo 等（2006）设计了一种收费的、远期交割的肥料购买凭证，结果很多贫困农户购买并使用该凭证，表明该实验可以有效矫正贫困农户的自我控制能力。Banerjee 和 Duflo（2007）进一步研究认为，贫困农户因缺乏自我控制能力，抵制不了即时消费的诱惑，导致很少储蓄、无法把资金用于生产资料投资上。

在身份认同对个体决策影响方面，Hoff 等学者的研究值得重视。Hoff 和 Pandey（2004）在印度北部的儿童身份认同实验中发现，即使在种姓信息和奖赏无关的场景中，种姓信息的公开也会对低等种姓儿童的表现产生显著的负向影响，且影响具有持续性。可见，如果一种信念系统给特定的社会群体打上烙印，一旦信息公开，该信念系统将影响个体的行为倾向。针对美国高校黑人学生与白人学生间的运动能力、智力测试的结果，也得到类似的结论（Stone et al.，1999）。Akerlof 和 Kranton（2000）对贫困人口的身份认同与经济结果关系的研究表明，类似的身份认同效应对贫困人口的经济行为、发展机会、福利变化具有关键影响。

在渠道因素对个体的储蓄决策影响方面，Bertrand 等学者的研究具有创新性。Banerjee 和 Duflo（2007）对 13 个发展中国家贫困人口的经济生活情况的研究显示，只有极少数贫困人口有储蓄账户。Ashraf 等（2006）在菲律宾的实验研究表明，贫困人口经济宽裕时难以抵挡即时消费的诱惑，但储蓄引导有助于抑制该诱惑，并改变贫困人口的经济状况。Bertrand 等（2004）针对贫困人口的不储蓄行为研究发现，渠道因素具有重要影响，即开放的渠道会引导贫困人口储蓄，而封闭的渠道则会阻碍贫困人口储蓄。如在美国，未开设银行账户的人几乎都是贫困人口，而未开设银行账户会给贫困人口的生活带来较高的经济成本，这是传统经济学难以解释的现象。更重要的研究表明，仅仅为贫困人口提供有关开通银行账户的有益信息，难以产生明显的正向激励效果。相反，银行及其职员通过创新和整合可能的渠道因素，包括为贫困人口提供指向性的银行区位图、确定预约时间、指派银行代表等，有助于放大渠道效应，进而提高储蓄率。

在心理账户对个体投资决策影响方面，Mani 等（2013）发现，贫困人口由于必须管理零星的收入、烦琐的支出，并在两者之间做出艰难的权衡，即使实际上没有做出经济决策，也可能分散其注意力，因而消耗大量的心理资源，导致分配于其他决策事宜的心理资源变少，即贫穷会降低贫困人口的认知能力和决策能力。此外，贫困人口通常在收获时具有更强的认知能力，且贫困人口的认知能力与生产周期具有同步性。可见，贫困人口既要应对金钱的缺乏，又要应对心理资源的不足。Duflo 等 (2011) 的研究也发现，农民在收获时的投资决策比收获之后的投资决策具有更高的回报率，从而验证了心理账户对贫困人口投资决策的影响。

上述研究表明，内在约束对个体行为决策及其经济状况同样具有重要影响。近年来的研究表明，渴望是影响个体行为决策内生动力的关键因素，个体的收入渴望对其经济决策具有重要影响，收入渴望过低是导致个体投资不足的重要内在约束。

（二）收入渴望的影响因素

关于收入渴望影响因素研究的文献较少，已有文献多集中在心理学领域探讨职业渴望或教育渴望的影响因素。经济学领域有关收入渴望的文献主要关注个体的社会比较和渴望适应对其收入渴望的影响；心理学领域有关职业渴望或教育渴望的文献主要关注个体自我效能感和控制点对其职业渴望或教育渴望的影响。但无论是收入渴望，还是职业渴望或教育渴望，均是渴望的重要维度。研究职业渴望或教育渴望的影响因素对理解收入渴望的影响因素具有重要的参考价值。

社会比较对个体收入渴望具有重要影响。Stutzer (2004) 通过实证研究发现，瑞士居民的收入渴望随着居民所在社区平均收入的增加而提高。Knight 和 Gunatilaka (2010) 针对在中国城市定居的农村移民与城市其他群体的收入渴望存在差异的情境，研究发现农村移民参照的收入群体随着居住区域的改变而转变，导致其收入渴望同其收入相比显得过高。居住在农村的居民的参照群体的收入对其收入渴望具有正向促进作用（Knight & Gunatilaka,

2012b）。Janzen 等（2017）基于尼泊尔居民的研究发现，个体参照对象的收入较高对其收入渴望具有显著的正向促进作用。类似的研究如 Haller（1968）、Appadurai（2004）、Stout 等（2011）、Beaman 等（2012）、Jensen（2012）等。这些研究结果均揭示社会比较对个体的渴望或收入渴望具有重要影响，人们在进行收入比较时，通常会把目光投向比自己处境更好的人，因而其收入渴望会高于当前已经达到的收入水平。

渴望适应对个体收入渴望具有重要影响。Stutzer（2004）认为渴望适应是影响个体收入渴望的关键因素，并采用瑞士居民的收入数据，证实了居民自身收入对其收入渴望具有显著正向影响。Easterlin（2001）采用美国居民的收入数据研究发现，收入渴望会随着收入的增加而提升，即收入渴望是自身收入水平的增函数，并且近似于按比例增长，作者认为渴望适应是人性中很自然的方面。Schwartz（2008）对渴望和渴望适应在解释 Simon（1955）的"满意"（satisficing）和有限理性理论方面进行了综述，指出实现利润渴望和对这些渴望的适应之间存在正相关关系。Castilla（2012）以墨西哥居民的收入数据为样本，研究证明个体收入渴望会随着其收入的增加而提高，并且对于接受过良好教育的个体来说，收入增加与收入渴望提高之间的关系具有"滚雪球效应"。Easterlin（2003）认为个体收入渴望对其自身收入的适应是立即的，而 Clark（2009）认为穷人因为趋于保守，渴望适应并不会频繁发生。Easterlin（2005）、Knight 和 Gunatilaka（2010，2012a）等的研究结果均发现，个体的渴望或收入渴望会随着其收入水平的变化而变化，即个体的渴望适应对其渴望或收入渴望具有重要影响。

个体的自我效能感对其渴望具有重要影响，其中以心理学家 Bandura 团队的研究成果最具代表性。Bandura（1993）认为，对于个体而言，若将能力视作与生俱来，则遇到困难时其自我效能感会下降，进而个体的渴望会降低；相反，若将能力视作后天习得，则遇到困难时其自我效能感会保持不变，即依然保持较高的渴望。Bandura（1993）通过实证研究发现，学生管理学习和掌握学术活动的自我效能感决定了其教育渴望，当先前的渴望实现后，具有高自我效能感的学生会为自己设定更高的渴望。Bussey 和 Bandura（1999）的综述研究发现，自我效能感的性别差异是导致男女职业渴望差异的重要因素。Bandura 等（2001）以儿童为研究对象，进一步证实了儿童自我效能感对其职业渴望的形塑作用。Shah 和 Higgins（2001）通过对哥伦比亚大学在校生的自我效能感进行实验研究，发现有较高的、积极的核心自我评价的学生的渴望较高。类似的研究如 Gomez（2014）同样发现学生的自我效能感对其职业渴望具有重要影响。现阶段，关于个体自我效能感对其渴望影响的研究主要集中在心理学领域。在经济学领域，Bernard 等（2012）以埃塞俄比亚农村居民为研究对象，证实了具有低自我效能感的个体的收入渴望通常较低。

个体的控制点对其渴望具有重要影响。有关控制点与渴望之间关系的研究多集中在心理学领域，近年来在经济学领域逐渐涉及。如 Burlin（1976）以纽约郊区学校的学生为研究对象，发现学生的控制点倾向对其职业渴望具有显著影响；Flowers 等（2003）发现，具有内控倾向的非裔美国高中生比具有外控倾向的非裔美国高中生的职业渴望更高；Bar-Tal 等（1980）对犹太学生的研究得到类似的结论。在经济学领域，Kosec 等（2012）发现，当决策主体不为改善其当前的情况而积极投资时，他们表现出低渴望特征；低渴望发生的原因可能有很多种，但是通常根植于这样一种信念，即个体的行动不能产生相应的结果。Bernard 等（2012）认为低渴望产生的原因可能是，个体是外控者，而具有内控倾向的个体更有可能具有高渴望特征；进一步，Bernard 等（2014）在埃塞俄比亚开展的围绕渴望的实验研究发现，内控者具有较高的收入渴望，外控者则具有较低的收入渴望。

此外，个体特征及家庭特征也会影响其收入渴望。如个体的年龄、性别、受教育程度、国籍、健康状况、家庭规模及结构（Stutzer，2004）、家庭总资产规模（Bernard et al.，2014）；个体所在的外部环境同样影响其收入渴望，如社会流动性、信息流动性等（Ray，2006）。

（三）农村居民收入不平等的影响因素

众多学者对中国居民收入不平等的影响因素展开研究，形成了相当丰富的研究成果，研究主题包括区域之间的收入不平等、城乡之间的收入不平等、城镇内部和农村内部的收入不平等（陈建东，2012），尤其是区域之间和城乡之间的收入不平等。本书重点关注农村居民收入不平等的影响因素，在借鉴已有研究成果的基础上（孙敬水，2013），本节从个人与家庭特征、人力资本、物质资本、社会资本和地域因素等方面对农村居民收入不平等的影响因素进行简要梳理。

已有研究发现，个人与家庭特征差异对农村居民收入不平等具有重要影响，个人与家庭特征包括性别、年龄、家庭人口结构和家庭规模等。畅红琴（2009）研究发现，农村男性和女性劳动力在收入方面存在明显的差异，并且有扩大的趋势。男性户主的收入通常比女性户主低（李实等，2000），并且性别收入差距的程度在不同地区具有不同的特征，中部地区性别收入差距小于东部和西部地区（高亚，2015）。曲兆鹏和赵忠（2008）采用 CHIP 数据，研究发现农村人口老龄化对 1988～2002 年不断扩大的农村收入不平等只具有微弱的影响。刘华（2014）采用 CHNS 数据，研究发现家庭人口老龄化对 1989～2011 年的农村居民收入不平等贡献有所增加，人口老龄化效应呈现增强的趋势。Zhong（2011）采用 CHNS 数据，分析了中国农村地区的人口结构变化对其内部收入不平等的影响，研究发现，1997～2006 年中国农村收入不平等程度上升很大一部分可以归因于人口结构的改变，而这一期间人口结构的改变主要是计划生育政策导致了家庭劳动力占比的下降。樊丽明等（2010）使用宁夏西海固农户数据对贫困地区收入不平等的影响因素进行研究，发现家庭人口规模对收入不平等的贡献最大，但呈下降趋势。Benjamin 和 Brandt（1999）发现家庭人口规模的缩小会减少家庭内部成员间的转移支付，导致家庭对农村收入不平等的缓冲作用降低。

人力资本对农村居民收入不平等具有重要影响。人力资本通常指附着在劳动者身上的具有经济价值的知识技能、文化技术水平与健康等因素的集合，并且不随劳动产品的转移而转移，尤其是以知识技能和文化水平所代表的教育人力资本对农村居民收入不平等的影响研究备受关注。Gustafsson 和 Li（2002）研究发现，劳动力投入的数量和质量是决定我国农村居民收入的主要因素，劳动力教育水平的提高对于农村居民收入增加具有显著的促进作用。万广华等（2005）基于广东、湖北和云南三个省1995~2002年的农户调查面板数据，将户主的受教育水平、年龄（替代训练程度及经验）和家庭成员中接受过职业教育的人的比例作为人力资本的测度变量，运用回归分解框架来研究中国农村居民收入不平等，结果表明人力资本因素所导致的收入不平等占收入不平等总量的4%~5%，虽然这一比例较低，但作者们认为随着技术进步，人力资本在农村经济发展中的作用将越来越重要，受教育水平对收入不平等减少的作用将增加。高梦滔和姚洋（2006）利用8个省份的1987~2002年的农村固定观测点数据，用教育和在职培训作为人力资本的替代变量，研究发现人力资本是提高农户收入不平等程度的主要原因。孙敬水和于思源（2014）使用户主受教育水平作为人力资本的测度变量，研究发现人力资本对农村居民收入不平等的贡献率大于物质资本和政治资本，提高农村居民文化程度，有助于提高农村居民收入、降低农村居民收入不平等程度。而程名望等（2015）使用涵盖31个省份的2003~2010年农村固定观测点数据，用家庭劳动力状况、家庭劳动力平均受教育年限和家庭具有专业技能劳动力的比例作为人力资本的替代变量，研究发现人力资本缩小了农户收入差距。此外，健康所体现出的人力资本对农村居民收入增加和收入不平等程度降低具有重要影响（程名望等，2014a，2016a）。可见，使用的数据类型、研究区域和人力资本变量测度方法等不同，所得出的研究结论有所差异。

物质资本是影响农村居民收入不平等的重要因素。物质资本是指用来生产其他产品并且能够在一段时期内存在的生产资产形式。对农村居民而言，物质资本主要指家庭生产性固定资产、家庭生产性用地等，是农业的重要生产要素。高梦滔（2006）采用山西农村的微观调查数据，使用生产性固定资产作为物质资本的替代变量，研究发现物质资本对于缩小农户收入差距具有显著影响，土地对于农户收入差距没有显著影响，并且对低收入组而言，物质资本投入的回报率更高。而邢鹂等（2008）使用贵州三个村庄的调查数据，研究发现土地的拥有情况是造成农户收入不平等的主要因素。程名望等（2016b）采用2003~2010年全国农村固定观测点数据，使用人均耕地面积、年末人均生产性固定资产原值和年末人均房屋、耐用品资产原值作为物质资本的替代变量，研究发现物质资本投入在对收入不平等的影响因素中居第二位，其中生产性资本占比最高，耕地和非生产性资本占比最低，但随着时间推移，物质资本投入对不平等的影响有所下降。刘林等（2016）聚焦少数民族农户收入差距，采用新疆南疆三地州的2011~2012年的面板数据，使用年末生产性固定资产原值作为物质资本的替代变量，研究发现物质资本对收入差距影响不大，物质资本在一定程度上有助于缩小低收入群体与中等收入群体之间的收入差距。

社会资本是影响农村居民收入不平等的重要因素。社会资本主要指个体或团体之间的关联，是个体在社会结构中所处的位置给其带来的资源，这里主要指政治资本（如党员、干部等）和人际关系网络。Morduch 和 Sicular（2000）发现拥有党员和干部等身份对农户收入具有显著正向影响，通过对收入进行分解，发现党员和干部等身份对农村居民家庭收入不平等的贡献为正。赵剑治和陆铭（2009）以亲友数量和人情支出比两个变量表示农村居民的社会网络，研究发现社会网络会扩大农村居民收入差距，对农村居民收入差距的贡献为 12.1%~13.4%，并且相比于其他地区，在市场化程度和经济发展水平较高的东部地区，社会网络对于家庭收入回报的影响明显增强，社会网络的这种回报差异使其对农村居民收入差距的贡献更大，此外，社会网络给富人所带来的收益更多。周晔馨（2012）采用中国 CHIPS 2002 数据，使用家庭间的互惠、合作规范和家庭的社会网络来表征社会资本，结果表明社会资本会拉大农户的收入差距，这在一定程度上证伪了"社会资本是穷人的资本"。朱建军和常向阳（2010）采用 2005 年的 CGSS 数据分析村庄社会资本对村庄内居民收入差距的影响，研究发现反映社会资本的互助度变量能够显著缩小村庄内部收入差距，而信任度和公共事务参与度变量对村庄内部收入差距没有显著影响。谢家智和王文涛（2016）使用 2010 年的 CGSS 数据，研究发现传统的地域型社会资本对农户收入差距的影响并不明显，而脱域型社会资本（社会关系从彼此互动的地域性关联中，从通过对不确定的时间的无限穿越而被重构的关联中"脱离出来"）对农户收入增加的促进作用更强，且会扩大农户的收入差距。

地域因素对农村居民收入不平等具有重要影响。地域因素一般指与一个地区相联系的各种自然条件，主要包括自然资源禀赋、地理位置和地理环境等。万广华等（2005）采用广东、湖北和云南三个省1995~2002年的农户调查面板数据,运用回归分解框架研究中国农村居民收入不平等,结果表明地理位置是导致收入不平等的最主要因素。进一步,万广华等(2008)使用1985~2002年的全国数据(不考虑香港、台湾和澳门),将总的收入不平等分解成地区间(东部、中部、西部)收入不平等与地区内收入不平等,结果表明地区间和地区内的收入不平等程度都在提高,尽管地理及相关因素对总体不平等的贡献在下降,但直至2002年其影响仍为最大。以某一区域为样本的研究得到类似的结论,如李小建等(2008)利用河南11个村庄的农户调查数据的研究和唐定燕等(2011)基于云南红河州的农户调查数据的研究。

除了上述影响农村居民收入不平等的因素外,部分学者还从居民要素禀赋、外出务工收入、农产品出口、补贴政策、转移支付、非农产业发展、基层民主等因素探讨农村居民收入不平等成因。黄祖辉等(2005)研究发现,居民的要素禀赋差异对村庄内部收入差距具有重要影响,其中在村庄内部的高收入人群中企业家才能要素、资本要素的集中度较高,是导致村庄内部收入差距扩大的主要因素。林毅夫等(1998)认为非农产业收入和家庭经营收入是导致农村居民收入不平等的主要原因,并且非农产业收入对农村居民收入不平等的贡献更大。杨灿明和孙群力(2011)按收入来源对收入不平等进行分解,结果表明农民外出务工收入对家庭收入不平等的贡献最大。罗丹程等(2007)采用中国省际面板数据探讨贸易自由化对我国农村居民收入差距的影响,结果表明贸易自由化会扩大农村居民收入差距。赵亮(2010)研究发现,对农民种粮的直接补贴政策和完善农村最低生活保障制度,有利于从整体上提高农村居民收入水平,并能降低农村居民收入不平等程度。解垩(2010)研究发现,私人转移支付和公共转移支付绝大部分流向了非贫困家庭,但两种转移支付在贫困家庭和非贫困家庭收入中占比有较大不同，私人转移支付增加了收入不平等，而公共转移支付对收入不平等的影响微弱。白雪梅和段志民（2013）采用反事实收入模拟方法，对比分析了高收入非农产业与低收入非农产业以及总体非农产业对农村内部收入不平等的影响，研究发现总体非农产业和高收入非农产业扩大了农村居民收入差距，而低收入非农产业有缩小收入差距的作用。Shen和Yang（2008）分析了1986~2002年基层民主对农村居民收入不平等的影响，结果表明基层选举能够增加低收入群体的收入，使得收入不平等程度降低；基层选举有利于低收入群体的公共投资得到增加，从而降低收入不平等程度。

（四）收入渴望与收入不平等关系研究

收入不平等对收入渴望的影响研究。Ray（2006）基于宏观视角，认为对于社会中的低收入阶层而言，高度的收入不平等会抑制低收入阶层的渴望，并提出渴望窗口（aspirations window）概念，渴望窗口是个体能够观察并感知与自己背景相似的人形成的集合。具体而言，在收入阶梯陡峭和收入两极分化的社会情境中，低收入阶层的渴望窗口里不包含高收入阶层，因为对于低收入阶层而言，高收入阶层已不具有可比性，此时高度的收入不平等将抑制低收入阶层的渴望。而Stark（2006）认为财富分配不平等程度的增加会提升个体对社会地位的渴望。Dalton等（2016）通过建立理论模型对渴望和贫困的关系进行了探讨，作者们做出以下假设。第一，对于所有的个体，无论是贫困的还是富裕的，均无法精准识别和把握其选择的努力程度将如何影响其渴望。对贫困人口而言，在精准识别和把握方面的行为偏差更为明显，为此支付的成本也更高。第二，初始财富状况与个体努力间的互补性会降低对努力的激励，因为贫困给贫困人口带来的额外的外在约束，会加剧其基于渴望的行为偏差的反作用。在以上两个假设成立的前提下，低渴望是贫困的结果而不是原因。

收入渴望对收入不平等的影响研究。当前，直接关注收入渴望对收入不平等影响的文献极少，但已有研究证实渴望会对个体行为及结果产生影响。Stout 等（2011）的实验表明，通过展示成功女性科学家的照片和录像，可以提高美国女性微积分学员的职业渴望，促使其在微积分学习上投入更多时间和精力。Beaman 等（2012）基于印度男性主权社会特征和贫困村庄治理情境，围绕女性角色榜样，在村委会随机为女性分配职位。结果显示，实验可有效缩小当地女孩与父亲间在职业渴望上的性别差异，而且能诱导女孩减少在日常家务方面花费的时间，青少年受教育程度的性别差异消失。Jensen（2012）的实验发现，印度贫困村庄的女性在参观电话呼叫中心后，其职业渴望得到提高，职业培训参与程度和劳动力市场参与率显著增加，且延迟了女性的结婚年龄和第一个孩子的出生时间。Pasquier-Doumer 和 Risso Brandon（2015）针对秘鲁原住民与移民后裔间存在的教育不平等问题展开研究，结果表明即使面临相同的社会经济环境，较低的职业渴望使得社会经济地位本已处于劣势的原住民对教育投资过低，进一步扩大了原住民与移民后裔间的教育不平等。Wydick 等（2013）对一项涉及六国的国际儿童援助计划的效果评估发现，受到援助的儿童的教育渴望显著高于其他儿童，而且教育渴望在一定程度上提高了受援者的受教育年限、不同学业阶段的学业完成率以及成年阶段的就业率和就业质量。Besley（2017）基于不平等的政治经济学标准方法，研究国家内部和国家之间的收入是如何被决定的，作者假定父母会刻意影响后代的渴望，进而影响到家庭的代际社会流动性。

Genicot 和 Ray（2017）从理论上探讨了渴望和不平等的联合演化。作者们构造了一个可分的效用函数，其有三个部分，第一部分为父母自身的消费带来的效用，第二部分为父母对子女的投资导致子女财富增加给父母带来的效用,第三部分为子女的财富超过父母的渴望(取值大于等于0)带来的效用。作者们将渴望定义为由社会决定的,即社会整体的收入分布决定个体的渴望。而渴望决定了个体的投资激励进而影响整个社会的收入分布,因此渴望与不平等之间会出现联合演化特征,在简单增长模型的不同设定形式下,不同的初始收入不平等状态在渴望的作用下最终会出现不同的结果,或收入不平等进一步扩大或出现完全平等。

(五) 文献评价

个体在行为决策时所面临的约束条件众多,既受到个体的外在约束影响,同时也会受到内在约束的影响。内在约束的证据表明,在突破制约个体行为决策的外在约束时,更应该注重个体行为决策所面临的内在约束。根据马克思的辩证法思想,外因通过内因才能真正发挥作用,特别是对于低收入群体而言,其财富占有的稀缺性,导致很小的心理偏差会诱发严重的经济后果。个体的收入渴望是近年来备受关注的影响个体行为决策的重要内在因素,收入渴望过低是导致个体投资不足的重要内在约束。与自我控制、身份认同、渠道因素和心理账户等影响个体行为决策的内在因素相比,收入渴望测度的可操作性更强,其理论的解释力并不局限于自我控制、身份认同等内在因素所关注的特定领域,应用前景更为广阔。

当前经济学界对收入渴望影响因素研究的文献并不丰富,心理学领域对渴望影响因素研究的文献则相对丰富,集中在个体的职业渴望和教育渴望方面。不同学科之间对渴望影响因素的认识缺乏互动性,经济学领域侧重于个体的社会比较和渴望适应对收入渴望的影响,且收入渴望的测度方法多使用替代变量,而心理学领域则侧重于个体的自我效能感和控制点等心理因素对职业渴望或教育渴望的影响。事实上，个体的社会比较、渴望适应、自我效能感和控制点均会影响个体的渴望或收入渴望，并且社会比较、渴望适应、自我效能感和控制点具有不同的概念内涵，而已有研究中往往只关注这四个影响因素中的一个或两个。因此，有必要从跨学科整合视角对收入渴望的形成机制进行系统探讨，探究收入渴望何以产生。

收入不平等既包括区域之间的收入不平等、城乡之间的收入不平等，也包括城镇内部和农村内部的收入不平等。本书从个人与家庭特征、人力资本、物质资本、社会资本、地域因素等方面对影响中国农村居民收入不平等的研究文献进行了简要梳理，国内外学者做了大量研究，并取得丰富的研究成果。但已有研究对村庄内部和村庄间的农村居民收入不平等的关注力度还有待加强。更为重要的是，农村居民的内在心理因素对收入不平等的影响缺乏关注，而收入渴望作为影响个体行为决策内生动力的关键因素对其收入增加及收入不平等具有重要影响。

在收入渴望与收入不平等关系方面的理论研究和实证研究较为缺乏，尤其是实证研究，主要原因在于可用的研究数据缺乏。在收入不平等对收入渴望的影响方面，Ray（2006）从理论视角探讨收入不平等对收入渴望的影响，并认为收入不平等对收入渴望具有重要影响，尤其是较高的收入不平等程度将抑制低收入个体的收入渴望。此外，提高财富不平等程度会提升个体对社会地位的渴望，贫困是导致个体渴望较低的原因等研究结论均间接揭示了收入不平等对收入渴望具有重要影响。在收入渴望对收入不平等的影响方面，已有研究采用实验方法和实证方法证实了个体渴望对其行为及结果具有重要影响，即职业渴望或教育渴望较高会改变个体行为并带来积极的结果；已有研究采用理论模型验证了受父母引导的子女的渴望会影响家庭的代际社会流动性、由社会决定的渴望与不平等之间会出现联合演化，但关于收入渴望对收入不平等影响的实证研究缺乏。更为重要的是，在（收入）渴望与（收入）不平等关系的研究中缺乏对影响机制的探讨，即收入不平等如何影响个体的收入渴望，个体的收入渴望如何影响收入不平等，但前人的研究成果为本研究的开展提供了重要的参照和启示。

四 研究思路、技术路线与研究方法

（一）研究思路

遵循先总体设计后专题研究，从理论分析到实证检验的思路，在综合国内外相关前沿研究成果和实地调查基础上，明确本书研究对象、研究主题，设计研究目的，并细化研究内容。在苹果种植户、渴望及收入渴望和收入不平等概念分析的基础上，结合经济学、心理学相关理论对收入渴望形成机制进行探讨；在此基础上对收入渴望与收入不平等的相互关系进行理论分析。经过导师和专家论证后，设计数据调查方案，并选择两个村庄进行整村微观调查，获取支撑本研究所需数据。在理论分析框架的基础上，对数据资料进行实证分析，并依据实证分析结果提出建议。具体思路规划如下。

（1）对不同学科中出现的渴望概念进行梳理，系统界定渴望的内涵、外延与特征，给出收入渴望的定义；在渴望概念分析的基础上，从渴望适应、社会比较、自我效能感和控制点等方面探讨收入渴望的形成机制，构建收入渴望形成机制的跨学科整合框架；对本书所关注的苹果种植户收入及收入不平等进行界定；在此基础上，构建收入不平等影响收入渴望、收入渴望影响收入不平等以及收入渴望作用下的收入不平等演化路径的理论分析框架。

（2）基于两个村庄的整村微观调研数据，对苹果种植户的特征进行描述性统计分析,包括个体特征、家庭特征、果园特征、要素投入特征、家庭决策者收入渴望特征和家庭苹果种植收入不平等特征。在苹果种植户特征分析基础上,采用2016年家庭决策者收入渴望数据,从家庭决策者的收入渴望适应、社会比较收入、经济自我效能感和经济控制点,实证检验本书提出的收入渴望形成机制。在收入渴望形成机制和收入不平等影响收入渴望的理论分析基础上,采用苹果种植户2015~2016产季苹果种植收入和2016年收入渴望数据,实证检验苹果种植收入不平等对家庭决策者收入渴望的影响,并探讨家庭决策者社会比较收入在苹果种植收入不平等对家庭决策者收入渴望影响中的调节作用。在收入渴望影响收入不平等的理论分析基础上,采用2015年家庭决策者收入渴望和2015~2016产季的苹果种植收入数据,实证检验家庭决策者收入渴望对苹果种植收入不平等的影响,并探讨家庭物质投入和人工投入在家庭决策者收入渴望对苹果种植收入及收入不平等影响中的作用。

(3) 在苹果种植收入不平等影响家庭决策者收入渴望和家庭决策者收入渴望影响苹果种植收入不平等实证分析结果的基础上,探讨在家庭决策者收入渴望影响下的苹果种植收入不平等的可能演化路径;基于收入渴望形成机制实证分析结果,探讨如何激发低收入群体的收入渴望以提高苹果种植收入及降低收入不平等程度。

(4) 凝练和概括苹果种植户家庭决策者收入渴望与苹果种植收入不平等关系原理和研究结论,并从提高苹果种植户收入和降低收入不平等程度视角提出建议。

(二) 技术路线

技术路线是引导本书从选题、构思到理论与实证研究的总体性规划。本书所采用的具体技术路线如图1-2所示。

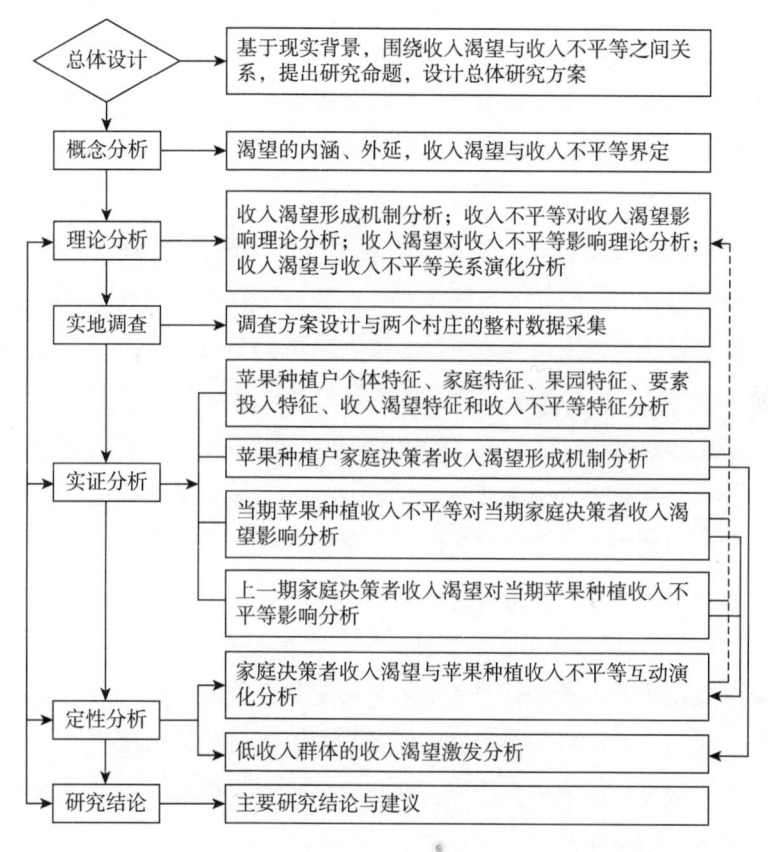

```
总体设计 → 基于现实背景,围绕收入渴望与收入不平等之间关系,提出研究命题,设计总体研究方案
概念分析 → 渴望的内涵、外延,收入渴望与收入不平等界定
理论分析 → 收入渴望形成机制分析;收入不平等对收入渴望影响理论分析;收入渴望对收入不平等影响理论分析;收入渴望与收入不平等关系演化分析
实地调查 → 调查方案设计与两个村庄的整村数据采集
实证分析 → 苹果种植户个体特征、家庭特征、果园特征、要素投入特征、收入渴望特征和收入不平等特征分析
         → 苹果种植户家庭决策者收入渴望形成机制分析
         → 当期苹果种植收入不平等对当期家庭决策者收入渴望影响分析
         → 上一期家庭决策者收入渴望对当期苹果种植收入不平等影响分析
定性分析 → 家庭决策者收入渴望与苹果种植收入不平等互动演化分析
         → 低收入群体的收入渴望激发分析
研究结论 → 主要研究结论与建议
```

图 1-2 技术路线

(三) 研究方法

(1) 运用规范分析方法,分析和界定渴望的内涵、外延和特征,在此基础上,结合经济学、相关理论,探讨并构建收入渴望形成机制的跨学科整合框架。基于收入渴望形成机制,构建收入不平等对收入渴望影响的理论分析框架,即社会比较在收入不平等对收入渴望影响中起调节作用;构建收入渴望影响收入不平等的理论分析框架,即生产性投入在收入渴望对收入不平等影响中起中介作用。

（2）运用实证分析方法，采用两个整村苹果种植户的微观调查数据验证本书提出的收入渴望形成机制，探讨苹果种植收入不平等对家庭决策者收入渴望的影响及家庭决策者收入渴望对苹果种植收入不平等的影响。

具体的实证研究方法包括以下方面。

A. OLS回归模型。在收入渴望形成机制理论分析的基础上，使用总体样本分析了收入渴望适应、社会比较收入、经济自我效能感和经济控制点对家庭决策者收入渴望的影响，并对比分析其对甲村与乙村样本家庭决策者收入渴望的影响差异。

B. 调节效应模型。在苹果种植收入不平等对收入渴望影响理论分析的基础上，使用调节效应模型分析家庭决策者的社会比较在苹果种植收入不平等对其收入渴望影响中的调节作用，进而验证收入不平等对收入渴望的影响机制。

C. 中介效应模型。在家庭决策者收入渴望对其苹果种植收入及收入不平等理论分析的基础上，运用中介效应模型，分析家庭人工投入、物质投入在家庭决策者收入渴望对苹果种植收入及收入不平等影响中的中介作用，进而验证收入渴望对收入及收入不平等的影响机制。

D. 分位数回归模型和分位差回归模型。为分析家庭决策者收入渴望、人工投入和物质投入对苹果种植收入分布在不同位置上的异质性影响，使用分位数回归模型验证对于不同收入群体家庭决策者收入渴望、人工投入和物质投入的异质性影响；使用分位差回归模型验证家庭决策者收入渴望对苹果种植收入不平等的影响，探讨收入渴望是否扩大了收入差距。

（3）运用定性分析方法，在苹果种植收入不平等影响家庭决策者收入渴望和家庭决策者收入渴望影响苹果种植收入不平等的实证分析结果基础上，探讨收入渴望作用下的苹果种植收入不平等的可能演化路径；聚焦收入渴望，探讨如何激发低收入群体的收入渴望，以降低苹果种植收入不平等程度。

五 调查方案设计

（一）整村调查缘由

收入渴望既受个体内在特征影响，也受个体生活空间中社会经济环境因素的影响，在本研究的情境设计中，当地的经济发展水平、人口流动性、信息流动性和产业政策等均会对苹果种植户收入渴望产生影响。此外，在农村居民收入不平等影响因素的综述中发现，地域因素、补贴政策、转移支付、非农产业发展、基层民主等因素会对农村居民收入不平等产生影响。这些外在因素对收入渴望和收入不平等的影响，使得在研究中难以厘清收入渴望与收入不平等之间的关系。此外，收入不平等对于个体的意义完全在于个体在日常生活中所能直观感受到的贫富差距，与个体发生各种社会关系的周围人的收入水平给了该个体最直接的认识，而不是全国性或区域性等宏观收入差距。因而，从这个角度而言，作为农村居民基本生活单元的村庄是更好的研究对象（黄祖辉等，2005）。

村庄是中国传统农业社会的基本单元，对于以村庄为研究单元的价值及学术意义，诸多学者有过论述。如费孝通（1986）在《江村经济》一书中指出，村庄是农户聚集在一个相对紧凑的居住区内，与其他相似的单位具有地理间隔，由各种形式的社会活动组成的群体，具有特定的名称，且为人们所公认的事实上的社会单位。对村庄进行研究具有重要意义：在一个微型的社会空间里可以实现对人们生活进行深入细致的研究，即所谓的"麻雀虽小，五脏俱全"；相对隔离的传统村庄与外部世界间越来越多地构成一种动态关系，通过对单个村庄社区的实地调查和研究，可以进一步探讨有关中国在现代世界中命运的大问题。事实上，中国乡村的结构性变革起始于20世纪初，而后一个世纪的社会发展进程中，乡村变迁始终是中国历史变迁的主要内容，近代化或城市化进程本质上也是乡村社会变迁的过程。近代中国历史变革的走向、规律及其特征，如果不从具体的村庄社会研究着手，就很难真正获得符合中国国情的具有认知价值的认识（王先明，2002，2004）。

综上所述，本研究使用行政村的整村农户为基本研究单元，这样可以最大化地控制一些外在因素对个体收入渴望和收入不平等的影响，聚焦探讨个体收入渴望与收入不平等的关系。

（二）典型调查设计

本研究的主要目的在于聚焦探讨收入渴望与收入不平等的关系，为此需要控制一些外在社会经济环境、自然环境等因素对收入渴望和收入不平等的影响，对于这类探索性研究，适合采用典型调查方法采集数据。基于前文关于采用整村调查原因的阐述，结合笔者所在研究团队的研究特色、调查的可行性、对不同作物类型农户及生产环节和农产品的熟悉程度以及前文中的研究情境设计，本研究选择陕西省富县的两个苹果生产专业村的整村苹果种植户为研究对象。

一般而言，县域内的宏观经济政策和文化特征具有一致性。富县位于中国三大苹果主产区域的黄土高原优势区，是国际认可的世界苹果最佳优生区，苹果产业发展在全国处于中等偏上水平，苹果产业是当地的农业主导产业。全县辖8镇5乡1个街道办事处，其中有10个乡镇生产苹果。

在10个生产苹果的乡镇中选择羊泉镇和交道镇两个镇作为样本镇，选择的依据为：①羊泉镇和交道镇为富县的两个重要苹果生产基地，县级政府对羊泉镇和交道镇的苹果产业扶持力度相同，富县政府"十三五"规划中与苹果产业相关的两个项目落户羊泉镇和交道镇，分别为羊泉镇气调库建设项目和交道镇苹果交易综合市场项目[①]；②两个镇的交通条件均较为便利，羊泉镇距离富县县城28公里，交道镇距离富县县城12.6公里，两个镇均有一条三级柏油路直达富县县城；③两个镇为相邻镇，苹果生产的气候条件、地形地势等外部自然环境相似。

在羊泉镇和交道镇各选择一个行政村作为样本村，分别为羊泉镇的甲村和交道镇的乙村。选择的标准为：①村庄苹果生产的自然环境类似，两个村庄的果园均位于塬面上；②村庄的苹果种植户的规模类似；③村庄为苹果生产专业村，苹果生产的专业化程度高；④村庄的苹果产业发展年限相近，即整体苹果种植年限相近。

此外，选择苹果种植户作为研究单元的突出优势在于：①苹果种植户的收入主要来源于苹果种植收入，在本研究中苹果种植户的苹果种植收入占家庭总收入的比例超过72%；②家庭主要劳动力常年在果园内劳作，外出务工人员少，即村庄与外界之间的人口流动性较低；③苹果具有多年生的自然属性、资产专用性很强及产品价值高的经济属性，使得苹果种植户短期内较难更改作物类型和退出苹果种植。这三个优势保证了使用家庭决策者的苹果种植收入渴望和家庭苹果种植收入不平等作为收入渴望和收入不平等测度指标的代表性、合理性和科学性，同时有利于将收入渴望对个体投资行为的影响聚焦到收入渴望对农户生产性投入行为的影响。

（三）数据采集情况

本次调研采用整村调研的方式展开，以村为单位采集数据，数据采集方式以队员询问为主，农户自填为辅。调研时间为2016

[①] 资料来源：富县人民政府网站，http://www.fuxian.gov.cn/。

年6~7月，调研队员以笔者所在团队的博士研究生和硕士研究生为主，调查对象为每一户的苹果生产决策者，通常也是家庭诸多事务的决策者。调查问卷内容包括：种植户的家庭基本情况、2015~2016产季苹果种植收入情况、2016年家庭决策者苹果种植收入渴望、2015~2016产季苹果生产要素投入情况，以及家庭决策者的社会比较、自我效能感、控制点等。通常苹果种植户在2015年收获的苹果基本在2016年3~5月才能销售完，为此本研究使用了"2015~2016产季"的概念，2015年收获的苹果其生产性投入主要发生在2015年的苹果生产期间。

此外，出于研究的需要，根据心理学中的锚定效应[1]，对家庭决策者2015年苹果种植收入渴望进行了回溯调查，具体操作办法为：首先，对2014~2015产季苹果种植户的详细产量及收入情况进行调查，细化到苹果的品种、等级、产量、销售价格和收入情况，确保受访者进入2015年苹果销售时的情境；然后，对家庭决策者2015年的收入渴望情况进行调查，本研究所关注的收入渴望的问项设计中已考虑到框架效应和锚定效应的影响，因而家庭决策者2015年的收入渴望数据相对可靠。

样本村农户总户数的确定综合使用了农户"一卡通"信息表和选民登记表[2]，将两类表格信息汇总后再与每个自然组的组长确认最终名单，然后对最终名单进行编码，逐户展开调研。根据两个村庄农户的实际生产情况，将所有农户分为外包（土地已被承包）、无地、果园尚未挂果（幼园）、挂果园等类别。土地外包的农户大多已在城镇定居，其中挂果园种植户是本次调研的对象。共收回调研问卷614份，其中甲村310户，目标样本（挂果

---

[1] 锚定效应是指个体在不确定情境中的决策会受到初始无关锚影响，进而导致其随后的数值估计偏向该锚的一种判断偏差现象（李斌等，2010）。
[2] "一卡通"信息表和选民登记表包含了村庄内所有农户的信息，这两类信息表中的农户数量信息有少量的出入，最终的农户数量信息包含了这两类信息表中的所有农户。

园种植户）覆盖率达到88.83%；乙村304户，目标样本覆盖率达到87.86%。具体情况如表1-1所示。其中，外包农户主要包括两类：第一类为老年人口，因家庭缺乏健壮劳动力，而将土地转包给自然组内的其他农户；第二类为常年不在村庄居住的农户，仅户籍保留在村里，该类农户已搬迁至附近的城镇居住。无地农户的数量较少，这类农户的土地多被征用，在当地或附近城镇经营农资店。幼园农户为近两年新进苹果种植户或对老果园的果树进行了更新换代的苹果种植户。甲村挂果园未调研农户有39户，占甲村挂果园农户总量的11.17%；乙村挂果园未调研农户有42户，占乙村挂果园农户总量的12.14%。这类农户未调研的原因在于，家庭决策者在调研配合上存在很大难度或家庭决策者在调研期间已外出。

表1-1 样本村农户概况及样本量

农户类别	甲村	乙村
外包（户）	51	39
无地（户）	5	3
幼园（户）	8	0
挂果园未调研（户）	39	42
挂果园已调研（户）	310	304
农户总数（户）	413	388
总样本覆盖率（%）	75.06	78.35
目标样本覆盖率（%）	88.83	87.86

六 可能的创新之处

本研究是经济学、社会学和心理学等学科交叉的探索性研究，在借鉴已有国内外相关研究成果的基础上，以两个村庄的整村苹果种植户为例，从理论和实证层面比较系统、深入地探讨了收入渴望与收入不平等的关系,并有以下方面创新。

(1)对心理学、人类学和经济学等学科使用的"渴望"概念进行了梳理,系统界定了渴望的内涵、外延与特征,回答了"渴望是什么"这一问题,基于此将收入渴望定义为决策主体以未来可能实现的收入目标为导向,识别能够激发和引导调整决策主体投资行为选择的能力,且这种能力随着决策主体的收入和周围人收入的变化而变化,并且具有相对稳定性。在 Bernard 和 Taffesse (2014) 对收入渴望测量范式的基础上,从心理学视角,对收入渴望的测度予以解析,并保证了收入渴望定义、形成机制和收入渴望测度的内在逻辑一致性。

(2)在渴望概念界定的基础上,从渴望的特征出发,基于渴望适应、社会比较、自我效能感和控制点理论,建立了收入渴望形成机制的跨学科整合框架,回答了"收入渴望何以产生"这一问题,并结合苹果种植户的特征从理论上予以分析、从实证上进行检验,结果表明苹果种植收入越高(收入渴望适应)、家庭决策者的社会比较收入越高、经济自我效能感越高、经济内控倾向越强,家庭决策者的收入渴望越高。

(3)建立了收入不平等影响收入渴望的理论分析框架,即"收入不平等—社会比较—收入渴望",补充了前人在收入不平等影响收入渴望理论分析上缺乏对影响机制探讨的缺陷,厘清了收入不平等何以对收入渴望产生影响。在实证上对理论分析结论予以检验,结果表明收入不平等程度越高,其对家庭决策者收入渴望的促进作用越强,且对低收入渴望组和低收入群体的收入渴望促进作用越强。相对于村庄收入不平等,自然组收入不平等对家庭决策者收入渴望的影响更为明显。从总体上看,随着家庭决策者社会比较收入增加,收入不平等对收入渴望的促进作用边际递减;从不同收入群体看,低收入群体的边际递减效应更为明显,而高收入群体的社会比较收入反而会促进收入不平等对其收入渴望的影响。

（4）建立了收入渴望影响收入不平等的理论分析框架，即收入渴望影响生产性投入进而影响收入不平等，厘清了收入渴望何以对收入不平等产生影响，推进了前人的研究结果，并且首次实证检验了收入渴望对收入不平等的影响。结果表明，家庭决策者收入渴望对高收入组家庭苹果种植收入影响最大，对低收入组家庭苹果种植收入影响最小；收入渴望会扩大苹果种植收入差距，收入渴望越高，苹果种植收入不平等程度越高。收入渴望对苹果种植收入的影响有一部分是通过家庭人工投入和物质投入等中介变量起作用，家庭人工投入增加对高收入组家庭苹果种植收入增加的促进作用最大，对低收入组的促进作用最小。从总体上看，家庭人工投入会扩大苹果种植收入差距；但在村庄层面，人工投入并不会扩大收入差距。家庭物质投入抑制收入渴望对苹果种植收入的影响，虽然收入渴望的提高会带来家庭物质投入的增加，但不会提高收入不平等程度。

（5）在收入渴望与收入不平等关系的理论分析基础上，提出了收入渴望作用下的收入不平等的4条可能演化路径。基于收入渴望与收入不平等关系分析的实证结论，运用定性分析方法探讨了样本村的收入不平等的可能演化路径。结果表明，在不存在外在干预的情境中，无论是从总体来看，还是从村庄层面来看，家庭决策者收入渴望最终导致苹果种植收入出现两极分化，而提高低收入群体的收入渴望有助于降低收入不平等程度。

（6）在研究设计方面，选择了两个情境相似的样本村，控制了自然环境、外部政策、社会环境、文化环境等因素差异对收入渴望和收入不平等的影响，使用整村调查数据，对村庄内部和村庄之间的农户收入不平等进行了研究，对现有文献中较多关注更为宏观层面的收入不平等的研究成果进行了补充。此外，关于中国农村居民收入不平等研究的现有文献较多从人力资本、物质资本、社会资本等视角进行探讨，而忽视了个体的内在心理因素对收入不平等的影响，本研究聚焦农村居民的内在收入渴望因素对收入不平等的影响，推进了前人在中国农村居民收入不平等问题上的研究。

第二章
概念界定与理论分析

本章在苹果种植户概念界定的基础上，界定了本研究所关注的苹果种植收入不平等；从心理学、人类学和经济学交叉视角，系统界定了渴望的内涵、外延及特征，在此基础上给出本书中收入渴望的定义、解析收入渴望测度方法；从社会比较、渴望适应、自我效能感和控制点等方面对收入渴望形成机制进行理论分析，在此基础上建立收入不平等影响收入渴望的理论分析框架；以农户生产性投入为中介变量，建立收入渴望影响收入不平等的理论分析框架；在此基础上，分析收入渴望与收入不平等互动关系下收入不平等的可能演化路径，为第四章、第五章、第六章的实证分析和第七章的定性分析奠定理论基础。

一 苹果种植户及特征

农户作为人类社会结构中最基本的经济组织，是农产品生产和销售的基本单元（王静，2013），农户主要依靠家庭劳动力从事农业生产，并且家庭拥有剩余索取权（尤小文，1999）。根据农业产业特征差异可以将从事农业生产的农户划分为普通农户和专业化农户。其中，普通农户是指在从事农业生产的同时，将自身的要素禀赋投向非农产业。专业化农户具有以商业化农产品生产为主、生产项目集中度高、单一农产品销售收入占农业总收入比重超过50%等特点（侯建昀、霍学喜，2016；冯晓龙，2017），按经营的具体内容可以分为专业种植户和养殖户等类型（张晓山，2008）。

苹果是市场化和商品化程度高的高价值经济作物，其生产经营过程具有投入大、经济效益高、专业化程度高等特征。在借鉴王静（2013）和麻丽平（2017）关于苹果种植户定义的基础上，本书将苹果种植户界定为专业从事苹果生产经营的农户，即以苹果商品化经营为基本特征，以农民家庭为基本单元，从事苹果专业化生产、销售等经济活动，并以苹果销售为家庭收入主要来源、自负盈亏的经营主体，不包括家庭农场、国有农场、生产建设兵团等经营主体。

本研究中，苹果销售收入占家庭总收入的比例超过72%的苹果种植户，是典型的专业化农户。与水稻、小麦等大田作物相比，苹果具有多年生的自然属性、资产专用性强及产品价值高的经济属性。具体表现为：果树生命周期长，一般在果树种植3~5年后进入初果期。果树生长期间，已投入的土地、资金成为专用资产，若改种其他作物，需要土地休耕以改善土壤环境，且苹果种植户将支付很高的沉没成本。苹果生产中需要投入化肥、农药、果袋、人工等物质和服务费用，购置施肥开沟机、打药机、旋耕机、割草机等专用机械，对生产者的资金投入要求高。

二　渴望及特征

（一）不同学科的渴望内涵

渴望[①]的定义在心理学、人类学和经济学等学科范式中存在

[①] 据汪丁丁（2011）考证，aspiration源自拉丁文"aspiratio"，是一种积极追求的欲望。法文的意思是"憧憬""向往""渴望"，汪丁丁将其译作渴望，本书借鉴这一译法。

差异，因而归纳渴望的内涵与属性，有助于形成关于渴望理论及其研究方法的系统性认识。按照《牛津英语大词典》的解释，渴望的一般含义是指取得成就的欲望（desire）、志向（ambition），即为实现某一愿景目标（goal）或具体目标（target）而付出努力的欲望。[①] 渴望源于心理学家 Dembo（1931/1976）在"愤怒"实验研究中定义的"渴望水平"（aspiration level）。为唤起实验对象的沮丧和愤怒情绪，要求实验对象从事非常困难或不可能完成的任务。结果表明，在判断任务难以完成时，实验对象会主动调整并制定适中的目标。经调整的过渡性目标相对容易达到，但其行为动机未发生根本性转变，即向原有的具有挑战性的目标前进。Dembo 将这种过渡性目标定义为"渴望的短暂水平"。

现阶段，关于渴望及其影响的研究主要存在于心理学、人类学和经济学等学科领域，虽然不同学科对渴望的定义的侧重点存在差异，但有助于系统认识渴望的内涵、外延与特征。

1. 心理学中的渴望

心理学主要基于个体视角阐释渴望，已有文献大致从三个方面描述渴望。一是立足于现实目标定义渴望，认为渴望本质上表示个体或群体以目标为导向且会发生变化，目标意味着在一个对象可能存在的可选行为水平中选择一个，这些可替代的可选行为水平必须在实现的难度上有所不同；导向是可变的，因为如果将可选行为水平的实现难度按顺序排列形成困难连续体，导向的集中趋势可能位于困难连续体中对个体而言具有最高效价的任何一点或有限范围内的点。个体的渴望是变化的，其可能是一个有粗糙上下界的集合，集合的界限根据个体关注的是近期（immediate future）目标还是更长远的目标而有所不同（Haller & Miller, 1963）。MacBrayne（1987）将渴望定义为个体对获得特定目标的

[①] Oxford English Dictionary, Second Edition 1989，网址：http://dictionary.oed.com/。

欲望，包括特定的职位或受教育水平；将期望定义为个人对实现目标、计划、志向或梦想的似然性估计。虽然期望预示着渴望，即渴望与期望相关，但渴望与期望依托不同的行为目标。Schaefer 和 Meece（2009）进一步强调渴望是个体期望（expect）实现的目标，即渴望相当于期望，渴望是一系列现实计划的期望，而不是对理想化目标的追求。二是强调渴望受个体因素和情境因素影响。Frank（1941）发现渴望因受个体因素和情境因素的影响而具有不同的意义，渴望通过两种机制对行为进行调节，第一，渴望可以作为提高绩效的激励，高于过去绩效水平的渴望可以提供更进一步的努力目标，低于过去绩效水平的渴望可以减少紧张和焦虑，这两种情形都可能促进高水平的成就；第二，保持较高渴望可以保护自我免受失败的影响，相对于目标而言，较差的绩效被认为是次要的，而不会被严重地对待，自尊得到保持。渴望是复杂的且不断变化的个体因素和情境因素的结合，例如，渴望可能会对自尊构成威胁，为了应对这种感知到的威胁，个体会采取两种策略：努力做得很好并调整其渴望。就这点而言，渴望是个体基于任务难度的自身能力的主观评价与实现高水平绩效之间的一种权衡。三是强调渴望是个体的一种能力。Quaglia 和 Cobb（1996）在总结前人研究成果的基础上，将渴望定义为个体识别和设定未来目标的能力，同时在当下被激励为实现这些目标而努力。这种渴望定义包含两个主要维度：激励和志向。激励反映了对个体而言一项活动是令人兴奋的和愉快的，个体因其内在价值和享受而参与该项活动；志向表示个体对一项活动作为实现未来目标的方式或手段的重要性的感知。

2. 人类学中的渴望

在人类学领域，Appadurai（2004）认为个体的渴望能力是其频繁、真实的探索未来的能力，是一种在既定的天赋、兴趣、机会和约束条件下个体构筑合适渴望的元能力。渴望能力同时也是一种领航能力，渴望使得个体能够识别行为的直接或间接目标，使其着眼于未来和发展的行为方式进行决策。但无论是元能力还是领航能力在社会中都不是平均分配的。从元能力视角分析，通常相对富裕、社会地位较高、有权势的个体的元能力较强，而相对贫困、社会地位较低、缺乏影响力的个体则相反。从领航能力视角分析，相对贫困的个体缺少在实践、重复和探索中不断提升领航能力的机会，从而导致相对贫困的个体的领航能力培养受限，而相对富裕的个体则相反。可见，个体的社会经济状况对渴望作为个体能力的培养具有重要影响。进一步，从文化视角分析，不同文化背景下个体渴望具有不同的特征，即渴望受制于社会规范、形成于社会生活的互动中。如关于美好生活、健康和幸福的渴望存在于所有社会，但在不同的社会中存在差异，正如一个贫困的印度泰米尔农妇对美好生活的渴望与德里大都会妇女对美好生活的渴望之间会存在差异（Appadurai，2004），因而渴望通常又具有群体特征，受个体生活情境的影响。在特定的文化背景下，个体的福利不仅是其自身的追求目标，也是集体的追求目标（Tiberius，2004）。

3. 经济学中的渴望

在经济学领域，渴望有两条相对独立的发展路径，一条由Simon发展并主要应用于有限理性论和决策论中，另一条由Ray发展并主要应用于行为经济学中。Simon（1955）将决策描述为一种受渴望水平引导的搜索过程。渴望水平是由一个令决策主体满意的替代性方案来达到或超越某种目标变量的值，如在商业环境中，个体或许会考虑诸如利润和市场股份之类的目标变量。渴望水平不是固定不变的，而是动态地适应于情境的。如果令人满意的替代性方案易于找到，决策主体会提高渴望水平，反之则降低渴望水平。在Simon工作的影响下，Sauermann和Selten（1962）将渴望水平应用于讨价还价理论中，并提出渴望适应理论。Sauermann 和 Selten（1962）将渴望水平定义为所有必须实现的渴望束（aspirations bundle），以使个体满意；如果预期能够实现渴望（aspirations），那么渴望水平被认为是现实的，而在有限理性论中，只有可以实现的渴望水平才是重要的（Tietz，1997）。在渴望这一发展方向上，渴望是决策主体"满意"的衡量标准，强调渴望不是固定不变的，会随着情境而发生调整，并且渴望具有现实可达性。

在行为经济学领域，Ray（2006）将个体根据对周围人的观察而形成的欲望定义为渴望，并提出"渴望窗口"概念，渴望窗口形成于个体的认知世界，是与个体相似的、可接触的其他个体所形成的集合，渴望窗口中的其他个体的生活、成就和理想促成个体渴望的形成，而个体的渴望窗口受个体所在环境的社会流动性和信息流动性等因素的影响，即渴望是由社会环境因素决定的；个体的渴望与其当前状态的差异会影响未来导向行为以缩小这种差异。Bernard 等（2014）将渴望视为个体偏好的边界，是个体认为自身所能获得的最佳选择，渴望驱动着人们的行为。在形成渴望的过程中，个体摒弃部分选择，甚至无法想到还有其他选择，即个体会忽视部分可能的选择集。在渴望形成之后，渴望能使个体将注意力集中在部分特定的未来选择上，过滤掉其他选择，从而限制了个体眼中的未来可能性，其作用机制类似于其他一些心智模型。Bernard 等（2014）研究的渴望包含四个维度，即收入、财富、社会地位和子女的受教育程度，结果表明个体的渴望由其当前水平决定并受社会中成功人士的影响。Dalton 等（2016）将渴望视为影响个体行为决策的内在因素，即低渴望（low aspirations）被视为个体行为决策的内在约束，并认为缺乏渴望是贫困人口的一种特质。渴望作为个体行为决策的参照点会影响结果实现带来的效用，高渴望会使得个体更加努力，个体的努力会通过结果影响渴望。Genicot 和 Ray（2017）同样将渴望视为个体行为决策的参照点，但与 Dalton 等（2016）不同的是，这里的渴望同时由个体财富和社会范围内的经济结果决定并随之变化。Dalton 等（2016）、Genicot 和 Ray（2017）均将渴望视为一种目标，并且渴望会激励个体去投资以实现目标，目标实现意味着渴望实现。

（二）渴望的特征及其与相关概念的区别

1. 渴望的特征

不同学科对渴望概念的阐述，有助于形成对渴望特征的系统性认识。

（1）渴望意味着目标或目标导向，即追求未来的最终状态。这种以未来为导向的特征，决定了渴望只能是未来某些时刻得到满足的目标，即并非能即刻得到满足。如饥饿的人为填饱肚子而想获得一些食物，并为该目标付出努力，但这不能被视为渴望。相反，在未来某时刻能够实现食品安全目标，则被视为渴望（Bernard & Taffesse，2014）。

（2）渴望因个人经历和周围环境的变化而变化，即受到个体的自身经验和渴望窗口（Ray，2006）[①] 内其他群体状态和行为的影响。因此，在不同的社会经济背景下，个体或群体的渴望具有不同的特征，即渴望具有个体属性和社会属性。

（3）渴望具有相对稳定性，人们可能不会因为相信改变当前的状态是必要的而去渴望不同的生活。但当人们暴露在与自己背景相似但社会经济地位不同的榜样情境中，根据"替代性经验"，他们将调整自己的渴望（Bernard et al.，2014）。

（4）从渴望与行为间关系角度看，渴望是决策主体行为内生的激励因素，即渴望能够激发决策者的行为，能够调动和引导决

---

① 个体能够观察并感知与自己背景相似的人形成的集合。

策者的能量转化为行为，驱使个体为实现渴望而投入时间、资源。因此，渴望有别于白日梦或无约束条件的欲望，但通过激励和驱使实现渴望的投资意愿是潜在的、有条件的。

（5）渴望是决策主体的一种能力，具备渴望能力的个体会着眼于未来进行决策，并在渴望的激励下付出努力来实现渴望。

2. 渴望与相关概念的区别与联系

在基于不同学科的相关文献中，渴望的定义和侧重点均有偏重，凸显出渴望的多维本质，即渴望的指向既包括资产、收入等物质性渴望，也包括婚姻、生育、平等、幸福等社会性渴望（Appadurai，2004）。

渴望与心理学中的动机，尤其是成就动机概念具有很强的相关性，成就动机是指个体希望从事对其有重要意义的、有一定困难的、具有挑战性的活动，在活动中能取得优异结果或成绩，并超过他人的动机。渴望与成就动机都具有目标导向性，对个体的行为均具有激发作用，是决定个体行为和努力程度的动力因素。虽然两者相关，但并不意味着它们是完全相同的概念，个体的成就动机是在生活环境的影响下形成的，其中家庭的特点与生活方式对个体成就动机的形成和发展具有重要的作用（彭聃龄，2012）。但就渴望而言，个体经历和周围环境对个体的渴望具有重要塑造作用，尤其受到个体渴望窗口内其他群体状态和行为的影响。因而，与成就动机相比，渴望在形成和发展中受到的影响范围更广。此外，已有研究表明，成就动机是一种后天的稳定的人格特质，具有在早期形成并随着时间保持不变的特征（McClelland，1958；Quaglia & Cobb，1996），同时具有维持功能，表现为行为的坚持性；而渴望则具有相对稳定性和适应性，个体会根据外在环境和过去表现调整渴望，相应地，行为也会随之改变。

此外，渴望与信念、期望、希望等概念同样具有差异。信念（belief）是个体或群体的一种精神状态，即认为某件事就是如此，而不管是否存在经验或证据表明某件事真的如此,[①] 也即不必管观念或主张的科学性或逻辑性。作为心理学术语,信念是指个体或群体对世界现状和其他潜在状态的本质与建构、行动与结果间的联系以及其他人的可能行为的立场(Denzau & North, 1994),是人们认识和改造世界的精神源泉,是从事一切活动的激励力量(余国良、辛自强,2000)。与信念相比,渴望具有现实性,以未来可能实现的目标为导向,且是个体的一种能力。期望(expectations)在《心理学大辞典》(林崇德等,2004)中的解释为,在有关经验或内在需求基础上产生的对自己或他人行为结果的预测性认知。而渴望不仅仅是对未来的期望,更是个体行为的内生激励因素,并受个体周围环境变化的影响。但渴望与信念、期望之间也存在联系,行为人所处环境及其自身持有的信念、期望,都会影响渴望。Snyder(2000)将希望定义为一种基于内在成功感的积极的动机状态,包括目标、能力和动力,目标是指个体行为的指向性,能力是指能够规划出克服困难、实现目标的路径,动力是指愿意沿着这些路径前进;但这里的目标是指个体生活中所期望或幻想得到的任何东西(Snyder,1994),而渴望虽然也具有目标导向性,但这种目标具有现实性。

3. 渴望及收入渴望的定义

在渴望的内涵与特征解析基础上,本研究将渴望定义为:决策主体以未来可能实现的目标为导向,识别能够激发和引导调整人们自身行为选择的能力,且这种能力随着决策主体的经历和外在环境的变化而变化,并具有相对稳定性。

收入渴望是渴望的重要维度,在渴望定义的基础上,本书将收入渴望定义为:决策主体以未来可能实现的收入目标为导向,识别能够激发和引导调整决策主体投资行为的能力,且这种能力

[①] https://en.wikipedia.org/wiki/belief.

随着决策主体的收入和周围人收入的变化而变化，并具有相对稳定性。

(三) 收入渴望测度

态度指标或基于决策主体主观陈述的指标因其受到措辞的敏感性、问题的排序、锚定效应、受访者的角色定位、受访者的心情、量表效应等因素的影响而遭到一些经济学家对其测量精准性的质疑，尤其是当这些指标被用作因变量时。经济学家通常更愿意相信决策主体做了什么，而非决策主体说了什么（Bertrand & Mullainathan，2001）。如果经济学家对决策主体为什么及怎样做出决策缺乏相关信息，在分析决策主体的行为时他们通常假定特定类型偏好，而不同类型的偏好组合可能导致相同的行为选择，但暗含不同的政策结果（Manski，2004）。为此，一些经济学家尝试评价态度指标数据的信度及可能存在的局限性。研究结果表明，在设计测量工具时若能足够小心，研究者通过相关的分析能够有效地揭示行为主体的决策过程（Manski，2004；Krueger & Schkade，2008；Delavande et al.，2011；Bernard & Taffesse，2014）。对于收入渴望这类反映决策主体心理特征的变量，为了能够较为准确地反映调查对象的实际情形，我们不可避免地需要结合调查对象的主观陈述。

1. 收入渴望测度方法述评

近年来，有关决策主体的渴望及其影响的研究在发展经济学、行为经济学领域的热度渐增。但绝大多数与渴望相关的研究主要借助于临时变量（ad-hoc variables）去替代渴望，如抑郁指数（Macours & Vakis，2009）、内控制点（Bernard et al.，2012）、直接询问想要达到的水平（Beaman et al.，2012）[①] 等。然而，

[①] 受访者希望自己孩子能达到的教育水平；希望孩子在25岁时从事什么职业；希望孩子结婚的年龄；是否希望孩子在未来从事 Pradhan；所提供的答案均为指示变量。

这些测量渴望的方法并没有抓住渴望的特征或测量结果不具备精准性，产生这一情形的主要原因在于：一是多数学者所使用的数据并不是为研究渴望而采集；二是专门有效的测量渴望的工具还没有被设计出来。此外，使用不同的测量变量去替代渴望也限制了研究结果的可比性。

相比较于维度颇为复杂的渴望的测量，本书重点关注收入渴望的测量。收入渴望的测量经历了从"足够""最低""满意"收入等替代指标到形成科学、完善且能经得起检验的测量工具。Stutzer（2004）使用两种收入指标替代收入渴望：第一种是使用"足够"收入来代替收入渴望，如"在您所生活的环境中，您认为收入多少意味着好或坏？请尝试给出对您的整个家庭来说，月收入（税前）为多少元时，您认为足够了"；第二种是使用"最低"收入作为度量收入渴望的替代指标，如"您认为家庭月收入最低需要达到多少元，才能确保收支平衡？其中支出包括家政开支及保险、租金、税收等必需品支出"。Knight 和 Gunatilaka（2012b）使用家庭所需的最低收入作为度量收入渴望的替代变量，即类似于 Stutzer（2004）的第二种替代指标。Dalton（2010）使用的测量方法为：首先向调查对象展示当地月收入分布表（从最低收入到最高收入），然后询问调查对象当月收入为多少时对整个家庭来说是满意的。这种测量方法具有框架效应[①]，并具有收入渴望的社会比较内涵，因而是较为先进的方法。此外，Genicot 和 Ray（2017）使用客观指标来测量收入渴望，即使用个体收入与总体收入分布均值的加权组合指标来替代个体的收入渴望，虽然这种测量方法具有操作上的便利性，但未能紧扣渴望的特征。

---

① 框架效应是指对相同决策任务不同方式的描绘会影响决策者对备择选项的认知。很多时候人们的决定会受到无关情境的影响，如问题的呈现方式，已有的大量研究证实了框架效应的存在（张凤华等，2007）。

Bernard 和 Taffesse（2014）依据 Manski（2004）对期望的测量方法，将收入渴望的测量范式定义为如下四步：一是"您所在的社区，个体收入最高能达到多少？"，二是"您所在的社区，个体收入最低是多少？"，三是"您当前的收入是多少？"，四是"您在生活中想要实现的收入是多少？"。调查对象对问项四的回答结果即为所要测量的收入渴望。这一收入渴望测量范式虽然较为复杂，但具有科学性。笔者使用重测的方法检验了这一测量范式的可用性、信度、效度，研究结果表明，这一测量范式具有精准性、可靠性和实用性。

2. 苹果种植户收入渴望测度

在本研究中苹果种植户的收入渴望是指家庭决策者的苹果种植收入渴望，以家庭决策者的苹果种植收入渴望作为苹果种植户收入渴望测度指标的原因在于：①苹果种植收入是苹果种植户家庭收入的主要来源，本研究中苹果种植收入占家庭总收入的比例超过72%；②当期的收入渴望会影响家庭的生产行为，进而带来下一期相应收入的变化，因而使用苹果种植收入渴望能够聚焦探讨当期收入渴望形成后带来的具体生产性投入行为变化及对下一期苹果种植收入的影响，若使用家庭总体的收入渴望，由于家庭收入来源的多样性，每种收入来源对应的行为决策也是多方面的，会使理论和实证分析变得异常复杂，不利于研究的聚焦；③苹果生产家庭决策者通常也是家庭诸多事务的决策者，其收入渴望具有代表性，能够反映家庭整体情况。

本研究在 Bernard 和 Taffesse（2014）针对收入渴望的测量范式基础上，将苹果种植户收入渴望的测量定义为四步：一是"您所在村庄里的苹果种植户，2015～2016 产季苹果种植收入最高能达到多少？"，二是"您所在村庄里的苹果种植户，2015～2016 产季苹果种植收入最低是多少？"，三是"您家 2015～2016 产季苹果种植收入是多少？"，四是"您在苹果生产中想要实现的收入是多少?"。其中问项四的答案即为调查时间点苹果种植户的收入渴望。

这一收入渴望测量范式的问题设置路径具有重要的心理学内涵,并且与本书所提出的收入渴望形成机制具有内在的逻辑一致性。从问题设置的心理学内涵看,问项一和问项二的设置在收入渴望的测量中具有框架效应,避免直接调查问项四时难以获得真实的数据;同时减小收入渴望测量之前访谈问题所带来的锚定效应①;问项三的设置为问项四的回答提供锚定效应。这种问题设置范式避免了调查对象因没有参照对象而对收入渴望不切实际的回答(尤亮等,2019)。从收入渴望形成机制看(见本章第三节),问项一和问项二的设置考虑了决策主体的社会比较,问项三的设置反映了以往收入渴望的实现情况,问项三到问项四的设置路径体现了渴望适应,受访者根据问项三,结合自我效能感和控制点对问项四的回答,即为收入渴望。

三 收入渴望形成机制分析

由于渴望理论的形成和发展涉及多个学科,并且渴望的内涵在不同的学科间具有共性,有助于系统理解渴望的形成机制,本节在借鉴前人研究成果基础上,尝试从社会比较、渴望适应、自我效能感和控制点等理论对收入渴望的形成机制进行初步探讨,这也回答了收入渴望何以产生这一问题。

(一) 社会比较

人们的经济活动与生计行为都深度融入社会网,其社会心理

---

① 锚定效应是指个体在不确定情境中的决策会受到初始无关锚影响,进而导致其随后的数值估计偏向该锚的一种判断偏差现象(李斌等,2010)。

和行为特征,特别是观点、能力等需要通过比较、凝练而形成定义,而不是依托单纯的客观标准来定义。这种基于人类内在的社会心理和行为获得人类社会特征的方式就是社会比较（Festinger,1954；尤亮,2018a）。社会比较过程是个体自发的、无意识的心理活动（Gilbert et al., 1995）,却是影响个体判断、经历和行为的基本心理机制（Corcoran et al., 2011）。在经济学领域,早期的社会效用观（马克思,1950）和炫耀性消费理论（Veblen,1899）[①],随后的参照点理论（Tversky & Kahneman,1974）和相互依赖偏好理论（Pollak,1976）等均包含个体决策时的社会比较思想。渴望的重要特征是,其随决策主体周围环境的变化而变化,并受到渴望窗口内其他群体状态和行为结果的影响。渴望窗口形成于决策主体的认知世界,对不同的决策主体而言,其渴望窗口或宽或窄。如穷人的渴望窗口通常较窄,而富人的渴望窗口相对较宽；在收入流动性、信息流动性较强的社会情境中,其成员的渴望窗口通常较宽,可比较的群体范围较大；渴望窗口内其他群体的行为结果若被决策主体所认同,则会成为决策主体渴望形成的依据。同时,决策主体的渴望维度不同,其相应的渴望窗口也不同,即可比较的群体会有所不同,也即若关注的是决策主体的收入渴望,决策主体的可比较群体是那些与其背景相似的人的收入。社会比较是收入渴望形成的基础（Quaglia & Cobb,1996；Stutzer,2004）,是外在环境影响决策主体收入渴望的重要机制。Stutzer（2004）、Macours 和 Vakis（2009）、Knight 和 Gunatilaka（2010）、Beaman 等（2012）、Jensen（2012）、Janzen 等（2017）、Bernard 等（2014）等的研究均揭示社会比较在收入渴

[①] 马克思（1950）认为人们的需要和快乐来源于社会,对需要和快乐的度量依托于社会情景,因而具有社会性、相对性。Veblen（1899）认为有闲阶级的消费观影响低收入阶层,并导致后者的消费方式在一定程度上包含了炫耀的成分。

望形成中所起的重要作用，表明人们在进行比较时，通常会把目光投向比自己处境更好的人，其收入渴望会高于当前已经达到的收入水平。

（二）渴望适应

渴望适应（aspiration adaptation）由 Selten（1998）系统提出，也是 Simon（1955）有限理性论的核心观点。Simon（1955）认为决策是在渴望引导下的选择过程，而渴望则是目标变量的参照值，即满意的决策方案必须达到或者超过渴望水平。此外，渴望随着情境的变化而变化，当满意的方案很容易获取时，渴望提升；当满意的方案很难获取时，渴望降低。从动态视角看，某一时刻的渴望，取决于决策系统的历史，即取决于先前的渴望及先前渴望的实现情况。换言之，这种适应性不仅依赖于个体先前渴望实现情况的经历，同时受个体当前所处环境的影响（Selten，2001）。现实中，决策主体对于成功与失败的界定通常具有主观性，即受到决策主体对成功与失败的主观感受和决策主体所在群体中其他人的成功与失败的影响。因此，作为以未来的"现实"为导向的渴望，随着个体成功经历的增加而提升，随着个体在渴望实现过程中的失败而降低（Katona，1968）。根据享乐适应（hedonic treadmill）理论，当决策主体成功地实现先前渴望时，决策主体会很快适应先前的渴望，并以此为基准进一步提高其渴望；反之，决策主体则向下调整其渴望。从演化论观点看，增加的物质产品和服务会带来更多的效用和快乐，但它们是短暂的，且最终会消失，而这种适应过程可促使个体的渴望逐步提高。因此，渴望适应与渴望具有随着个体经历变化而变化的特征，即两者具有内在一致性，换言之，渴望适应的存在使得决策者的收入渴望随着其自身收入变化而变化。Stutzer（2004）、Easterlin（2001，2003）、Castilla（2012）、Knight 和 Gunatilaka（2012a）等的研究也证实了渴望适应在收入渴望形成中所起的重要作用，表明决策主体的收入渴望会随着自身收入的增加而提高。

（三）自我效能感

自我效能感是指决策主体对其是否有能力在某个领域有效完成任务、实现具体目标的信念（Bandura，1977）。心理学界认为渴望来源于自我效能感（Miller & Dollard，1941；Dercon & Singh，2013）。实践中，决策主体通过加工、权衡、整合关于自己能力的各种信息源形成自我效能感。自我效能感决定决策主体的目标选择和指向目标的行动，以及在行动中付出的努力、面对逆境的坚持，自我效能感在任何决策领域都决定了对行动结果的预期（Bandura，1977），因而也决定了决策主体的收入渴望。从渴望的以未来为导向的特征看，具有高自我效能感的决策主体会追求更好的未来最终收入状态，即具有高收入渴望特征；而低自我效能感的决策主体会追求相对较差的未来最终收入状态，即具有低收入渴望特征。在目标设置理论中，高自我效能感的决策主体相对于低自我效能感的决策主体而言，设定的目标会更高一些，同时致力于将目标进行分解、重组，并采用更好的策略去实现目标，而且比自我效能感低的决策主体对待负反馈的态度更积极（Locke & Latham，2002）。收入渴望具有决策主体以未来可能实现的目标为导向，就这一点而言，低自我效能感的决策主体的收入渴望会较低，而高自我效能感的决策主体的收入渴望会较高。如果将收入渴望作为决策主体的能力来认识，具有高自我效能感的决策主体在识别能够激发和引导自身投资行为选择的能力方面更强，其收入渴望也相应地会更高。Bandura（1993）、Bandura等（2001）、Shah和Higgins（2001）、Gomez（2014）等的研究结果也揭示了决策主体的自我效能感对其收入渴望具有重要影响。

(四) 控制点

长期以来，社会学对命运、运气、机遇的讨论，均侧重于群体或社会层面而非个体层面。Veblen（1899）认为，对运气、机会等外在因素的信仰反映的是以原始方式理解生活及社会的低效率特征，尽管 Veblen 不关注个体差异，但其思想强调外部控制信念与被动性有关。Merton 和 Kendall（1946）认为，运气、信念是心理机能使得决策主体在面临失败时努力保持自尊的防御机制。Rotter（1954）基于个体差异的考虑提出控制点理论，认为控制点是决策主体对其行为与结果间关系本质的一种态度、信念。在 Rotter（1966）看来，不同的人对其生活中发生的事情及其结果有不同的解释，并以此作为分类标准，将个体分为内控者与外控者：内控者认为其生活中多数事情的结果取决于个体的努力程度，相信自己能够对某些事情的发展和结果进行控制；外控者则认为其生活中多数事情的结果是由运气、机会、命运等外部因素决定，或者由于事件的复杂性而不可预测，而个人努力并不能控制事情的结果。各种理论性评论和实验性报告指出，与内控者相比，强烈外控者不仅缺乏自信心，而且社会交往的需要更少，对有关个体成就的事项兴趣缺乏。而强烈内控者会积极地去探索影响自己生活的各类信息，喜欢向困难的任务挑战，并且在面临任务失败时仍然能够坚持下来，并趋于更高的目标以及成就（Coleman & Deleire，2003；Ng et al.，2006；Wang et al.，2010）。因此，把成功归因于自身能力和努力结果的个体，即内控者，其收入渴望较高。反之，把成功归因于外在因素的个体，即外控者，其收入渴望较低。多数研究表明，个体的内控、外控倾向更多地受其生活环境的影响，尤其是儿童期间父母的言传身教，但随着年龄增加，个体会逐渐变得更为内控（Lefcourt，1982；隋美荣，2004），就这一点而言，个体的控制点特征短期内不会发生改变，因而决定了收入渴望具有相对稳定性特征。Burlin（1976）、Flowers 等（2003）、Bar-Tal 等（1980）、Kosec 等（2012）、Bernard 等（2012）、Bernard 等（2014）等的研究也间接揭示了内控者的收入渴望通常高于外控者。

（五）收入渴望形成机制假说

社会比较、渴望适应、自我效能感和控制点在决策主体收入渴望的形成过程中发挥重要作用。

首先，决策主体通过与其所生存的环境中的他人进行收入比较而促成其对未来的定位，形成对自身收入渴望选择集的初步认识，即社会比较在收入渴望的形成过程中体现为决策主体收入渴望受外在环境中的其他个体收入影响的特征。决策主体社会比较特征不同，所形成的收入渴望窗口或宽或窄，相应地，收入渴望选择集也不同。

其次，决策主体的收入渴望受到其先前收入渴望实现情况的影响，收入渴望随着自身收入的增加而提升，并且这种适应可能是立即的（Clark，2009）。因此，渴望适应对收入渴望所产生的影响具有阶段性或周期性，遵循收入渴望→收入渴望实现情况→收入渴望的逻辑，即在某个阶段内收入渴望具有相对稳定性，这个阶段的长短受决策主体的个体特征和阶段内的外部因素冲击的影响，如阶段内利好的政府政策、偶发性自然灾害等。如对穷人而言，收入渴望的适应速度可能是缓慢的。每个循环阶段结束，意味着在渴望适应的作用下，收入渴望得到调整，进入新一轮循环。

再次，决策主体的自我效能感决定其对行动结果的预期与收入渴望的未来导向特征之间具有内在的一致性。而决策主体的自我效能感决定其在行动中付出的努力、面对逆境的坚持性及对于实现既定目标表现出的处理、执行的能力等信念，体现收入渴望是决策主体的一种能力。现实中，具有高自我效能感的决策主体其收入渴望通常较高，而具有低自我效能感的决策主体其收入渴望通常较低。

最后，控制点关注的是决策主体对其是否能控制生活事件的信念。如一名学生可能相信每天的刻苦学习能使自己在未来有一份好工作，但不一定相信自己每天都能坚持刻苦学习。通常，内控者的收入渴望较高，而外控者的收入渴望较低。决策主体的控制点通常是稳定的，因而其体现了收入渴望具有相对稳定性特征。特别是，当决策主体浸入一个固定的社会结构（如森严的种姓制度）时，他们往往很难相信自己有能力改变和控制自己的生活（Flechtner，2014），而呈现低收入渴望特征。渴望的特征与收入渴望形成机制的对应关系见图2-1。

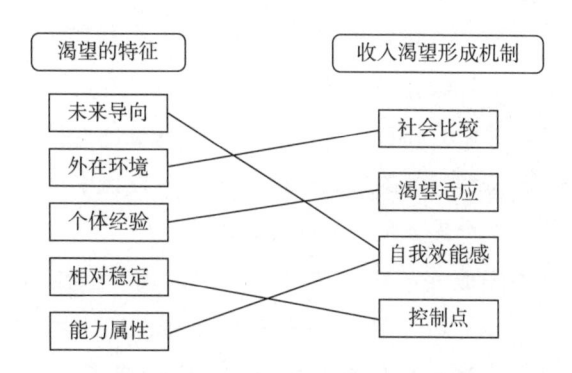

图2-1 渴望的特征与收入渴望形成机制的对应关系

在收入渴望形成过程中，社会比较、渴望适应、自我效能感和控制点四个作用机制相互协作以发挥作用。收入渴望的形成源于个体对自我的认知评价、对事物的归因和责任感倾向，同时生活在社会中的个体也受到所生活的环境的影响。在比较性的社会环境中个体获得生存和奋斗的动力，其每次成功或失败，都将通过自我反馈机制对下一次行动目标产生影响。因此，决策主体的社会比较、渴望适应、自我效能感和控制点的有机结合促成其收入渴望。

四 收入不平等的定义

(一) 苹果种植户收入的定义与分类

收入是经济学中最基础的概念,也是日常生活中最常见的名词,但无论日常生活中的普通个体还是经济学家对收入概念的理解均未达成共识。对收入的定义方式有很多种,如 Simons(1938)将收入界定为两部分:一部分是消费中行使的权利的市场价值,另一部分是从开始到结束期间财产权存量的改变价值。Barr(2004)认为收入是个体在特定时间范围内获得的消费和储蓄机会,通常以货币形式表示。萨缪尔森和诺德豪斯(2008)将收入定义为一定时期内(通常为一年)的工资、利息、股息和其他有价物品的流入。帕斯等(2008)认为收入专门用来指一定时期内个体因提供自然资源、劳动力和资本等生产要素而获取的回报,分别以租金、工资、利息和利润的形式获得。在需求理论中,所有这些最终收入对于决定个人支付能力都十分重要。

从上述关于收入的定义中可以发现,收入需要用时间来衡量,即在一个特定的时期(如一年)测算出来的数值;收入是一个流量概念,通常用货币形式体现;若将储蓄看作可在未来使用的消费,则收入可被认为是即期消费和未来消费能力的市场价值。

按照国家统计局对农户收入的定义,农户收入一般是指农村家庭纯收入,具体而言是指一年中农村常住居民家庭的总收入中扣除与生产和非生产经营相关费用、缴纳税款和上缴承包集体任务金额、生产性固定资产折旧、赠送家庭外部亲友支出后所结余的可用于再生产投入、生活消费支出、各种非义务性支出以及储蓄的总和。按具体收入来源可划分为四部分,包括农户的家庭经营性收入、家庭常住人口的工资性收入、家庭转移性收入和家庭财产性收入[①]，苹果种植户作为农户的一种类型，同样如此。

具体而言，本研究中的苹果种植户家庭经营性收入是家庭苹果种植收入，家庭种植其他经济作物和粮食作物收入，从事家禽、家畜养殖所得收入，经营小卖铺和农资店等工商业活动所得收入的总和。工资性收入为调查期间苹果种植户家庭常住人口受雇于单位或个人，通过付出劳动所获取的收入。转移性收入包括苹果种植户家庭常住人口的离退休金、赡养收入、赠送收入、亲友搭伙费、出售家庭财物收入、农业补贴、家庭非常住人口寄回或带回的收入和其他转移性收入。财产性收入包括苹果种植户因向其他个体或单位提供金融资产或有形非生产性资产所获取的利息、股息、红利和土地征用补偿款等。

（二）苹果种植户收入不平等定义

在英语表达中，"收入不平等"（income inequality）和"收入差距"（income gap）是不同的词组，有不同的含义。但在中文文献中，收入不平等和收入差距则表达的是同一意思。收入不平等是指收入分配不均等，即存在收入差距问题。因而，可以认为收入不平等是一个更加规范的学术用语，收入差距则是通俗的表述方式。收入不平等是对收入分配状况的客观反映，一般不存在主观上的评估问题（杨国涛等，2014）。

结合研究对象的特殊性及研究所使用数据的特点，本研究所关注的收入不平等是指种植户间苹果种植纯收入的不平等，具体指2015~2016产季的苹果种植纯收入不平等。苹果种植户的苹果种植收入是其家庭收入的主要来源，本研究的样本为两个村庄的整村苹果种植户。在家庭收入来源中的经营性收入方面，苹果销售收入占家庭经营性收入的92.38%，苹果种植收入占家庭总收

---

① 来自国家统计局官方网站。

入的72.92%，其中苹果种植收入是家庭经营性收入唯一来源的有509户，占总样本的83.03%，其他苹果种植户中有的种植1~2亩玉米或小麦、家里有经营日常用品的小卖铺、饲养小规模的家禽。家庭收入来源中的工资性收入占总收入的比重为16.57%，工资性收入超过5000元的仅有246户，占40.13%，且几乎全部为家庭非苹果劳动力的外出务工收入。转移性收入占家庭总收入的3.42%，且多为贫困家庭补贴、老年人的养老金等。财产性收入占总收入的比重为1.06%。[①] 因而，样本村的苹果种植收入是家庭收入的最主要来源，且所占比重很大。

选择苹果种植纯收入作为收入不平等测度基础的一个重要原因是，本书重点关注苹果种植户的苹果种植收入渴望，而非家庭总体的收入渴望。

五 收入分配相关理论

对收入分配问题的关注贯穿整个经济学发展史，本节对国外有关收入分配的理论进行简要介绍，包括古典主义学派、马克思主义学派、新古典主义学派和现代经济学中的收入分配理论。

（一）古典主义学派的收入分配理论

古典主义学派的收入分配理论侧重于农业部门，从生产要素角度，以价值分析方法为基础分析地租、工资和利息的决定因素及其变化规律，主要代表人物有威廉·配第、亚当·斯密和大卫·李嘉图等。

威廉·配第（1981）的收入分配思想主要体现在其所提出的

[①] 总样本中在转移性收入、工资性收入问题上有1户存在缺失值，故此处的样本量为613户。

劳动价值论中，在劳动价值论的基础上分析工人、土地所有者和货币所有者间的收入分配，即工资、地租和利息之间的关系。配第认为，工资取决于维持工人最低生活所需的生活资料的价值；地租是土地自然作用力的产物，是农产品价值中扣除工人工资和生产资料价值后的余额，并未区分地租和利润；从地租派生出的利息被认为是一定时间内货币所有者已贷出货币所应得的报酬，土地所有者收取地租，货币所有者就自然应该收取利息。工资与其剩余部分收入之间存在对立关系，在生产资料的价值限定后，地租取决于工资。配第的收入分配思想有其合理的一面，但他认为利息是由地租派生出的，显然是错误的。

亚当·斯密（2001）继承和发展了配第的劳动价值论，首次将资本主义社会经济结构划分为三大阶级，即工人、地主和资本家，三大阶级对应的收入分别为工资、地租和利润。在劳动者所创造的价值中，工资是维持劳动者生活所必需的生活资料的价值，工人和雇主间存在竞争，从而导致工资围绕着劳动的自然价格上下波动；劳动者所创造的价值中扣除工资后的剩余部分分别为地主占有的地租和资本家占有的利润，工资与利润之间存在此消彼长的关系，劳动与资本之间的数量对比决定了工资和利润在收入中所占有的相对份额，资本的流动最终会使得资本的利润率在不同部门间趋于均等。

大卫·李嘉图（2013）依据生产要素的收入份额建立其分配理论，国民收入实质上是在工资、利润和地租之间的功能性分配。李嘉图批判了斯密用三种收入决定价值而抛弃了劳动价值论的做法，并且认为价值的形成要先于价值的分配，即价值是第一性的因素。工资是雇佣工人的劳动报酬，并提出相对工资理论，对劳动的自然价格和市场价格进行区分。劳动的自然价格是维持劳动者及其子女大体能够生活下去的所必需的价格，市场价格则是在市场机制下劳动力供求双方自由竞争所确定的价格，其围绕着劳动的自然价格上下波动。利润是商品价值减去工资后的剩余，利润由耕种没有地租的土地的商品价值所决定。李嘉图以土地报酬递减规律为基础，地租的存在是因为土地数量有限，且不同土地的肥力存在级差，地租是劳动所创造价值中给予土地所有者的部分，是商品的价值去除工资和利润之后的余额。劳动工资和资本利润是构成商品全部价值的两个部分，在剩余价值一定时，工资与利润之间呈反比关系，这种关系的根源在于劳动生产率的变化，劳动生产率的高低影响生活必需品的价值，即影响工资，进而引致利润的高低。地租与利润的关系也是对立的。但作为资产阶级利益的维护者，李嘉图更注重土地所有者与资本所有者之间的利益冲突，随着人口增加和社会进步，商品价格将上涨，地租和工资也会上涨，会导致利润下降，影响资本积累，土地所有者与资本所有者和工人之间的收入差距会扩大，对整个社会发展不利。

古典主义学派的收入分配理论将劳动看作与资本和土地没有多大区别的生产要素，这是该收入分配理论的不足之处。但从收入分配理论的发展角度看，这一时期的收入分配理论是后续收入分配理论的基础，同时也迎合了资本主义社会发展中资本原始积累阶段的时代需求。

（二）马克思主义学派的收入分配理论

马克思沿袭了斯密和李嘉图等古典主义学派的分析框架，以劳动价值论为基础从资本积累角度研究收入分配问题。马克思认为不同阶级在收入中所占的份额体现了其对生产资料支配权利的程度，劳动力、资本和土地的所有者由其所持有的要素分配得到工资、利润和地租这三种收入。与斯密和李嘉图不同的是，马克思将劳动力视为一种特殊的商品，劳动力所创造的价值比其本身的价值更大，超过劳动力价值（即工资）的部分即剩余价值，被资本家无偿占有。资本自身并不能创造价值，只有工人的活劳动才能创造价值，因而资本家为了获取超额利润会不断地压榨工人的剩余价值，工资收入在整个国民收入中所占的份额会越来越少，工人阶级会陷入贫困化。马克思认为资本主义收入分配制度不合理的根本原因在于生产资料的私人占有制度以及雇佣劳动制度，并且最终会导致收入分配的严重不平等和两极分化（杨国涛等，2014）。

（三）新古典主义学派的收入分配理论

与古典主义学派的收入分配理论不同，新古典主义学派的收入分配理论并不侧重于收入在劳动者、资本家与土地所有者三大阶级中的分配，而是探讨在完全竞争的前提假定下，如何依据各生产要素对生产的边际贡献将收入在各生产要素之间进行分配，不涉及不同阶级的利益冲突与对立。主要代表人物有卡尔·门格尔、欧根·冯·庞巴维克、约翰·贝茨·克拉克和阿弗里德·马歇尔。

门格尔（2001）使用了高级财货和低级财货两个概念，高级财货为商品生产中的生产要素，低级财货为出于消费目的而生产的商品。高级财货生产低级财货，在这一生产中劳动、土地和资本都是必需的，高级财货的价值总是取决于它生产的低级财货的预期价值。每种要素投入都会获得对应的生产性贡献的价值，总产出的价值被完全分配，不存在可供资本家剥削的剩余部分，地租和利润所代表的收入部分是合乎情理的，无须对资本家的利润进行辩护。

庞巴维克（2010）的收入分配理论主要体现在其所提出的时差利息论中。从消费者和资本家的主观心理评价出发，庞巴维克将物品分为现有物品和未来物品，现有物品因为能解决眼前的困难，所以人们对其赋予较高的边际效用；人们出于对未来预期的不确定性，而对未来物品的边际效用给予较低的评价。因而现有物品比未来物品具有更大的边际效用，等量的同一物品在不同时间由人们的评价差异所造成的差额成为时差利息。现有物品决定未来物品的生产，两种物品进行交换时，未来物品的所有者需支付给现有物品的所有者时差利息，而这与劳动本身无关。无论是地租、工资、企业家利润还是借贷利息等收入形式都是利息的不同形态，收入的分配结果取决于时差利息。

克拉克（2014）提出边际生产力分配理论，即在自由竞争的静态市场条件下边际生产力决定着生产要素间的收入分配，劳动和资本是两种最基本的生产要素，工资的高低取决于劳动的边际生产力，利息的高低取决于资本的边际生产力，生产要素依据其贡献的大小获取对应的报酬。土地是作为特殊资本存在的，因而地租高低的决定方式与利息一致。在克拉克的分配理论中需要说明的是，在静态市场条件下，社会收入的分配是受自然规律支配的，在自然规律发生作用的条件下，各生产要素创造多少财富就能实际获得多少财富，从而证明资本主义的收入分配方式不存在剥削。

马歇尔（2005）将传统的劳动、资本和土地三个生产要素扩展为四个，增加了企业家才能。各生产要素在其供给和需求达到均衡时的价格确定为该生产要素的价格，即生产要素的收入分配同时取决于该生产要素的供给和需求，而生产要素的边际使用效率决定该生产要素的需求，生产要素所需的边际成本决定该生产要素的供给。劳动、资本、土地和企业家才能四个生产要素在创造收入的过程中共同合作、彼此依赖，形成工资、利息、地租和利润四部分收入份额，它们都有等于该生产要素边际纯产品价值的趋势。马歇尔的收入分配理论以供求均衡为核心，同时融合了边际生产力理论。

（四）现代经济学的收入分配理论

新古典主义学派无法从理论上和政策上就20世纪30年代的

资本主义经济大萧条给出合理的解释和解决办法。在此背景下，凯恩斯提出有效需求理论以及新剑桥学派在凯恩斯经济理论的基础上进行了进一步发展。

凯恩斯（2009）认为资本主义经济大萧条的根源在于社会有效需求不足，社会有效需求不足是资本主义经济的常态，而充分就业时的静态均衡只是特殊情形，社会财富分配的不均等是导致有效需求不足的原因。收入分配状况影响个体的消费倾向，不均等的收入分配会降低个体的消费倾向，而均等的收入分配则有助于促进个体消费倾向的提高。在充分就业未实现之前，消费倾向的提高有助于加快资本积累，推动经济发展。因而凯恩斯主张使用"看得见的手"干预经济运行来解决收入分配不均等问题，如对富人征税实现财富转移，促进资本积累和降低资本利息率，提高投资的诱惑力。

新剑桥学派继承并发展了凯恩斯经济理论。新剑桥学派认为资本边际生产率概念没有意义，使用边际生产率来说明工资率和利润率也是不合理的，主张回归李嘉图的分配理论。因而新剑桥学派的收入分配理论是从价值理论出发，认为国民收入包括工资和利润两个组成部分。在给定的收入水平下，利润和工资在收入中所占的份额由利润率的高低决定，利润的份额和工资的份额与利润率的关系分别为正相关关系和负相关关系，而利润率与特定时期生产技术条件、经济增长速度相关。工资和利润的分配朝着不利于工人的方向变动，资本主义的收入分配形式是不合理的，为改善收入分配状况，缩小收入差距，政府需要对富人征税，同时对低收入家庭进行财富转移（罗宾逊、伊特韦尔，1982）。新剑桥学派的收入分配理论具有鲜明的反边际主义特点，并强调社会关系对个人收入分配的作用，主张通过国家干预来改善收入分配不均等。

六 收入不平等与收入渴望关系理论分析

(一) 收入不平等影响收入渴望

按照人类学家 Appadurai（2004）的观点，渴望是个体的元能力（meta capacity）和领航能力（navigational capacity）。对于高收入群体而言，这种元能力和领航能力较强，而低收入群体则较弱，即高收入群体的收入渴望通常较高，而低收入群体的收入渴望通常较低。事实上，低渴望作为低收入群体的特征已在不同国家得到验证，如美国城市低收入居民（MacLeod，1995）、牙买加男性青年（Walker，1997）、埃塞俄比亚农民（Bernard et al.，2012）。Dalton 等（2016）建立了贫困和渴望的理论模型，分析结果表明，对于贫困人口而言，其在精准识别和把握方面的行为偏差更为明显，并且初始财富和努力之间的互补性会降低对努力的激励；相对于富裕人口，贫困所施加的外在约束加剧了渴望的行为偏差的反作用，使得贫困人口陷入"行为贫困陷阱"，从而贫困是造成个体低渴望的原因。Ray（2010）认为经济增长过程中扩大的收入不平等若可以使那些先前无法从经济增长中获益的个体很快就能从中受益，则会激发个体更高的收入渴望，而持续的高度收入不平等则会抑制个体的收入渴望。此外，Stark（2006）的研究也表明，财富不平等程度增加会提升个体对社会地位的渴望。

基于上述分析和讨论，可以推断收入不平等对个体的收入渴望具有显著影响。由此，本书提出假设 1。

假设 1：收入不平等对家庭决策者的收入渴望具有显著影响。

在收入渴望形成机制的探讨中，得到了决策主体的社会比较、渴望适应、自我效能感和控制点促成其收入渴望的研究结论。那么收入不平等通过何种路径影响决策主体的收入渴望呢？

从渴望适应看，渴望适应是指决策主体的收入渴望对其收入水平的适应，适应过程是一种内在的心理过程，渴望适应使得收入渴望随着决策主体收入水平的提升而提高，并且这种适应是立即的，因而收入不平等并不会通过渴望适应对决策主体的收入渴望产生影响。此外，决策主体的收入已嵌入收入分布中。从自我效能感看，自我效能感是决策主体对其是否有能力在某个领域有效完成任务、实现具体目标的信念。决策主体的自我效能感主要来源于其通过自身的行为经历所获得的有关自己能力的直接经验判断，决策主体收入的增加或减少会影响其自我效能感，因而收入不平等通常不会影响决策主体的自我效能感。从控制点看，控制点是决策主体对其行为与结果间关系本质的一种态度、信念，并且主要受儿童期间父母的言传身教影响，虽然随着年龄增加，个体的控制点会发生变化，但并不会受到收入不平等的影响。

家庭决策者的社会比较是其收入渴望形成的重要基础，而社会比较对象的选择范围受到个体生活环境的影响，尤其是个体所在群体的收入分布会通过社会比较影响个体的收入渴望。根据Ray（2006）的"渴望窗口"概念，在收入两极分化的情形下，低收入阶层的渴望窗口里不包含高收入阶层，因为高收入阶层与低收入阶层的收入差距太大，两者不具备可比性，此时收入两极分化会抑制低收入阶层的收入渴望，即收入不平等对决策主体收入渴望的作用会受到其社会比较的影响。决策主体的社会比较特征可分为上行比较、平行比较和下行比较，即选择比自己好的参照对象进行比较、选择和自己差不多的参照对象进行比较、选择比自己差的参照对象进行比较。在收入不平等给定的前提下，决策主体的社会比较特征对其收入渴望具有重要影响，如果收入不平等程度过高，而决策主体倾向于上行比较，则可能会抑制其收入渴望；相反，如果收入不平等程度适度，此时决策主体选择上行比较,则可能会促进其收入渴望的提高。① 就这一点而言,决策主体的社会比较会调节收入不平等对其收入渴望的影响。

此外,根据 Hirschman 和 Rothschild(1973)的隧道效应②理论,个体因其地缘关系人群的经济状况好转,而激励其产生对未来乐观的预期效应,从而产生正向隧道效应,即收入渴望提高。相反,如果经济增长的成果只惠及小部分人群,即部分群体长期抛离于经济繁荣成果之外,将导致收入两极分化,这部分群体将产生悲观的预期效应,包括不满、愤怒、沮丧、急躁等集体行为倾向,从而产生负向隧道效应,即收入渴望降低。隧道效应理论间接揭示了社会比较在收入不平等对收入渴望影响中的调节作用。由此,本书提出假设2。

假设2:家庭决策者的社会比较在收入不平等对其收入渴望的影响中起调节作用。

综合假设1和假设2,收入不平等、社会比较与收入渴望的关系如图2-2所示。

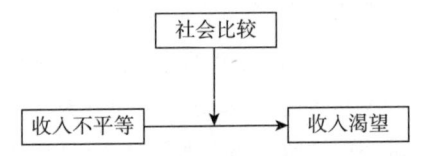

图2-2 社会比较调节收入不平等对收入渴望的影响

---

① Ferrer-i-Carbonell 和 Frijters(2004)、尤亮等(2018a)的研究结果表明,决策主体通常倾向于上行比较。
② "隧道效应"这一概念是根据现实生活中的堵车现象提出的。假设当某个人开车进入一个同方向的双车道的隧道,遇到了严重的交通堵塞,这个人被迫在隧道里等待交通堵塞情况缓解,当时的心情不太好,但因为大家都在等待,所以其还有耐心继续等下去。过了一段时间后,旁边车道里的车开始移动,而此时这个人的心情取决于旁边车道里的车多久移动。当旁边车道里的车开始缓慢向前移动时,这个人可能会预想到前方的交通堵塞问题已经得到解决,而他所在的车道应该很快也能恢复通车,心情会变得愉快。但如果旁边车道里的车移动速度越来越快,而这个人所在车道前方的车仍然纹丝不动时,这个人的耐心就会迅速消失,心情会比刚堵车时更糟糕,接着这个人可能会强行开进旁边畅通的车道,最终导致了更严重的交通堵塞。

（二）收入渴望影响收入不平等

作为影响决策主体经济行为内生动力的关键因素，收入渴望的一个重要特征是决策主体以未来可能实现的收入目标为导向，并且收入渴望能够激发和引导决策主体的投资行为。换言之，收入渴望较高，决策主体的投资水平较高；反之，决策主体的投资水平较低。尤亮等（2018b）建立的"渴望-投资-贫困"理论分析框架表明，决策主体之间的渴望具有异质性，存在高低之分，高渴望会激励决策主体较高的资本投资水平，低渴望会导致决策主体较低的资本投资水平。已有研究也证实了高渴望会促进决策主体的投资行为或生产性投入行为，如 Macours 和 Vakis（2009）针对尼加拉瓜贫困地区缺乏社会流动性及阶层固化的情境所进行的随机转移实验发现，加强实验参与者与具有成功经验领导者间的社会互动，能够有效激发贫困参与者的渴望，进而带来贫困参与者家庭生产性投入的增加。相反，与具有成功经验领导者社会互动较少的贫困家庭的渴望较低，其生产性投入较低。Bernard 等（2014）按照实验组、安慰剂组、控制组设计模式，在埃塞俄比亚贫困地区开展关于渴望与未来导向行为的干预实验发现，角色榜样可以显著提高实验组的收入渴望；同时，在考虑时间偏好、风险偏好、同群效应等因素的基础上，他们清晰地验证了实验组投资行为的改变源于其收入渴望的提高。其他相关文献也显示，渴望或收入渴望会影响家庭生产性借贷意愿、信贷需求和投资行为，也会影响家庭的储蓄和投资规划（Bernard et al., 2012; Janzen et al., 2017)，即收入渴望能够调动和引导决策者的欲望、动机、需要转化为行为，促使决策主体为实现收入渴望而投入时间、资源，并成为影响行为内生动力的重要因素。

具体到种植户，则应考虑家庭决策者收入渴望形成后在苹果生产中短期（一个产季）内其可以做出调整并对苹果种植收入有直接影响的生产性投入。依据全国农产品成本收益资料汇编的分类，生产性投入是指在农作物生产过程中所产生的物质与服务投入、土地投入和人工投入三大投入要素。在一个产季内，在收入渴望的影响下苹果种植户可以做出调整并且能对苹果种植收入具有直接影响的生产性投入有物质和服务投入、人工投入，苹果生产的特征决定了土地虽然也可以调整但短期内难以形成生产力。

在苹果生产中的生产性投入主要包括肥料、农药、果袋、人工、土地、技术服务和其他投入等。其中，肥料用来提供苹果生长所必需的元素，改善土壤性质，提高土壤肥力；农药主要用来减少苹果生产中的病害、虫害；果袋是在苹果生产中人为地给苹果套上一层专用纸袋，用以提高苹果的外观质量；人工在苹果生产中的需求量较大，主要原因是我国当前在苹果生产中机械化程度较低，如施肥、打药、疏花、疏果、套袋、果树修剪等环节的用工量较大；土地是苹果生产的基本要素；技术服务是指与果树和果园管理相关的技术培训、资料、专家咨询和指导等；其他投入包括反光膜、防冻剂、营养液、草种、花粉、农业机械的维修、生产设备的投入等。

在家庭决策者收入渴望形成后的产季中苹果种植户可以调整的生产性投入包括化肥和有机肥、农药、反光膜、防冻剂、营养液和花粉等物质投入；施肥、打药、套袋、卸袋、疏花、疏果、修剪、清园、铺设反光膜、采摘和销售、放烟、喷洒防冻剂和营养液、种草、授粉等环节的人工投入。

基于上述分析与判断，可以推断家庭决策者收入渴望越高，其家庭生产性投入越高；家庭决策者收入渴望越低，其家庭生产性投入越低。由此，本书提出假设3。

假设3：家庭决策者的收入渴望对家庭生产性投入具有显著的促进作用。

在第一章农村居民收入不平等的影响因素综述中，本研究从人力资本、物质资本等方面进行了梳理，结果表明资本投入对农村居民收入不平等具有重要影响。而具体到苹果种植收入不平等，本书应关注种植户间的果园生产性投入差异对苹果种植收入不平等所造成的影响。在农作物生产过程中生产性投入是获取农产品及收入的基本前提。已有研究表明，要素投入量差异是导致农户间收入差距的重要原因。马铃和万广华（2012）以小麦种植户为例，研究发现农户间的要素投入量的差异是导致小麦单产差异的主要原因，贫困农户小麦收入低下的主要原因是要素投入量不足。马铃和刘晓昀（2013）以经济作物种植户为例，研究发现贫困农户劳动力、中间物质等投入量低，要素投入量的差异是贫困农户与非贫困农户经济作物纯收入差距的重要原因，特别是贫困农户人工投入产出效率较高，对缩小纯收入差距具有重要作用。而家庭决策者之间因收入渴望存在差异，会导致家庭在果园的生产性投入上存在差异，进而影响家庭的苹果种植收入及苹果种植收入不平等。因此，本书提出假设4。

假设4：生产性投入在家庭决策者收入渴望对其收入及收入不平等的影响中起中介作用。

综合假设3和假设4，收入渴望、生产性投入与收入不平等的关系如图2-3所示。

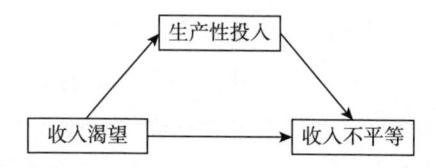

图2-3 生产性投入在收入渴望对收入不平等影响中的中介作用

（三）收入渴望与收入不平等关系演化分析

以上理论分析结果表明，收入不平等影响家庭决策者的收入渴望，而家庭决策者的收入渴望又会通过生产性投入影响收入不平等。根据缪尔达尔的"循环累积因果理论",经济社会发展过程中各个因素之间相互联系、相互推动,当其中某个因素发生变化时,其会通过经济社会系统对另一个因素产生作用,而另一个因素发生变化会对这个因素产生反作用,进而这个因素又会对另一个因素产生作用,并加强先前的作用效果,即"收入不平等→收入渴望→收入不平等",收入不平等与收入渴望之间形成一种循环累积因果关系。下面以收入不平等为分析起点,对收入渴望与收入不平等间的互动演化路径进行讨论,探讨收入渴望作用下收入不平等的可能演化路径。

互动演化路径1:在收入不平等程度提升对收入渴望提高产生正向促进作用前提下,收入渴望提高对收入不平等程度提升同样产生正向作用,则在不存在外部冲击的情境中,收入渴望与收入不平等的这种互动关系从长期来看会造成收入两极分化(见图2-4)。

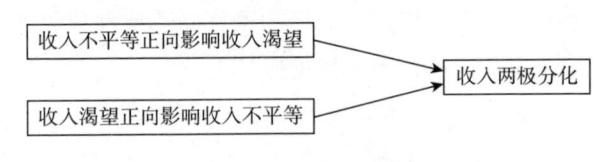

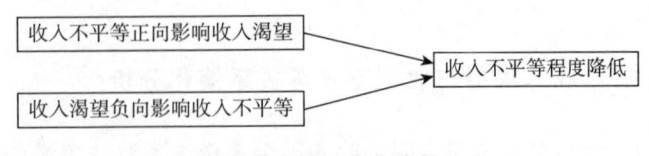

图2-4 互动演化路径1

互动演化路径2:在收入不平等程度提升对收入渴望提高产生正向促进作用前提下,收入渴望提高有助于降低收入不平等程度,表明收入渴望对低收入群体收入的促进作用大于对高收入群体收入的促进作用,在不存在外部冲击的情境中,收入渴望与收入不平等的互动关系从长期来看最终会导致收入不平等程度降低(见图2-5)。

图2-5 互动演化路径2

互动演化路径3：在收入不平等程度提升会降低收入渴望的前提下，收入渴望会扩大收入差距，即导致收入不平等程度提升，表明收入渴望对低收入群体收入的促进作用小于对高收入群体收入的促进作用，此时需要针对不同的收入群体对收入不平等程度提升所导致的收入渴望降低进行具体讨论，在不存在外部冲击的情境中：①收入不平等程度提升降低了低收入群体的收入渴望，而高收入群体的收入渴望保持不变或提高，则从长期来看，这种互动关系会导致收入不平等程度提升，造成收入两极分化；②收入不平等程度提升同时降低了低收入群体和高收入群体的收入渴望，则从长期来看，整个群体的收入均会下降，低收入群体的收入下降得更为明显，因而收入不平等程度倾向于提升（见图2-6）。

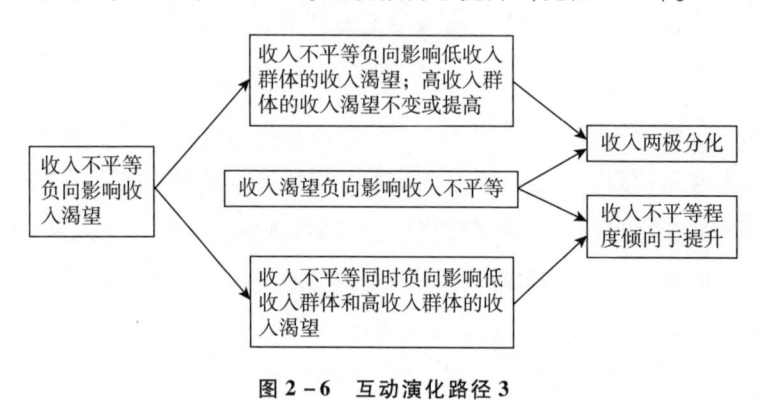

图2-6 互动演化路径3

互动演化路径4：在收入不平等程度提升会降低收入渴望的前提下，收入渴望会缩小收入差距，即导致收入不平等程度下降，表明收入渴望对低收入群体收入的促进作用大于对高收入群体的促进作用，此时同样需要针对不同的收入群体对收入不平等程度提升所导致的收入渴望降低进行具体讨论，在不存在外部冲击的情境中：①收入不平等程度提升降低了低收入群体的收入渴望，而高收入群体的收入渴望保持不变或提高，则从长期来看，这种互动关系会导致收入不平等程度下降，群体间的收入将趋于均等；②收入不平等程度提升同时降低了低收入群体和高收入群体的收入渴望，则从长期来看，收入不平等程度会降低，群体间的收入将趋于较低的均等水平（见图2-7）。

```
收入不平等          收入不平等负向影响低收入
负向影响收   →      群体的收入渴望；高收入群    →   收入均等
入渴望              体的收入渴望不变或提高

                    收入渴望正向影响收入不平等   →   收入均等

                    收入不平等同时负向影响低
                    收入群体和高收入群体的
                    收入渴望
```

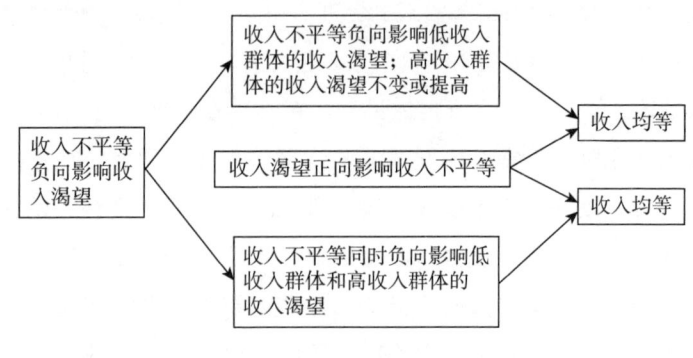

图2-7 互动演化路径4

此外，若在收入不平等与收入渴望的互动演化过程中，随着收入不平等程度的降低，收入不平等对收入渴望不再产生影响，此时仅需关注收入渴望对收入不平等的影响。若收入渴望会扩大收入差距，即提升收入不平等程度，则收入渴望与收入不平等的互动关系将回归到互动演化路径1；若收入渴望会缩小收入差距，即降低收入不平等程度，则收入渴望与收入不平等的互动关系将回归到互动演化路径2。

七 本章小结

首先，对苹果种植户概念进行了界定，通过梳理心理学、人类学和经济学等学科中与渴望相关的文献，对渴望的内涵、外延及特征进行了界定，回答了渴望是什么这一问题；在此基础上将收入渴望定义为决策主体以未来可能实现的收入目标为导向，识别能够激发和引导调整决策主体投资行为的选择的能力，且这种能力随着决策主体的收入和周围人收入的变化而变化，并具有相对稳定性；对收入渴望的测度方法进行了系统的阐述，给出本研究的苹果种植户收入渴望测度方法，并从心理学视角解析。

其次，尝试从社会比较、渴望适应、自我效能感和控制点等理论构建了较为系统的收入渴望形成机制跨学科整合框架，回答了收入渴望何以产生这一问题。

再次，对本研究所关注的苹果种植户收入不平等进行了定义；从古典主义学派、马克思主义学派、新古典主义学派以及现代经济学中的凯恩斯经济理论和新剑桥学派对收入分配理论进行了梳理。

最后，建立了收入不平等影响收入渴望与收入渴望影响收入不平等的理论分析框架，并提出研究假设；在此基础上，对收入渴望与收入不平等的互动关系进行了解析，以收入不平等为起点，提出收入不平等的四条可能演化路径。

第三章
苹果种植户收入渴望与收入不平等特征分析

本章对样本区域基本情况进行简要介绍，对苹果种植户的基本特征及两个村庄苹果种植户间的特征差异进行了描述性统计分析，对2015年和2016年家庭决策者收入渴望的特征以及2015~2016产季苹果种植收入不平等的特征进行了描述性统计分析，为第四章、第五章和第六章的实证分析奠定基础。

一 样本区域基本情况

（一）富县基本情况

富县，古为鄜州。辛亥革命以后，废鄜州，设鄜县，1964年更名为富县。富县位于陕西省延安市南部，属陕北黄土高原丘陵沟壑地带。县域总面积4182平方公里。境内山脉最高海拔1687米，最低海拔846.6米，一般海拔为1000~1200米。地理坐标界于35°44′6″N~36°23′23″N，108°29′30″E~109°42′54″E。交通较为便利，距离陕西省会西安290公里，距延安90公里，210国道、309国道、包茂高速、青兰高速、西延铁路等多条公路和铁路穿插过境。

富县属大陆性暖温带季风气候，全年光照充足，四季分明。地貌类型多样，局部气候条件随时空分布而表现出较大差异。由于地貌类型不同，不同地区的光照情况也不完全相同，塬面地区，地形开阔，地势平坦，海拔较高，大气透明度比较高，光照条件最佳。川道海拔低于塬区，太阳辐射较塬面有所减弱，加上地形遮蔽，光照时间比塬区短，因此光照条件不如塬区。西部林区除受上述因素影响外，还因林区湿度高、云量多，太阳辐射明显减弱，光照条件最差。因下垫面植被状况、地形、海拔高度和地理纬度等不同，境内年平均气温差异较大，在7℃～9℃。境内降水量随着纬度的增加而减少，多年平均降水量在500～600毫米，雨季通常较短，而旱季较长，降水相对集中；境内各地在7～9月，强度较大的阵性降水天气较多，使降水在雨季也表现出相对的集中性，从而形成了旱涝相间的降水特征；境内危害较大的自然灾害主要有干旱、霜冻、冰雹、暴雨、干热风、连阴雨6种。

全县辖8镇5乡1个街道办事处，241个行政村，总人口15.88万人，其中农业人口11.7万人。2016年，全县实现生产总值44.71亿元，农村居民人均纯收入为11134元，城镇居民人均可支配收入为28649元。[①]

（二）样本村基本情况

本研究所抽取的样本村为羊泉镇的甲行政村和交道镇的乙行政村。

羊泉镇距富县县城28公里，地域辽阔，总面积133平方公里，塬区地势较为平坦、交通方便，G22青兰高速穿境而过，有一条三级柏油路直达富县县城。羊泉镇辖28个行政村，31个自然村。

羊泉镇的甲行政村位于（35°94′N，109°26′E），处于羊泉镇中心位置，平均海拔1200米，塬面较宽，土地肥沃，光照充足，

---

① 资料来源于《陕西区域统计年鉴2017》。

为苹果种植专业村。甲行政村下辖7个村民小组，简称自然组，这7个自然组均由人民公社时期"三级所有，队为基础"的生产队转化而来，土地承包权在自然组内分享和调整，每个自然组均有村民小组长。整体上甲行政村（下称甲村）种植户居住地较为集中，7个自然组的住宅在村庄内呈片状分布，同一个自然组内的种植户多为邻里，相互间很熟悉，不同自然组的种植户间面熟但对相互间的根底并不太熟悉，村庄内的人情往来大多发生在同一个自然组内，自然组外围的种植户的住宅间略有交错。苹果园在村庄周围分布较为均匀，同一个自然组内的种植户的果园基本处在同一片区域，不同自然组的果园间以道路作为分界线。

交道镇距离富县县城12.6公里，交通便利，210国道、G65包茂高速公路、G22青兰高速穿境而过。全镇总面积132.2平方公里，辖21个行政村。交道镇的乙行政村位于（35°90′N，109°41′E），平均海拔1042米，土地肥沃、平坦，海拔适中，光照充足，昼夜温差大，为苹果种植专业村。乙行政村距离镇中心较远，村内有一条三级柏油路直通交道镇和富县县城。乙行政村下辖4个自然组，这4个自然组均由人民公社时期的生产队转化而来，每个自然组均有村民小组长。整体上乙行政村（下称乙村）种植户居住相对分散，果园区位沿着自然组种植户的住宅呈带状分布。

二　样本苹果种植户基本特征

（一）个体特征

家庭决策者性别。总体样本中家庭决策者性别为男性的苹果种植户有578户，占总体样本量的94.14%，家庭决策者性别为女性的苹果种植户有36户，占总体样本量的5.86%。其中，甲村家庭决策者性别为男性的苹果种植户有290户，占甲村样本量的93.55%，女性家庭决策者有20户，占甲村样本量的6.45%；乙村家庭决策者性别为男性的苹果种植户有288户，占乙村样本量的94.74%，女性家庭决策者有16户，占乙村样本量的5.26%。这表明两个样本村的家庭决策者性别均以男性为主，乙村的男性比例略高于甲村，但两个村庄家庭决策者的性别均值差异在统计上不显著。

家庭决策者年龄分布如表3-1所示。从整体上看，家庭决策者年龄偏大，存在一定的老龄化现象。具体来看，总体样本家庭决策者年龄主要集中在50~59岁和40~49岁，两个年龄段的家庭决策者人数分别为202人和185人，合计占总体样本比例达63.03%。60岁及以上的家庭决策者有84人，占比13.68%；39岁及以下的家庭决策者有143人，占比达到23.29%。其中，甲村在50~59岁和40~49岁两个年龄段的合计占比61.61%，乙村合计占比64.47%，乙村合计占比略高于甲村。甲村60岁及以上的家庭决策者占比略高于乙村，甲村的老龄化现象比乙村略微严重。两个村庄39岁及以下的年轻人所占比重相近。这表明在苹果种植户中以中老年人为主，但年轻人也占有一定比例。调研发现，因为苹果种植能带来的收益较高，同时在家务农也能顾及子女教育，所以部分外出务工的年轻人返乡种植苹果。此外，两个村庄家庭决策者的平均年龄在统计上不存在显著差异。

表3-1 家庭决策者年龄分布

年龄（岁）	年龄≤29 户数（%）	30≤年龄≤39 户数（%）	40≤年龄≤49 户数（%）	50≤年龄≤59 户数（%）	年龄≥60 户数（%）
总体	34（5.54）	109（17.75）	185（30.13）	202（32.90）	84（13.68）
甲村	19（6.13）	53（17.10）	90（29.03）	101（32.58）	47（15.16）
乙村	15（4.93）	56（18.42）	95（31.25）	101（33.22）	37（12.17）

注：相应描述处，户数等同于人数，下同。

家庭决策者受教育年限分布如表3-2所示。家庭决策者的受教育年限主要集中在6~8年和9~11年两个区间段，总体样本在两个区间段的人数分别为211人和227人，分别占比34.36%和36.97%。未上过学的家庭决策者人数为27人，上学年限大于等于12年的人数为75人，分别占比4.40%和12.21%。其中甲村家庭决策者受教育年限在9年及以上的人数为163人，占甲村样本量的52.58%，而乙村家庭决策者相应的人数和比例分别为139人和45.72%，表明甲村家庭决策者文化程度整体较高。两个村庄的家庭决策者的平均受教育年限在1%的显著性水平下存在差异。值得关注的是，总体样本中未上过学的家庭决策者平均年龄为57岁，而受教育年限大于等于12年的家庭决策者平均年龄为45岁，两者年龄差异较大，表明现阶段农民的文化程度较以往有很大的提升。一般而言，苹果种植对技术水平要求较高，而受教育年限较长的个体通常在苹果生产上具有更好的表现。

表3-2 家庭决策者受教育年限分布

受教育年限（年）	未上过学 户数（%）	1≤年限≤5 户数（%）	6≤年限≤8 户数（%）	9≤年限≤11 户数（%）	年限≥12 户数（%）
总体	27（4.40）	74（12.05）	211（34.36）	227（36.97）	75（12.21）
甲村	12（3.87）	33（10.65）	102（32.90）	118（38.06）	45（14.52）
乙村	15（4.93）	41（13.49）	109（35.86）	109（35.86）	30（9.87）

家庭决策者身体健康状况分布如表3-3所示。身体健康状况来源于受访者的自我评价，答案采用0~10分的Likert量表。总体样本中，家庭决策者对其身体健康状况打分在7~8分和9~10分的人数分别为207人和236人，分别占比33.71%和38.44%，在该区间内，甲村比例略高于乙村。总体样本中，打分在0~2分和3~4分的人数分别为12人和45人，分别占比1.95%和7.33%；分村庄看，乙村的比例略高于甲村。这表明总体样本的家庭决策者身体健康状况较好，其中，甲村家庭决策者的身体健康状况略好于乙

村，但两者的均值差异在统计上并不显著。一般而言，苹果种植劳动强度大，身体健康状况对苹果生产至关重要。

表 3-3 家庭决策者身体健康状况分布

身体健康状况（分）	0~2 户数（%）	3~4 户数（%）	5~6 户数（%）	7~8 户数（%）	9~10 户数（%）
总体	12（1.95）	45（7.33）	114（18.57）	207（33.71）	236（38.44）
甲村	7（2.26）	19（6.13）	55（17.74）	106（34.19）	123（39.68）
乙村	5（1.64）	26（8.55）	59（19.41）	101（33.22）	113（37.17）

家庭决策者的社会经历。总体样本中，家庭决策者具有村干部、党员或苹果经纪人等社会经历的人数为143人，占比23.29%；没有这类经历的人数为471人，占比76.71%。其中，甲村家庭决策者具有村干部、党员或苹果经纪人等社会经历的人数为69人，占比22.26%；没有这类经历的人数为241人，占比77.74%。乙村家庭决策者具有村干部、党员或苹果经纪人等社会经历的人数为74人，占比24.34%；没有这类经历的人数为230人，占比75.66%。此外，两个村庄家庭决策者的社会经历差异在统计上不显著。因本研究样本为整村调研数据，所以这一比例相对较高，通常具有村干部、党员或苹果经纪人等社会经历的家庭决策者具有较强的人际关系网络，其组织协调能力也较强。

（二）家庭特征

表3-4、表3-5和表3-6分别为家庭人口数量分布、家庭苹果种植劳动力数量分布和家庭外出务工人数分布。如表3-4所示，总体样本中，家庭人口数量为4人的种植户所占比重最大，有202户，占比32.90%；其次为5人和6人及以上，分别为156户和107户，分别占比25.41%和17.43%。此外，甲村和乙村的家庭人口数量分布比例基本一样，两者的差异在统计上不

显著。调查发现，家庭人口数量为 3 人或 4 人的种植户多为一对夫妻和其子女，家庭人口数量小于等于 2 人的种植户多为老人，与子女分家后苹果种植收入是其主要生活来源，由于劳动力有限，通常其种植规模较小。如表 3-5 所示，总体样本中，家庭苹果种植劳动力多为 2 人，有 440 户，占比 71.66%。苹果生产中某些环节，如套袋和采摘等，需要在短时间内集中完成，否则可能会影响苹果质量和销售的及时性。因此，在这些生产环节通常需要雇用劳动力，而日常的施肥、打药环节 2 人同时劳动较为普遍。甲村和乙村样本情况类似，两者的差异在统计上不显著。如表 3-6 所示，总体样本中，家庭无外出务工人员户数最多，有 414 户，占比 67.43%；其次为家庭有 1 个劳动力外出务工，有 114 户，占比 18.57%，这种情况多为家庭里的未成家子女在外务工。甲村和乙村情况基本相似，两者的差异在统计上不显著。调查发现，近年来苹果整体经营效益较好，能给农户带来一定的收入，存在部分外出务工的子女返乡从事苹果种植或苹果销售的现象。

表 3-4　家庭人口数量分布

家庭人口数量（人）	≤2	3	4	5	≥6
	户数（%）	户数（%）	户数（%）	户数（%）	户数（%）
总体	46（7.49）	103（16.78）	202（32.90）	156（25.41）	107（17.43）
甲村	30（9.68）	49（15.81）	98（31.61）	80（25.81）	53（17.10）
乙村	16（5.26）	54（17.76）	104（34.21）	76（25.00）	54（17.76）

表 3-5　家庭苹果种植劳动力数量分布

苹果种植劳动力数量（人）	1	2	3	4	≥5
	户数（%）	户数（%）	户数（%）	户数（%）	户数（%）
总体	44（7.17）	440（71.66）	64（10.42）	58（9.45）	8（1.30）
甲村	23（7.42）	222（71.61）	32（10.32）	25（8.06）	8（2.58）
乙村	21（6.91）	218（71.71）	32（10.53）	33（10.86）	0（0.00）

表3-6　家庭外出务工人数分布

外出务工人数（人）	0 户数（%）	1 户数（%）	2 户数（%）	3 户数（%）	4 户数（%）
总体	414（67.43）	114（18.57）	72（11.73）	13（2.12）	1（0.16）
甲村	214（69.03）	57（18.39）	32（10.32）	7（2.26）	0（0.00）
乙村	200（65.79）	57（18.75）	40（13.16）	6（1.97）	1（0.33）

苹果种植年限整体较长。如表3-7所示，总体样本中，苹果种植年限集中在16~20年和21~25年，分别有176户和164户，分别占比28.66%和26.71%。其中，甲村苹果种植年限人数最多的在16~20年，有96户，占比30.97%；而乙村苹果种植年限人数最多的在21~25年，有97户，占比31.91%。甲村和乙村的平均苹果种植年限差异在统计上不显著。总体样本中，苹果种植年限在10年及以下的有134人，占比21.82%，表明近年来有不少新果农加入苹果种植行列，这与家庭决策者种植年龄分布具有一致性。

表3-7　苹果种植年限分布

种植年限（年）	≤5 户数（%）	[6, 10] 户数（%）	[11, 15] 户数（%）	[16, 20] 户数（%）	[21, 25] 户数（%）	≥26 户数（%）
总体	46（7.49）	88（14.33）	67（10.91）	176（28.66）	164（26.71）	73（11.89）
甲村	25（8.06）	44（14.19）	35（11.29）	96（30.97）	67（21.61）	43（13.87）
乙村	21（6.91）	44（14.47）	32（10.53）	80（26.32）	97（31.91）	30（9.87）

表3-8和表3-9分别为家庭果园面积和挂果园面积分布。如表3-8所示，总体样本果园面积集中在区间[5, 8]亩，有223户，占比36.32%；其次有159户果园面积在区间[2, 5]亩，占比25.90%。其中甲村果园面积分布较为均匀，乙村8亩及以下所占比重较高。此外，果园面积小于等于2亩的种植户所占比例均较少，并且甲村与乙村家庭果园面积差异在统计上不显

著。表3-9中的挂果园面积分布与果园面积分布类似,两个村庄间的差异同样在统计上不显著。调研发现,两个样本村的土地矛盾依然存在,土地已经很多年没有进行调整,因婚丧嫁娶,每户人口数量已经发生变动,但自然组内每户的土地规模依然没有发生改变。在20世纪80年代初期,当地实行家庭联产承包责任制,对距离住家比较近的土地和较好的土地实行了包产到户,乙村预留了200余亩的机动地,其中绝大部分为坡地。20世纪90年代村干部承包了自留地,按当时的政策,需要上缴农业税,且村民去地里耕作主要依靠步行和架子车,十分不便,故当时并未有争议。随着当地开始大规模地推广苹果种植、电动(机动)车等先进的交通工具的普及以及2006年国家废除农业税,苹果种植带来了相对于传统的小麦、玉米种植较高的收益,现代交通工具带来的便利性和承包自留地已不再缴纳农业税,使得大部分的村民对既有的土地政策十分不满意,村民们要求重新分配村里的自留地,反对原来的村干部对土地的占有,要求重新分配土地,造成土地矛盾。

表3-8 果园面积分布

果园面积(亩)	≤2	(2, 5]	(5, 8]	(8, 11]	>11
	户数(%)	户数(%)	户数(%)	户数(%)	户数(%)
总体	22 (3.58)	159 (25.90)	223 (36.32)	132 (21.50)	78 (12.70)
甲村	11 (3.55)	78 (25.16)	99 (31.94)	85 (27.42)	37 (11.94)
乙村	11 (3.62)	81 (26.64)	124 (40.79)	47 (15.46)	41 (13.49)

表3-9 挂果园面积分布

挂果园面积(亩)	≤2	(2, 5]	(5, 8]	(8, 11]	>11
	户数(%)	户数(%)	户数(%)	户数(%)	户数(%)
总体	24 (3.91)	176 (28.66)	225 (36.65)	123 (20.03)	66 (10.75)
甲村	13 (4.19)	86 (27.74)	98 (31.61)	79 (25.48)	34 (10.97)
乙村	11 (3.62)	90 (29.61)	127 (41.78)	44 (14.47)	32 (10.53)

家庭健康支出采用 2015 年全年家庭的健康实际支出总额，包括家庭成员的药品费、检查费、住院费、医疗费等。如表 3-10 所示，总体样本家庭健康支出在 1000 元及以下的有 213 户，占比 34.69%；支出在 10000 元以上的有 83 户，占比 13.52%。其中甲村样本家庭健康支出在 1000 元以下的有 117 户，占比 37.74%；支出在 10000 元以上的有 40 户，占比 12.90%。乙村样本家庭健康支出在 1000 元及以下的有 96 户，占比 31.58%；支出在 10000 元以上的有 43 户，占比 14.14%。调研发现，近年来虽然农村地区开展了合作医疗，可以报销部分医疗费，但农户普遍反映家庭医疗开支依然居高不下，看病支出并没有比加入合作医疗前少多少，总体家庭医疗开支较大，其中甲村家庭整体健康状况略好于乙村，但两个村庄家庭健康支出间的差异在统计上不显著。

表 3-10　家庭健康支出分布

健康支出（元）	≤1000	(1000, 3000]	(3000, 5000]	(5000, 10000]	>10000
	户数（%）	户数（%）	户数（%）	户数（%）	户数（%）
总体	213（34.69）	141（22.96）	98（15.96）	79（12.87）	83（13.52）
甲村	117（37.74）	63（20.32）	53（17.10）	37（11.94）	40（12.90）
乙村	96（31.58）	78（25.66）	45（14.80）	42（13.82）	43（14.14）

生产性资产采用 2015 年底与家庭苹果生产相关的机械原值，包括拖拉机、三轮车、施肥开沟机、旋耕机、打药机和割草机等。如表 3-11 所示，总体样本生产性资产集中分布在区间 (12000, 18000] 元和 (6000, 12000] 元，分别有 179 户和 138 户，分别占比 29.15% 和 22.48%；无与苹果生产相关机械的种植户有 69 户，占比 11.24%；生产性资产原值超过 24000 元的种植户较少。甲村生产性资产集中在区间 (6000, 12000] 元和 (12000, 18000] 元，分别有 78 户和 74 户，分别占比 25.16% 和 23.87%；而乙村

生产性资产集中在区间（12000，18000］元和（18000，24000］元，分别有 105 户和 61 户，分别占比 34.54% 和 20.07%。这表明乙村生产性资产金额整体高于甲村，并且两者的差异在 1% 的水平下显著。主要原因在于乙村的果园呈带状分布，造成住所离果园相对较远，农用三轮车拥有比例较高。

表 3-11 生产性资产分布

生产性资产（元）	0	（0,6000]	（6000,12000]	（12000,18000]	（18000,24000]	>24000
	户数（%）	户数（%）	户数（%）	户数（%）	户数（%）	户数（%）
总体	69（11.24）	87（14.17）	138（22.48）	179（29.15）	98（15.96）	43（7.00）
甲村	39（12.58）	59（19.03）	78（25.16）	74（23.87）	37（11.94）	23（7.42）
乙村	30（9.87）	28（9.21）	60（19.74）	105（34.54）	61（20.07）	20（6.58）

住所距离通村车站较近，交通便利。如表 3-12 所示，总体样本中距离通村车站小于等于 250 米的有 371 户，占比 60.42%；超过 500 米的只有 70 户，占比 11.40%。两个村庄的情况基本相似，均值差异在统计上不显著。

表 3-12 通村车站距离分布

通村车站距离（米）	≤250	（250,500]	>500
	户数（%）	户数（%）	户数（%）
总体	371（60.42）	173（28.18）	70（11.40）
甲村	179（57.74）	98（31.61）	33（10.65）
乙村	192（63.16）	75（24.67）	37（12.17）

（三）果园特征

果园苹果树整体处于盛果期。如表 3-13 所示，总体样本树龄集中分布在区间（15，20］年，有 298 户，占比 48.53%。此外，乙村树龄整体上略大于甲村，表现在乙村 20 年以上树龄的比例略高，但两个村庄的树龄的均值差异在统计上并不显著。

表 3-13 树龄分布

树龄（年）	≤10	(10, 15]	(15, 20]	(20, 25]	>25
	户数（%）	户数（%）	户数（%）	户数（%）	户数（%）
总体	35 (5.70)	96 (15.64)	298 (48.53)	147 (23.94)	38 (6.19)
甲村	21 (6.77)	55 (17.74)	152 (49.03)	67 (21.61)	15 (4.84)
乙村	14 (4.61)	41 (13.49)	146 (48.03)	80 (26.32)	23 (7.57)

自然灾害情况。2015~2016产季，总体样本中，未遭受自然灾害的有369户，占比60.10%；遭受自然灾害的有245户，占比39.90%。其中，甲村未遭受自然灾害的有258户，占比83.23%；遭受自然灾害的有52户，占比16.77%。乙村未遭受自然灾害的有111户，占比36.51%；遭受自然灾害的有193户，占比63.49%。乙村遭受自然灾害的比例大于甲村。对苹果生产来说，主要自然灾害有风灾、雹灾、冻灾和干旱，据调查，甲村2015~2016产季遭受的灾害主要为风灾，部分果园位于塬面的边缘地带，大风刮掉了一些幼果，但总体而言受灾情况较轻，且塬面边缘地带的苹果因采光、通风、自然授粉具有天然的优势，长势通常较好。乙村2015~2016产季遭受的自然灾害主要为开花期冻灾，果园地势较低的部分种植户没有积极采取应对措施，造成损失。此外，两个村庄的自然灾害情况在1%的水平下显著存在差异。

大小年情况。苹果生产中由于管理不当，会导致果树出现一年多产、一年少产的情形，当年多产称之为大年，少产称之为小年。如表3-14所示，2015~2016产季总体样本中发生小年的有314户，占比51.31%；无大小年的有202户，占比33.01%。其中，甲村以无大小年种植户为主，有132户，占比42.86%，大年比例和小年比例分布较均匀；乙村以小年种植户为主，有225户，占比74.01%，无大小年的种植户只有70户，占比23.03%。这表明乙村种植户的果园管理水平低于甲村,两个村庄的差异在1%的水平下显著。

表 3-14 大小年分布

大小年	大年 户数(%)	小年 户数(%)	无大小年 户数(%)
总体	96(15.69)	314(51.31)	202(33.01)
甲村	87(28.25)	89(28.90)	132(42.86)
乙村	9(2.96)	225(74.01)	70(23.03)

注:甲村310户中在该问题上有2户存在缺失值。

(四)要素投入特征

苹果生产环节中的生产性投入包括物质投入和人工投入。其中物质投入包括化肥和有机肥、农药、果袋、反光膜、防冻剂、营养液、人工种草和花粉等。本研究将2015~2016产季[①]果园的化肥和有机肥、农药、果袋、反光膜、防冻剂、营养液、人工种草和花粉等支出金额合计为家庭物质投入。

表3-15为2015~2016产季的家庭亩均物质投入分布,计算方法为家庭物质投入总额除以挂果园面积。如表3-15所示,总体样本的亩均物质投入主要分布在区间(2000,3000]元和(1000,2000]元,分别有240户和182户,分别占比39.22%和29.74%;亩均物质投入小于等于1000元的有21户,占比3.43%,而大于4000元的有67户,占比10.95%;总体亩均物质投入的均值为2617.86元。甲村亩均物质投入主要分布在区间(2000,3000]元,有132户,占比42.86%;亩均物质投入小于等于1000元的仅有5户,占比1.62%;而大于4000元的有38户,占比12.34%;甲

---

① 2015~2016产季的物质投入发生在2015年,人工投入除了销售环节发生在2016年上半年,其他环节人工投入均发生在2015年的苹果生产过程中,这里采用"2015~2016产季"主要为了和苹果种植收入保持一致。

村亩均物质投入均值为2757.05元。乙村亩均物质投入主要分布在区间（1000，2000］元，有111户，占比36.51%；亩均物质投入小于等于1000元的有16户，占比5.26%；亩均物质投入大于4000元的有29户，占比9.54%；乙村亩均物质投入均值为2476.82元。这表明，总体亩均物质投入较大，其中甲村亩均物质投入大于乙村，并且两个村庄之间种植户的亩均物质投入差异在1%的水平下显著。

苹果生产环节的人工投入包括在施肥、打药、套袋、卸袋、疏花和蔬果、修剪、清园、铺设反光膜、采摘、销售、放烟、喷洒防冻剂和营养液、种草、授粉等环节的自用工量和雇工量之和。

表3-15 2015~2016产季的家庭亩均物质投入分布

亩均物质投入（元）	≤1000 户数（%）	(1000，2000] 户数（%）	(2000，3000] 户数（%）	(3000，4000] 户数（%）	>4000 户数（%）
总体	21（3.43）	182（29.74）	240（39.22）	102（16.67）	67（10.95）
甲村	5（1.62）	71（23.05）	132（42.86）	62（20.13）	38（12.34）
乙村	16（5.26）	111（36.51）	108（35.53）	40（13.16）	29（9.54）

注：亩均物质投入总体样本量为612户，其中甲村308户，乙村304户。

表3-16为2015~2016产季的家庭亩均人工投入分布，计算方法为家庭人工投入总额除以挂果园面积。如表3-16所示，总体样本的亩均人工投入主要分布在区间（20，30］个工和小于等于20个工，分别有251户和170户，占比41.01%和27.78%；亩均人工投入大于50个工的仅有20户，占比3.27%。甲村亩均人工投入主要分布在区间（20，30］个工，有132户，占比42.86%；其次分布在区间（30，40］个工，占比24.03%；甲村亩均人工投入均值为28.99个工。乙村亩均人工投入主要分布在区间（20，30］个工，有119户，占比39.14%；其次为小于等于20个工，有111户，占比36.51%；乙村亩均人工投入均值为25.16个工。这表明

甲村亩均人工投入总体大于乙村，并且两个村庄之间种植户的亩均人工投入差异在1%的水平下显著。

表3-16 2015~2016产季的家庭亩均人工投入分布

亩均人工投入（工）	≤20 户数（%）	(20, 30] 户数（%）	(30, 40] 户数（%）	(40, 50] 户数（%）	>50 户数（%）
总体	170（27.78）	251（41.01）	120（19.61）	51（8.33）	20（3.27）
甲村	59（19.16）	132（42.86）	74（24.03）	34（11.04）	9（2.92）
乙村	111（36.51）	119（39.14）	46（15.13）	17（5.59）	11（3.62）

注：亩均人工投入总体样本量为612户，其中甲村308户，乙村304户。

三 家庭决策者收入渴望特征

本研究所采集的收入渴望数据包含两期：2014~2015产季苹果全部销售完后（2015年3~4月）家庭决策者对苹果种植的收入渴望，即2015年家庭决策者的收入渴望；2015~2016产季苹果全部销售完后（2016年3~4月）家庭决策者对苹果种植的收入渴望，即2016年家庭决策者的收入渴望。

表3-17为总体、甲村与乙村样本中家庭决策者2015年和2016年收入渴望的中位数、均值和方差以及群体间在中位数和均值上差异的显著性；图3-1与图3-2分别为2015年和2016年总体、甲村与乙村样本中家庭决策者收入渴望自适应核密度函数。

从表3-17中可以得出，2015年总体样本家庭决策者的收入渴望中位数为100000元，均值为107182.70元，方差为56617.26。分村庄看，虽然2015年甲村和乙村样本中家庭决策者收入渴望的中位数均为100000元，但两者差异的Pearson chi2系数在5%的水平下显著；从两个村庄家庭决策者收入渴望均值看，甲村收入渴望均值大于乙村，但两者的差异并不显著；此外，两个村庄家庭决策者收入渴望的方差差异较小。

第三章 苹果种植户收入渴望与收入不平等特征分析

表 3-17 总体、甲村与乙村样本中家庭决策者 2015 年和 2016 年收入渴望描述性统计

收入渴望	2015 年			2016 年		
	中位数（元）	均值（元）	方差	中位数（元）	均值（元）	方差
总体	100000	107182.70	56617.26	100000	105116.10	54111.14
甲村	100000	109703.40	57015.45	100000	115621.90	56096.43
乙村	100000	104612.20	56185.87	89500	94437.50	49882.94
差异	-4.30**	-5091.20		-19.70***	-21184.40***	

注：中位数、均值差异为 Pearson chi2 值，** 和 *** 分别表示在5%和1%的水平下显著；2015年总体样本量为612户，其中甲村309户，乙村303户；2016年总体样本量为613户，其中甲村309户，乙村304户；2015年和2016年收入渴望数值均存在缺失值。

从图 3-1 中的 2015 年家庭决策者收入渴望自适应核密度函数可以得出，两个村庄家庭决策者收入渴望的分布在底端和顶端基本重合，中间部分的密度存在差异，如收入渴望分布中间处（约125000元处）的左部乙村的密度大于甲村，但右部甲村的密度大于乙村，表明在家庭决策者收入渴望为125000元的左部，乙村的人口比例更大一些，右部甲村的人口比例更大一些，这一结论总体上与甲村收入渴望的均值高于乙村相契合。

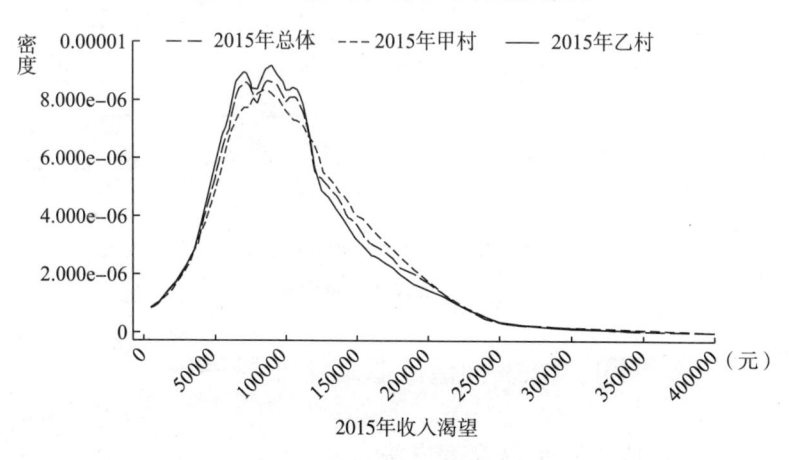

图 3-1 2015 年总体、甲村和乙村样本中家庭决策者收入渴望自适应核密度函数

从表 3-17 中可以得出，2016 年总体样本家庭决策者收入渴望的中位数为 100000 元，均值为 105116.10 元，方差为 54111.14。分村庄看，2016 年甲村家庭决策者收入渴望的中位数为 100000 元，乙村为 89500 元，两者差异的 Pearson chi2 系数在 1% 的水平下显著；甲村家庭决策者收入渴望的均值为 115621.90 元，乙村为 94437.50 元，甲村比乙村高 21184.40 元，并且差异在 1% 的水平下显著；此外，甲村家庭决策者收入渴望的方差大于乙村。

从图 3-2 中的 2016 年家庭决策者收入渴望自适应核密度函数可以得出，在家庭决策者收入渴望分布约 120000 元处的左部，乙村的密度大于甲村，表明 120000 元的左部乙村家庭决策者的比例更大；在 120000 元的右部，甲村的密度大于乙村，表明 120000 元的右部甲村家庭决策者的比例更大。这一结论总体上与甲村家庭决策者收入渴望中位数和均值大于乙村一致。

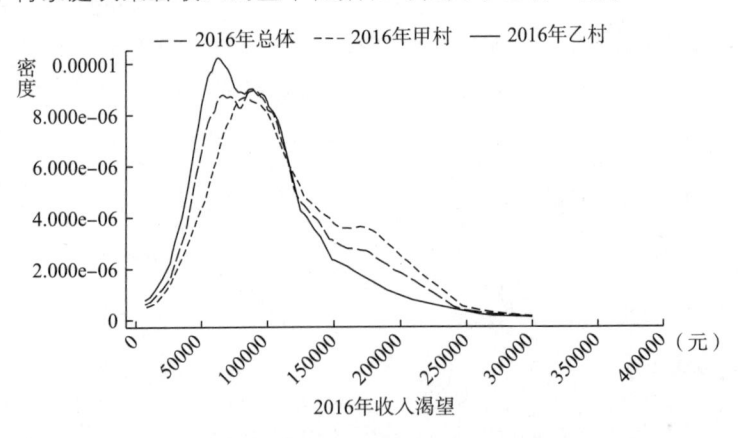

图 3-2　2016 年总体、甲村和乙村样本中家庭决策者收入渴望自适应核密度函数

四　苹果种植户收入不平等特征

（一）收入不平等测度方法

对不平等进行测度的方法类别众多，针对测度对象的数据类

型,可分为离散型数据不平等测度方法和连续型数据不平等测度方法。对于收入这类连续型变量的不平等测度,既有内涵简单的极差、变异系数、分位数之比等测度方法,也有内涵相对复杂的基尼系数、Atkinson 指数等测度方法。Hao 和 Naiman（2010）将不平等测度方法与其隐含的数理基础联系起来,将不平等测度方法分为:基于概率分布的不平等测度、基于分位数和 Lorenz 曲线的不平等测度、基于社会福利函数的不平等测度和基于信息理论的不平等测度等四类方法。这些测度方法间相互补充,从不同的角度刻画了不平等。

本研究所关注的收入不平等为 2015~2016 产季家庭苹果种植纯收入不平等。因苹果种植纯收入中含有负值,基于概率分布的对数方差法不能使用,其他常用的测度收入不平等的方法均可使用。常见的收入不平等测度方法介绍如下。

1. 基于概率分布的收入不平等测度方法

基于概率分布的收入不平等测度方法主要从概率分布形状来考察收入不平等,如极差、均值、标准差、变异系数等。

极差可以直接将个体收入从低到高排序,然后通过计算最大收入和最小收入的距离而得到。极差方法简单,能提供对收入分布范围的直观认识,但对收入分布两端之间的信息完全忽视,且易受极值影响。

标准差表示所有个体收入偏离收入平均值的偏差。标准差越大,说明收入分配越不平等,即收入不平等程度越大;相反,标准差越小,说明收入分配越平等。标准差是统计中常用的衡量样本数据整体差异的指标,可以有效地刻画整体收入在个体之间分配的绝对差距,但是标准差作为收入不平等测度方法易受到指标量纲影响,即收入水平较高群体与收入水平较低群体即使收入分布相同,收入水平较高群体的标准差也会大一些。

变异系数,即将总体样本的收入标准差除以均值,因而相比于标准差衡量的收入不平等,可以规避由群体间收入水平不同所导致的标准差差异,可以有效地刻画整体收入在个体之间的相对差距程度。该收入不平等测度方法主要描述的是两组收入分布在位置和偏态上的差异,变异系数越大,说明在收入分布的中心位置和右偏态上可能增加。

2. 基于分位数和 Lorenz 曲线的收入不平等测度方法

收入累积分布函数的逆函数即为分位数函数,收入分布的分位数是常用的收入不平等测度工具。如底部敏感的分位数比值 Q5/Q50 和顶部敏感的分位数比值 Q95/Q50,可以用来反映收入分布形状的变化趋势,如 Q5/Q50 上升,而 Q95/Q50 下降,表明收入不平等程度下降。

Lorenz 曲线是常用的反映收入不平等的直观图示方法。假设有 n 个个体或家庭,其收入分别为 $y_1, \cdots, y_n$,将这 n 个个体或家庭的收入排序成 $y_{(1)}, \cdots, y_{(n)}$,然后有:

$$L(s/n) = L(p) = \frac{\sum_{i=1}^{s} y_{(i)}}{\sum_{i=1}^{n} y_i} \qquad (3.1)$$

其中,$s = 0, 1, 2, \cdots, n$;$p = s/n$。点 $p(p = s/n)$ 处的 Lorenz 曲线给出了底部 $100p\%$ 的个体或家庭的收入之和占所有个体或家庭的收入之和的比例,即底部 $100p\%$ 的个体或家庭所拥有的收入份额,记为 $L(p)$。最高 $100p\%$ 的个体或家庭所拥有的收入份额由 $1 - L(1 - p)$ 给出。Lorenz 曲线被限定在 $0(s=0)$ 和 $1(s=n)$ 之间。若用图例显示,x 轴上的横坐标为总人(户)数的累计比例,y 轴上的纵坐标为对应的 x 轴的总人(户)数累计比例占总收入的累计比例。一般会在坐标系上加一条 45°对角线,该对角线上的每个个体或家庭占有相同的收入份额,因而该对角线被称为"收入平等线"。当每个个体或家庭所占有的收入份额不同时,Lorenz 曲线会位于"收入平等线"的下方,并且收入不平等程度越大,Lorenz 曲线偏离"收入平等线"越远。其中通过比较底部 1/5

的收入份额与顶部 1/5 的收入份额，提供了一种感知收入不平等程度的直觉方法。Lorenz 曲线中个体收入的等量增加会使 Lorenz 曲线更加接近"收入平等线"，个体收入等幅度的尺度改变对 Lorenz 曲线的位置没有影响，但个体收入分布的形状改变会使 Lorenz 曲线发生变化，如富人收入增加会使 Lorenz 曲线进一步远离"收入平等线"。

基尼系数是测度收入不平等最常用的指标，基尼系数 G 可以直接根据 Lorenz 曲线加以确定。将平等曲线和 Lorenz 曲线之间的面积表达为平等曲线下方的面积 A 和 Lorenz 曲线下方的面积 B 之间的差值。因此，表达基尼系数的一个方法是写出以下方程：

$$G = 2(A - B) = 2\left[\int_0^1 p\,\mathrm{d}p - \int_0^1 L(p)\,\mathrm{d}p\right] = 2\int_0^1 [p - L(p)]\,\mathrm{d}p \quad (3.2)$$

同时也可以使用 $y_1, y_2, \cdots, y_n$ 中的"收入对"的差值形式刻画基尼系数方程，即：

$$G = \frac{1}{2}\frac{\sum_{1\leqslant j<i\leqslant n}^{n}|y_i - y_j|/[n(n-1)/2]}{\bar{y}} = \frac{\sum_{1\leqslant j<i\leqslant n}^{n}|y_i - y_j|}{n(n-1)\bar{y}} \quad (3.3)$$

该方程表明基尼系数的最小值为 0，此时，每个人具有相同份额的总收入。另外，当一个人具有全部收入时，取得最大值 1，所以 G 的取值范围为 $[0, 1]$。

3. 基于社会福利函数的收入不平等测度方法

假设由 n 个个体组成的社会，其个体收入可看作一个 n 维排列 $(y_1, \cdots, y_n)$，其中，y_i 表示第 i 个个体的收入水平。社会福利函数是将一个值 $W(y_1, \cdots, y_n)$ 赋予每一种可能的收入 n 维排列的函数，这个值代表了该社会在该收入 n 维排列情况下的集体福利。因此，如果 $W(y_1, \cdots, y_n) \geqslant W(\tilde{y}_1, \cdots, \tilde{y}_n)$，那么，对该社会而言，收入 n 维排列 $(y_1, \cdots, y_n)$ 就被认为比 $(\tilde{y}_1, \cdots, \tilde{y}_n)$ 更可取。社会福利函数通常假定对于所有个体都是相同的，一旦社会福利函数的具体形式确定后，通过引入"平等分配的等值收入"并基于此测度不平等。平等分配的等值收入被定义为每一个个体所得到的收入 y^* 会将社会福利提高到与实际相同的水平，即 $W(y^*,\cdots,y^*) = W(y_1,\cdots,y_n)$ 的解，或 $U(y^*) = \frac{1}{n}\sum_{i=1}^{n} U(y_i)$ 的解。这里的 $U(\cdot)$ 为社会效用函数，并且满足在仿射变换下平等分配的等值收入不变性。在这一假定下，有 $W(y^*,\cdots,y^*) \le W(\bar{y},\cdots,\bar{y})$，即平等分配的等值收入不会大于平均收入。从社会福利角度看，平等分配的等值收入使社会变得更富裕。因此，可以将 $y^*/\bar{y}$ 视为平等的一种测度。Atkinson 指数使用 $1-y^*/\bar{y}$ 来测度不平等，取值范围为 0 和 1 之间的值，0 表示完全平等，该值越大表明不平等程度越大。通常将社会福利函数族定义为 $W_\varepsilon = \frac{1}{n}\sum_{i=1}^{n}\frac{y_i^{1-\varepsilon}-1}{1-\varepsilon}$，这里 ε 被定义为不平等厌恶参数，反映整体的社会行为。通过求解方程 $U_\varepsilon(y^*) = \frac{1}{n}\sum_{i=1}^{n} U_\varepsilon(y_i)$，得到平等分配的等值收入 $y^* = \left(\frac{1}{n}\sum_{i=1}^{n} y_i^{1-\varepsilon}\right)^{1/(1-\varepsilon)}$。因此，反映不平等程度的 Atkinson 指数族具有以下形式：

$$A_\varepsilon(y_1,\cdots,y_n) = 1 - y^*(\varepsilon)/\bar{y} = 1 - \left[\frac{1}{n}\sum_{i=1}^{n}\left(\frac{y_i}{\bar{y}}\right)^{1-\varepsilon}\right]^{[1/(1-\varepsilon)]} \quad (3.4)$$

这一表达式具有不平等程度随着 ε 增大而提高的性质，且 $\varepsilon \ne 1$，而在 $\varepsilon = 1$ 的特殊情况下，有：

$$A_1(y_1,\cdots,y_n) = 1 - \left[\prod_{i=1}^{n}(y_i/\bar{y})\right]^{1/n} \quad (3.5)$$

4. 基于信息理论的收入不平等测度方法

基于信息理论的"熵"表达了不确定性，"熵"可以用来量化概率分布（或随机变量）的随机度。如果一个随机变量能够以

概率 $p_1, \cdots, p_n$ 取 n 个可能值之一，那么与该分布相联系的"熵"定义为[①]：

$$H(p_1,\cdots,p_n) = -\sum_{i=1}^{n} p_i \log(p_i) \quad (3.6)$$

熵表达了一个概率单位在 n 个结果间不均匀分配程度的量，因此，可以用相同的思路来量化总收入在某一群体中不均匀分布的程度。假定人口中个体的收入为 $y_1,\cdots,y_n$，因此，个体 i 的收入份额为 $s_i = y_i/n\bar{y}$，且这些份额相加等于 1，即 $\sum_{i=1}^{n} s_i = 1$。将这些份额当成概率来处理，则 $H = -\sum_{i=1}^{n} s_i \log(s_i)$ 成为一个收入不平等测度指标。

进而，将每个人在收入份额相同情形下得到的熵与实际收入份额情形下得到的熵之间的差定义为收入不平等，即"Theil 指数"(T)：

$$T = H(1/n,\cdots,1/n) - H(s_1,\cdots,s_n)$$
$$= -\sum_{i=1}^{n} \frac{1}{n}\log\left(\frac{1}{n}\right) + \sum_{i=1}^{n} s_i \log(s_i) \quad (3.7)$$

$$T = -\sum_{i=1}^{n} s_i \left[\log(s_i) - \log\left(\frac{1}{n}\right)\right] \quad (3.8)$$

$$T = \frac{1}{n}\sum_{i=1}^{n} \frac{y_i}{\bar{y}}\left[\log\left(\frac{y_i}{\bar{y}}\right)\right] \quad (3.9)$$

上述三个表达式是等价的。Theil 指数的取值区间为 $[0, \log(n)]$，其中，0 表示收入完全平等，而 $\log(n)$ 表明收入极其不平等（某个人占有全部收入）。虽然熵在所有概率都相等的情况下取得最大值，但对应着 Theil 指数的最小值。

Cowell（2011）给出了使用广义熵定义的收入不平等测度方

[①] 苏联使用 ln 作为自然对数的记号，欧美通常使用 log 作为自然对数的记号，现常用 log，在本研究中不做区分。

法，公式如下：

$$GE_\theta = \frac{1}{\theta^2 - \theta}\left[\frac{1}{n}\sum_{i=1}^{n}\left(\frac{y_i}{\bar{y}}\right)^\theta - 1\right] \quad (3.10)$$

这里 θ 是取值可以为任意实数的敏感性参数。当 θ 取越来越大的正值时，该指数就越对分布顶端的收入差异敏感，即"顶部敏感的"广义熵指数。同样，θ 取越来越小的负值时，该指数就越对分布底部的差异敏感，即"底部敏感的"广义熵指数。当 $\theta = 1$ 时，得到 Theil 指数。当 $\theta = 0$ 时，有：

$$GE_0 = -\frac{1}{n}\sum_{i=1}^{n}\log\left(\frac{y_i}{\bar{y}}\right) \quad (3.11)$$

其被称为"平均对数离差"。当 $\theta = 2$ 时，$GE_2 = c^2/2$，即变异系数 (c) 平方的一半。当 $\theta = -1$ 时，广义熵与反向个体特性的均值相关。当 $0 < \theta < 1$ 时，广义熵与 Atkinson 指数具有常见的关系。对于 Atkinson 指数族中的每一个指数（用不平等厌恶参数来定义），广义熵族中都有一个等价指标。不过由于 θ 可以取 (0，1) 区间之外的任意数值，所以，相反的情况并不成立。

（二）苹果种植户收入不平等特征

表 3-18 为总体、甲村与乙村 2015~2016 产季苹果种植纯收入在不同收入不平等测度方法下的具体值。

表 3-18　总体、甲村与乙村 2015~2016 产季收入不平等测度值

			2015~2016 产季		
			总体	甲村	乙村
基于概率分布的收入不平等测度方法
1		R（极差，元）	236390	236390	123080
2		M（均值，元）	22598.8500	31890.6900	13154.1800
3		$\sqrt{V}$（标准差，元）	28302.4300	31556.3800	20691.4200
4		c（变异系数）	1.2748	1.0214	1.5730

续表

		2015~2016 产季		
		总体	甲村	乙村
基于分位数和 Lorenz 曲线的收入不平等测度方法				
5	Q5/Q50（分位数比值）	-0.6844	-0.2640	-1.3084
6	Q95/Q50（分位数比值）	4.3304	3.4830	5.3084
7	底部 1/5 的收入份额 [$L(0.2)$]	-0.0756	-0.0264	-0.1532
8	顶部 1/5 的收入份额 [$1-L(0.8)$]	0.5887	0.5121	0.7013
9	G（基尼系数）	0.5578	0.4801	0.6130
基于社会福利函数的收入不平等测度方法				
10	$A_{1/2}$（Atkinson 指数，$\varepsilon=1/2$）	0.1795	0.1508	0.1906
11	A_1（Atkinson 指数，$\varepsilon=1$）	0.3881	0.3191	0.4233
12	A_2（Atkinson 指数，$\varepsilon=2$）	0.9193	0.7864	0.9402
基于信息理论的收入不平等测度方法				
13	GE_1（广义熵，$\theta=1$）	0.3455	0.2939	0.3551
14	GE_0（广义熵，$\theta=0$）	0.4912	0.3844	0.5505
15	GE_{-1}（广义熵，$\theta=-1$）	1.1034	0.1674	1.5004
16	GE_2（广义熵，$\theta=2$）	0.8112	0.5200	1.2331

注：2015~2016 产季总体样本量为 613 户，其中甲村 309 户，乙村 304 户；甲村存在 1 户缺失值。

从基于概率分布的收入不平等测度方法的测度指标看，2015~2016 产季总体的收入极差为 236390 元，即最高收入与最低收入差距很大，具体来看，总体收入极差较大主要由甲村的收入极差较大导致，而乙村的收入极差为 123080 元，远小于甲村。从均值看，总体收入均值为 22598.8500 元，其中，甲村为 31890.6900 元，乙村为 13154.1800 元，甲村比乙村平均收入高 18736.5100 元。从标准差看，甲村标准差大于乙村。结合极差、均值和标准差可得甲村收入的变化幅度大于乙村，中心位置相对于乙村偏右并且波动较大。从变异系数看，总体样本的变异系数为 1.2748，其中甲村为 1.0214，乙村为 1.5730，乙村的变异系数大于甲村，表明甲村的收入分布更为偏左、收入压缩后的波动较小，从而表明甲村的收入不平等程度小于乙村。

从基于分位数和 Lorenz 曲线的收入不平等测度方法的测度指标看，在底部敏感的分位数[①]比值 Q5/Q50 上，总体为 -0.6844，表明总体样本中第 Q5 分位点的种植户纯收入为负值，且与处于中间位置的 Q50 分位点的种植户的收入差距较大。在顶部敏感的分位数比值 Q95/Q50 上，总体为 4.3304，表明总体样本中第 Q95 分位点的种植户纯收入是 Q50 分位点的种植户纯收入的 4.3304 倍，收入差距较大。在 Q5/Q50 上甲村大于乙村，而在 Q95/Q50 上乙村大于甲村，表明甲村的收入分布相对于乙村的收入分布出现了"下端缩小，上端轻微缩小"的现象。在底部 1/5 的收入份额上，总体为 -0.0756，表明处于底部 1/5 的群体的收入占总收入的比重很小；而顶部 1/5 的收入份额上，总体为 0.5887，所占比重超过总收入的一半，反映了收入不平等现象较为严重。从甲村看，底部 1/5 的收入份额为 -0.0264，大于总体；顶部 1/5 的收入份额为 0.5121，小于总体。这表明甲村的收入不平等程度小于总体。从乙村看，底部 1/5 的收入份额为 -0.1532，小于总体；顶部 1/5 的收入份额为 0.7013，大于总体，即处于顶部 1/5 的群体的收入占乙村总收入的比重超过 70%。这表明乙村的收入不平等程度大于总体。进一步，从基尼系数看，总体的基尼系数为 0.5578，其中甲村为 0.4801，而乙村为 0.6130，表明无论是总体，还是甲村或乙村，收入不平等程度均超过 0.4 的国际警戒线，其中乙村的收入不平等程度大于甲村。

从基于社会福利函数的收入不平等测度方法推导的 Atkinson 指数看，随着不平等厌恶系数值的增加，即社会对收入不平等越来越关心，总体、甲村和乙村的收入不平等程度迅速提升。其中甲村在 $\varepsilon = 1/2$、$\varepsilon = 1$ 和 $\varepsilon = 2$ 的数值分别为 0.1508、0.3191 和

---

① 分位数亦称分位点。

0.7864，而乙村为 0.1906、0.4233 和 0.9402，即乙村的增长速度更快，这揭示了乙村收入不平等更为严重。

从基于信息理论的收入不平等测度方法的广义熵指数看，GE_0 与 GE_1（Theil 指数）的结论与基尼系数的结论保持一致。对收入分布底部敏感的 GE_{-1} 的结论与底部敏感的分位数比值 Q5/Q50 的结论保持一致，对收入分布顶部敏感的 GE_2 的结论与顶部敏感的分位数比值 Q95/Q50 的结论保持一致。

综上所述，采用不同的收入不平等测度方法得到的结论基本一致，即总体的收入不平等程度较大，其中乙村的收入不平等程度比甲村严重。

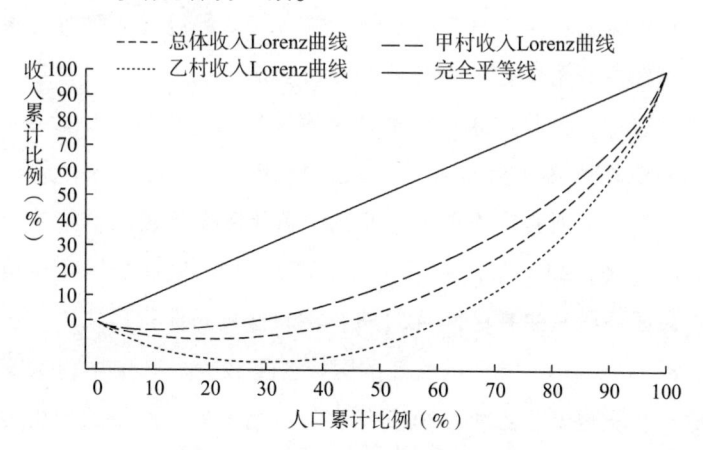

图 3-3 为总体、甲村与乙村的收入 Lorenz 曲线，横轴为人口累计比例，纵轴为收入累计比例，中虚线为总体收入的 Lorenz 曲线，长虚线为甲村收入的 Lorenz 曲线，短虚线为乙村收入的 Lorenz 曲线，实线为完全平等线。从图中可以看出，总体收入的 Lorenz 曲线位于甲村收入 Lorenz 曲线与乙村收入 Lorenz 曲线的中间位置，乙村 Lorenz 曲线位置最靠下，表明乙村的收入不平等程度大于总体，总体的收入不平等程度大于甲村，与上文指标测度的收入不平等结论保持一致。

图 3-3 总体、甲村与乙村的收入 Lorenz 曲线

五 本章小结

首先，对调研区域的基本情况、两个样本村的基本情况予以介绍，包括自然环境、交通、行政区划、种植户住所分布、果园分布；其次，对苹果种植户的基本特征予以分析，包括个体特征、家庭特征、果园特征和要素投入特征；再次，对家庭决策者的收入渴望特征进行描述；最后，简要介绍了收入不平等的测度方法，在此基础上对家庭苹果种植收入不平等特征进行分析。结果表明以下方面。

（1）两个样本村所属区域均为苹果生产优生区，甲村种植户居住较为集中，苹果园在村庄周围分布较为均匀；乙村种植户居住较为分散，果园整体呈带状分布。

（2）①从种植户个体特征看，家庭决策者的性别以男性为主，总体占比超过94%；家庭决策者年龄整体偏大，存在一定的老龄化现象，苹果种植以中老年劳动力为主，但年轻人也占有一定比例；家庭决策者的受教育年限主要集中在6~8年和9~11年两个区间段，甲村家庭决策者文化程度整体高于乙村；家庭决策者身体健康状况整体较好，甲村家庭决策者的身体健康状况略好于乙村；家庭决策者具有村干部、党员和苹果经纪人等社会经历的比例较高。两个村庄家庭决策者的个体特征中仅受教育年限的差异在统计上显著。②从种植户家庭特征看，家庭人口数量为4人的种植户所占比重最大，苹果种植劳动力多为2人，无外出务工人员户数所占比重最大；苹果种植年限整体较长，集中分布在区间［16，20］年，但近年来有不少新果农加入苹果种植行列；果园面积集中在区间（5，8］亩，挂果园面积也集中在区间（5，8］亩；2015年全年家庭的医疗开支较大，其中甲村家庭整体健康状况略好于乙村；2015年底与家庭苹果生产相关的机械原值较高，其中乙村生产性资产金额整体高于甲村，主要原因在于乙村的果园呈带状分布，造成住所离果园相对较远，农用三轮车等交通工具拥有比例较高；种植户住所普遍距离通村车站较近，交通便利。此外，两个村庄种植户的家庭特征中仅生产性资产的差异在统计上显著。③从种植户果园特征看，果园苹果树整体处于盛果期；2015~2016产季总体种植户发生自然灾害的比例较高，主要是由乙村发生自然灾害比例较高所致，但整体并不严重；乙村种植户的果园管理水平低于甲村。此外，两个村庄的苹果种植户间在自然灾害和果园大小年上差异显著。④从种植户要素投入特征看，果园亩均物质投入金额较大，总体亩均物质投入主要分布在区间（2000, 3000］元，其中甲村亩均物质投入大于乙村；果园亩均人工投入主要分布在区间（20, 30］个工，甲村亩均人工投入大于乙村，并且种植户间亩均人工投入差异较大。两个村庄种植户间的亩均物质投入和亩均人工投入的差异在统计上显著。综上所述，从整体上看，两个村庄的种植户在家庭决策者个体特征和家庭特征上差异较小，但在果园特征和要素投入特征上差异较大。

（3）2015年和2016年家庭决策者的苹果种植收入渴望较高，均值分别为107182.70元和105116.10元，两个年份甲村家庭决策者收入渴望的均值均大于乙村，尤其是2016年两村之间的家庭决策者收入渴望均值差异显著。

（4）从基尼系数看，总体苹果种植收入的基尼系数为0.5578，其中甲村为0.4801，而乙村为0.6130，表明无论是总体，还是甲村或乙村，收入不平等程度均超过0.4的国际警戒线，其中乙村的收入不平等现象更为严重。

两个村庄的种植户在家庭决策者个体特征和家庭特征上差异很小，而在亩均物质投入、亩均人工投入、收入渴望和收入不平等方面的差异在统计上显著，为下文聚焦研究收入渴望与收入不平等的关系奠定了重要基础。

▶第四章
收入渴望形成机制的实证分析

本书第二章基于个体的社会比较、渴望适应、自我效能感和控制点等理论探讨了收入渴望的形成机制,并以此为基础建立了收入渴望形成机制的跨学科整合框架,但尚缺乏从实证分析层面的检验。本章基于陕西富县两个村庄611户[①]的微观调查数据,采用2016年家庭决策者收入渴望数据,从家庭决策者的社会比较收入、收入渴望适应、经济自我效能感和经济控制点对收入渴望形成机制的理论分析结果进行检验,并对比分析两个村庄家庭决策者收入渴望在形成机制上的差异性。

一 理论分析与模型设定

(一)理论分析及研究假设

第二章建立的收入渴望形成机制的跨学科整合框架中,个体的社会比较是其收入渴望形成的重要基础。具体到苹果种植户家庭决策者的收入渴望,家庭决策者的社会比较收入对其收入渴望具有重要影响。社会比较理论的研究结果表明,个体进行社会比

---

① 第三章的总体样本量(甲村与乙村样本量之和)为614户,本章所关注的变量中有3户存在缺失值,故本章的样本量为611户。

较的动机主要有三个：自我评价、自我改善和自我增强。自我评价动机由社会比较理论的创立者 Festinger（1954）提出，Festinger 认为，自我评价动机促使个体倾向于跟自己在某方面相似的人进行比较，相似程度的高低决定了个体的比较意愿，出于自我评价动机所进行的社会比较被称为平行比较。然而并非在所有的情境中，个体都会与自己相似的人进行比较，通常对自我改善感兴趣的个体会在某些方面与比自己优秀的人进行比较，称之为上行比较；而对自我增强感兴趣的个体通常则会在某些方面选择比自己差的人进行比较，称之为下行比较。基于个体的社会比较动机可将社会比较分为平行比较、上行比较和下行比较三种类型，对于个体在收入方面的社会比较同样如此。此外，受所在社会经济环境的影响，个体间社会网络往往存在差异，从而造成每个个体可以观察或接触的群体存在差异，其相应的收入可比较对象的范围也存在差异。此外，Janzen 等（2017）基于尼泊尔居民的研究发现，个体参照对象的收入越高，其收入渴望越高。

对苹果种植户而言，家庭决策者之间的比较动机差异、比较对象差异均会造成其社会比较收入的差异，比较对象的苹果种植收入越高，对家庭决策者收入渴望的促进作用越强。由此，本书提出假设 1。

假设 1：家庭决策者的社会比较收入越高，其收入渴望越高。

收入渴望适应是指个体收入渴望对其收入的适应，根据享乐适应理论，当个体经历一件积极的事情时，如收入增加，一开始其会感觉到兴奋、满足感提升，但随着时间的推移，这些积极情绪会逐渐淡化，回到个体初始时所具有的状态（余樱、景奉杰，2016）。个体的享乐适应使得其不断地去追逐更加刺激、更加容易获得满足感的目标，即个体的收入渴望会随着其收入的增加而提高。Easterlin（2001）、Stutzer（2004）、Castilla（2012）、Knight 和 Gunatilaka（2010）等的研究均发现，个体的收入对其收入渴望具有显著的正向促进作用。对苹果种植户而言，他们的收入存在差异，收入越高，其家庭决策者的收入渴望相应地越高。由此，本书提出假设2。

假设2：家庭决策者的苹果种植收入越高，其收入渴望越高。

Bandura认为个体通过不同的信息源获取关于其才智和能力的信息，从而形成在不同情境中为达到不同的目标而完成各种行为的自我效能信念（郭本禹、姜飞月，2008）。个体的自我效能感主要有四个信息源：亲身经历的掌握性经验（experience or enactive）、替代性经验（vicarious experience）、言语劝说（social persuasion）、情绪触发（emotional strength）。亲身经历的掌握性经验是指个体通过自身的行为经历所获得的有关自己能力的直接经验判断，这一信息源对个体自我效能感的形成影响最大。通常，个体在收入上获取的成功会提升其对提高收入的自我效能感。替代性经验是指个体通过观察周围人的行为及结果，以此作为信息源形成对其自身的行为及结果的期待，从而获得关于自己能力可能性的认识。如个体周围与其相似的人在苹果种植收入上获得成功，可以提升其自我效能感。言语劝说是用来试图使个体相信自己已具备获得成功的能力，是进一步加强个体已具有的能力信念的重要手段。特别是当个体在努力完成某件事情但遇到很大的困难，并怀疑自己的能力时，如果有重要的人对其进行积极性劝导，个体相信其能力不存在问题，则会提升其自我效能感。情绪触发是指有时候个体在评估自己能力时会结合自己当时的生理和情绪上的感觉，积极的情绪状态可以提升其自我效能感。这四种信息源通过个体的认知加工和整合形成其自我效能感。

个体之间的自我效能感信息源差异及认知加工和整合能力的差异导致其自我效能感存在高低之分。通常自我效能感较高的个体会相信其能在特定的任务中有良好的表现，会追求更好的未来最终状态。但自我效能感较高的个体，并不意味着其在特殊领域具备同样的信念，这取决于需要完成任务的特征。例如，一个人可能在职业中具有较高的自我效能感，但无法降低自己的体重（Bandura，2006；Lown，2011）。具体到与经济相关的领域，个体的经济自我效能感是指个体为达到某一与经济相关的目标而完成相应的各种行为的自我效能信念。对苹果种植户而言，家庭决策者之间的经济自我效能感存在差异，其经济自我效能感越高，相应地，收入渴望越高。由此，本书提出假设3。

假设3：家庭决策者的经济自我效能感越高，其收入渴望越高。

在控制点理论的研究中，通常将个体的控制点分为外部控制和内部控制两种类型，具有外部控制特征的个体习惯地认为自己行为的结果受运气、机会、命运等外部力量控制，或者行为的结果受到个体周围其他的、复杂而无法预料到的力量影响，具有这一特征的个体被称为外控者。相反，具有内部控制特征的个体，具有强烈的自我信念，并认为所从事活动的结果是由自身所具有的内部因素决定的，如自身能力、努力程度、特质和技能等，具有这一特征的个体被称为内控者（孙煜明，1984）。控制点的本质是个体对成功和失败的归因，涉及与经济行为及其结果的归因，通常使用个体的经济控制点去表达。具体而言，内部经济控制倾向的个体更喜欢向困难的、与经济相关的任务挑战，并趋向于更高的经济目标。苹果种植户的家庭决策者间同样存在内控倾向与外控倾向之分，与具有外部经济控制倾向的家庭决策者相比，具有内部经济控制倾向的家庭决策者的收入渴望可能更高。由此，本书提出假设4。

假设4：与具有外部经济控制倾向的家庭决策者相比，内部经济控制倾向的家庭决策者的收入渴望更高。

（二）模型设定

依据理论分析，本章在分析社会比较收入、收入渴望适应、经济自我效能感和经济控制点等主要解释变量对苹果种植户收入渴望的影响时，还考虑了相关控制变量对苹果种植户收入渴望的影响。在已有研究成果的基础上，结合苹果种植户的特征，将本章所使用的控制变量分为两类，第一类反映苹果种植户家庭决策者的个体特征，包括性别、年龄、年龄的平方、受教育水平、健康状况、社会经历；第二类反映苹果种植户的家庭特征，包括苹果种植劳动力数量、家庭健康支出、生产性资产、果园面积、苹果种植收入占家庭总收入比重、村庄虚拟变量。

实证模型设定如下：

$$\ln aspirations_i = \beta_0 + \beta_1 \ln comp_i + \beta_2 adapt_i + \beta_3 fses_i + \beta_4 loc_i + \beta_c control_i + \varepsilon_i$$

(4.1)

模型中，$\ln aspirations$ 为取对数后的苹果种植户家庭决策者的收入渴望，$\ln comp$ 为取对数后的家庭决策者的社会比较收入，$adapt$ 为家庭决策者的收入渴望适应，$fses$ 为家庭决策者的经济自我效能感，loc 为家庭决策者的经济控制点，$control$ 为苹果种植户家庭决策者的个体特征和家庭特征控制变量，ε_i 为随机扰动项，β_i 为待估计参数向量。

二 变量度量与描述性统计分析

（一）相关变量度量

1. 社会比较收入

社会比较这一来源于社会学的概念，近年来在经济学的实证研究中逐渐受到重视，尤其在居民主观幸福感（尤亮等，2018a）、居民消费（金晓彤等，2015，2017）和员工的薪酬满意度（贺伟、龙立荣，2011）等研究领域。在实际应用中，经济学界通常使用相对收入这一概念去表征社会比较，这是因为相对收入更易于测量。已有研究中社会比较收入的度量标准既有使用客观方法的也有使用主观方法的。

在客观的社会比较收入度量方法方面，跨国研究中采用同一个国家的其他居民平均收入（Easterlin，1995），与受访者居住在同一区域的其他居民的平均收入（Persky & Tam，2010；裴志军，2010；罗楚亮，2017），样本中与受访者相比年龄变化幅度小于5岁的群体的平均收入（Mcbride，2004），以及与受访者具有相似的受教育水平、年龄、地理区域的个体收入水平（Ferrer-i-Carbonell & Frijters，2004），员工个人工资与部门平均工资之比（贺伟、龙立荣，2011）等指标来表征个体的社会比较收入。在主观的社会比较收入度量方法方面，Graham和Pettinato（2001）采用受访者对其当前与过去经济状况比较后的主观评价，对未来一年经济状况改善的预期和在当地经济地位的主观评价作为社会比较收入的度量标准。罗楚亮（2009）采用受访者家庭收入与其所需的保障最低生活水平收入的对数差作为社会比较收入的度量标准。官皓（2010）采用受访者对其收入在当地所处水平的自我评价作为社会比较收入的度量指标。社会比较在本质上是基于个体内在的社会心理和行为，在社会网络中自发地、无意识地获取个体社会特征的方式。在应用研究中，度量社会比较收入的关键在于比较对象的选取，客观的社会比较收入度量方法并没有如实地反映社会比较的主观特征，研究者设定的客观比较对象并不能真实地反映个体的比较意愿。相较于客观的社会比较收入的度量方法，主观的社会比较收入的度量方法能较为精确地表达受访者的社会比较效果。本书认为，基于受访者的主观价值标准所选择的社会比较参照对象更为合理，比研究者指定的比较标准更能反映社会比较的内涵。

本研究关注苹果种植户家庭决策者在收入维度上的社会比较，采用受访者主观选择的比较对象的收入作为社会比较的参照标准。在预研究阶段，通过对部分苹果种植户的访谈发现，受访者苹果种植收入的比较对象范围较为狭窄，多是与邻里或地块相连的种植户进行比较，因而本研究将受访者的主要社会比较对象锁定在本村域内。正式调查阶段，调研团队通过甲村、乙村村委会获得全部种植户的公开信息，并对种植户逐一编码。在实际操作中，针对苹果种植户家庭决策者通过对"以下表格中的人群，您一般同哪些种植户在苹果种植收入上进行比较？（从种植户信息编码表中选择不超过 5 个种植户）"和"刚刚挑选的种植户中，您认为哪个种植户对您影响最大？"两个问题的回答确定其社会比较对象。其中，第一个问题依据框架效应原理设置，可有效避免调查对象随意回答第二个问题，或直接询问社会比较对象时拒绝回答；采用苹果种植收入而不是家庭总收入作为比较标准，是因为调查对象的苹果种植收入作为其家庭收入的主要来源在种植户间容易获取和比较，而其他收入信息则相对隐私，通常难以获取。在社会比较收入测算方面，本研究借鉴尤亮等（2018a）的方法，使用对受访者影响最大的比较对象的 2015~2016 产季苹果亩均收入与受访者的果园面积的乘积作为受访者的社会比较收入。

2. 收入渴望适应

收入渴望适应本质上是指家庭决策者的收入渴望随着其苹果种植收入的增加而提高，因而收入渴望适应的度量可归结为收入的度量。在收入的度量方面，采用 2015~2016 产季苹果种植户的苹果种植收入。

3. 经济自我效能感

研究者通常使用自我效能感量表测度个体的自我效能感，相关研究中既有针对特定领域的自我效能感量表，也有更为宽泛的一般自我效能感量表。特定领域的自我效能感量表，如教师效能感量表（Tschannen-Moran et al., 1998）、酗酒效能感量表（Sitharthan et al.，2003)、职业决策自我效能感量表（Betz & Hackett，2011）等。一般自我效能感量表，如 Sherer 等（1982）设计 17 个题目的一般自我效能感量表，Schwarzer 和 Born（1997）设计 10 个题目的一般自我效能感量表，其中，Schwarzer 和 Born（1997）的量表在中国使用的最为广泛（Schwarzer et al.，1997；冯冬冬等，2008；Han et al.，2015）。

本研究关注的核心变量是与收入相关的变量，因而可以使用 Lown（2011）在 Schwarzer 和 Jerusalem（1995）一般自我效能感量表基础上开发的经济自我效能感量表，并结合调研对象特征对量表的第二题和第六题进行了适度修改，量表的翻译及修改工作由本研究笔者、部分心理学专业研究生合作完成。该量表由 6 个问题组成，采用 4 级 Likert 量表计分，即完全不正确、尚算正确、多数正确和完全正确，赋值为 1~4 分，6 个问题均反向计分，因而量表最低分为 6 分，最高分为 24 分，该量表具有较高的信度和较好的效度，反向计分后，得分越高表明家庭决策者的经济自我效能感越高。经济自我效能感量表的 6 个问题分别[①]为：①一旦出现意外开支，我就很难坚持我的支出计划；②变得富有对我来说很有挑战性；③我必须借钱应对意外支出；④遇到经济困难时，我要费好大劲才能想到办法；⑤我对我的理财能力没有信心；⑥我担心我不务农后会缺钱。

4. 经济控制点

20 世纪七八十年代，控制点量表研究取得进展，形成具有典型性的一般性量表和针对不同研究对象的量表。其中一般性量表包括 Levenson（1973）的 IPC 量表、Reid 和 Ware（1974）的三

[①] 原始量表的第二题为"在经济目标上取得进步对我来说是具有挑战性的"，第六题为"我担心我退休后没有经济来源"。

因素内-外控量表、Lefcourt 等（1979）的多维度-多归因因果量表；针对不同研究对象的量表包括多维健康控制点量表（Wallston et al.，1976）、心理健康控制点量表（Hill & Bale，1980）、学前控制点量表（Mischel et al.，1974）。Furnham（1986）设计出包含22个题目的经济控制点（economic locus of control）量表，并对量表的结构、效度进行检验，经济控制点量表包括四个部分：内部（internal）、机会（chance）、外部/拒绝（external/denial）和权威他人（powerful others）。内部是指倾向于相信经济改善是由个体内在原因导致的而不是外在原因；机会是指无法预知和掌控的机会或机遇控制了一个人的经济命运；外部/拒绝是指否认贫穷的存在，可能反映了政治和经济信仰；权威他人是指有权有势的人决定了一个人的经济命运（Furnham，1986）。Daalen等（1989）、Plunkett 和 Buehner（2007）、Sakalaki 等（2010）、Mewse 等（2010）等针对不同的社会群体使用了该量表，结果表明该量表具有很好的预测效果。

本研究关注的是与苹果种植户收入相关的因素，故只使用经济控制点量表的"内部"部分来测度家庭决策者的内控、外控倾向，量表的翻译及修改工作由本研究笔者、部分心理学专业研究生合作完成。"内部"部分包含7个题项，分别为：①储蓄（节约）和小心投资是致富的关键因素；②我的能力通常（多半）决定了我是否可以变得富有；③从长远来看，懂得理财才能保持富有；④通常是我自己的错误使我变得贫穷；⑤我一般能保护自己的利益；⑥我得到了我想要的，通常是因为我为之（这个东西）勤奋努力过；⑦我的行为决定我的生活。答案采用7级 Likert 量表计分，即非常同意、同意、比较同意、不确定、比较不同意、不同意和非常不同意，赋值为1~7分，因而量表最低分为7分，最高分为49分，得分越低表明受访者的内控倾向越强。

5. 控制变量

(1) 苹果种植户家庭决策者的个体特征变量。

性别特征，0 表示女性，1 表示男性，在 Stutzer（2004）以瑞士居民为样本的研究中，男女的性别差异对收入渴望影响不显著。

年龄采用受访者实际汇报的年龄（岁），同时考虑了年龄的平方，已有研究证实受访者的年龄对其收入渴望的影响呈倒"U"形（Stutzer，2004），年龄与家庭决策者收入渴望的关系很可能也呈倒"U"形。

受教育水平采用受访者实际汇报的受教育年限（年），通常家庭决策者的受教育年限越长，其对新事物的接受能力越强，果园的管理水平可能越高，因而其收入渴望越高。

健康状况采用受访者自评的 10 级 Likert 量表，题目为"与您的同龄人相比，从总体上来说，您认为您的健康状况如何？"，分数越高表明受访者的自评健康状况越好，家庭决策者的身体健康状况越好，意味着其在果园管理上可以保持较大的劳动强度和较长的劳动时间，此外，受访者的身体健康状况可能会影响其对未来的收入预期，因而受访者的身体健康状况自评得分越高，其收入渴望可能越高。

社会经历测度中，0 表示普通农户，1 表示曾经或现在为村委会干部、具有党员身份、做过苹果经纪人或其他。与普通农户相比，具有村委会干部等社会经历的农户的关系网络更广，在劳动力短缺时能调动的资源更多，因此可能对其收入渴望产生正向促进作用。

(2) 苹果种植户的家庭特征变量。

劳动力数量采用家庭从事苹果种植劳动力数量（人），从事苹果种植劳动力数量越多的家庭，其在用工强度较大的生产环节具有明显优势，如苹果套袋、果树施肥环节，平时在果园管理上可投入的劳动力较多，其果园可能管理得较好，因而家庭决策者收入渴望可能较高。

家庭健康支出采用2015年全年家庭的健康实际支出总额（元），包括家庭成员的药品费、检查费、住院费、医疗费等。家庭的健康支出金额越大，其对金钱的需求越大，因而家庭决策者收入渴望可能越高。

生产性资产采用家庭中与苹果生产相关的机械原值（元），包括拖拉机、三轮车、施肥开沟机、旋耕机、打药机和割草机等。家庭用于苹果种植的生产性资产投资金额越大，意味着实现收入渴望的可能性越大，家庭决策者的收入渴望越高。

果园面积采用家庭实际经营的苹果园面积（亩），包含挂果园和幼园，挂果园反映家庭当前的苹果产出能力，幼园反映家庭未来的苹果产出能力，因而果园面积越大，家庭决策者收入渴望可能越高。

苹果收入比采用2015~2016产季苹果种植收入占家庭总收入比重，苹果收入比越高，意味着苹果种植收入对于家庭经济状况的影响越大，家庭决策者收入渴望可能越高。

村庄虚拟变量，甲村为0，乙村为1。

（二）描述性统计

本研究样本总量为614户，剔除本章使用所关注变量有缺失值的种植户，有效样本量为611户。表4-1为总体样本核心变量、家庭决策者个体特征变量和家庭特征变量的描述性统计结果。

表4-1 总体样本的描述性统计

变量	均值	标准差
核心变量		
收入渴望（元）	105221.20	54159.72
苹果种植收入（元）	22647.58	28331.95

续表

变量	均值	标准差
核心变量		
社会比较收入（元）	69021.93	41229.90
经济自我效能感（分）	13.27	3.95
经济控制点（分）	15.92	4.48
家庭决策者个体特征变量		
性别	0.94	0.24
年龄（岁）	47.61	10.61
受教育水平（年）	8.00	2.95
健康状况（分）	7.60	2.10
社会经历	0.23	0.42
家庭特征变量		
劳动力数量（人）	2.26	0.79
家庭健康支出（元）	7392.39	16290.69
生产性资产（元）	12349.44	8052.02
果园面积（亩）	7.83	5.65
苹果收入比	0.74	0.24
村庄	0.50	0.50
总样本量	611	

表4-1中，总体样本家庭苹果种植收入的均值为22647.58元，标准差为28331.95元，表明苹果种植户间收入差异较大。家庭决策者的社会比较收入的均值为69021.93元，标准差为41229.90元，表明整体上家庭决策者的社会比较收入较高，他们倾向于和种植收入高的种植户比较，但这一数值远低于家庭决策者的收入渴望。家庭决策者的经济自我效能感的均值为13.27分，该量表最低分为6分，最高分为24分，得分越高表明家庭决策者的经济自我效能感越高，6个题目的平均分分为2.21分，在题目答案中的"多数正确"和"尚算正确"之间，表明种植户总体上比较认同经济自我效能感的题目，即经济自我效能感不高。家庭决

策者的经济控制点的均值为15.92分，该量表最低分为7分，最高分为49分，得分越低，说明受访者越倾向于是内控者，7个题目的平均分为2.27分，在题目答案中的"同意"和"比较同意"之间，表明总体上家庭决策者倾向于是内控者。

从表4-1中家庭决策者个体特征变量看，总体样本的家庭决策者的性别以男性为主，比例高达94%。随着市场经济发展和传统观念的演变，女性群体的社会经济地位逐步提高，在家庭中的角色逐渐发生转变。[①] 但对苹果种植户而言，出于种植和管理的需要，家庭主要男性劳动力和女性劳动力常年被禁锢在土地上，在农村男性在社会交际中具有优势，导致男性在生产决策中依然处于主导地位。家庭决策者的平均年龄为47.61岁，整体年龄偏大，说明在样本区域苹果种植户呈现老龄化趋势。平均受教育年限为8.00年，整体文化程度不高。受访者自评健康状况整体较好，达到7.60分。具有村委会干部等身份的家庭决策者占比23%，对于整村调研样本而言，这一比例相对较高。

从表4-1中家庭特征变量看，家庭平均苹果种植劳动力数量为2.26人，结合家庭决策者的年龄特征和调查实际情况，可知家庭的苹果种植者多为中年夫妇。家庭健康支出的均值为7392.39元，标准差为16290.69元，表明家庭整体健康支出金额较大，但家庭间的健康支出差异也很大。家庭与果园相关的生产性资产原值较大，达到12349.44元，主要原因在于拖拉机和三轮车等价值较大。果园面积平均为7.83亩，与延安其他区域相比种植规模较大。

表4-2为甲村与乙村样本核心变量、家庭决策者个体特征变量和家庭特征变量的描述性统计结果。

[①] 研究发现，夫妻双方中的一方长时间外出，会削弱其在家庭中的影响力。如在农村社会男性外出打工，会导致女性在家庭决策中的话语权增加（刘鑫财、李艳，2013）。

表4-2 甲村、乙村样本的描述性统计

变量	甲村 均值	甲村 标准差	乙村 均值	乙村 标准差	均值差异
核心变量					
收入渴望（元）	115815.50	56084.25	94452.15	49964.81	21363.35***
苹果种植收入（元）	31996.11	31553.19	13144.79	20725.00	18851.32***
社会比较收入（元）	83597.61	44888.28	54205.73	30795.24	29391.88***
经济自我效能感	13.52	3.97	13.01	3.91	0.51
经济控制点	16.01	4.27	15.83	4.69	0.18
家庭决策者个体特征变量					
性别	0.94	0.25	0.95	0.22	-0.01
年龄（岁）	47.80	10.87	47.42	10.34	0.38
受教育水平（年）	8.33	2.93	7.66	2.95	0.67***
健康状况	7.68	2.07	7.52	2.12	0.16
社会经历	0.22	0.42	0.24	0.43	-0.02
家庭特征变量					
劳动力数量（人）	2.27	0.83	2.25	0.74	0.02
家庭健康支出（元）	6603.57	12996.76	8194.22	19053.96	-1590.65
生产性资产（元）	11299.19	8442.77	13417.01	7498.61	-2117.82***
果园面积（亩）	7.98	6.17	7.68	5.08	0.30
苹果收入比	0.77	0.24	0.71	0.26	0.06***
样本量	308		303		

注：*** 表示在1%的水平下显著。

表4-2中，甲村家庭决策者收入渴望的均值比乙村高21363.35元，并且两个村庄的差异在1%的水平下显著。甲村家庭苹果种植收入的均值比乙村高18851.32元，并且两者的差异在1%的水平下显著。甲村家庭决策者的社会比较收入的均值比乙村高29391.88元，并且两者的差异在1%的水平下显著。对比分析两个村庄的家庭决策者收入渴望的均值与家庭苹果种植收入的均值、家庭决策者社会比较收入的均值，可知三者间存在正相关关系，可能家

庭苹果种植收入越高,家庭决策者的收入渴望越高;家庭决策者的社会比较收入越高,其收入渴望越高。甲村家庭决策者的经济自我效能感的均值略高于乙村,即甲村家庭决策者的平均经济自我效能感较高,但两者的差异在统计上不显著。甲村家庭决策者的经济控制点的均值略高于乙村,即与甲村家庭决策者相比,乙村家庭决策者更倾向于是内控者,但两者的差异在统计上不显著。

从甲村、乙村家庭决策者的个体特征变量看,两个村庄的家庭决策者在性别、年龄、健康状况和社会经历的均值上均差异较小,且差异在统计上不显著。甲村家庭决策者的平均受教育年限比乙村多 0.67 年,两者的差异在 1% 的水平下显著。

从甲村、乙村的家庭特征变量看,两个村庄的家庭在苹果种植劳动力数量、家庭健康支出、果园面积的均值上均差异较小,且差异在统计上不显著。但两个村庄在生产性资产、苹果收入比均值上的差异在 1% 的水平下显著,甲村家庭生产性资产原值的均值小于乙村、苹果收入比的均值大于乙村。

三 模型估计结果与分析

理论分析结果表明,家庭决策者的收入渴望适应、社会比较收入、经济自我效能感和经济控制点对其收入渴望具有显著影响,本节对这一理论分析结果从实证上予以检验。首先,基于总体样本,探讨家庭决策者的收入渴望适应、社会比较收入、经济自我效能感、经济控制点及控制变量对其收入渴望的影响;其次,分别基于甲村样本、乙村样本,对比两个村庄家庭决策者收入渴望形成机制的差异;最后,对模型结果的稳健性进行检验。在模型估计方法上,使用 OLS 方法,并对收入渴望、社会比较收入、家庭健康支出、生产性资产等变量做了对数化处理,家庭健康支出和生产性资产存在 0 值,对数化处理时采用 $\log(x+1)$ 形式，x 为家庭健康支出或生产性资产。

（一）总体样本的实证分析

表 4-3 为基于总体样本对家庭决策者收入渴望形成机制的检验结果。

表 4-3　总体样本的家庭决策者收入渴望形成机制分析
（被解释变量：收入渴望对数）

变量	模型1	模型2	模型3	模型4	模型5	模型6
苹果种植收入	—	6.63e−06*** (7.09e−07)	—	—	—	3.43e−06*** (7.24e−07)
社会比较收入	—	—	0.4458*** (0.0396)	—	—	0.3856*** (0.0408)
经济自我效能感	—	—	—	0.0210*** (0.0047)	—	0.0135*** (0.0038)
经济控制点	—	—	—	—	−0.0135*** (0.0042)	−0.0100*** (0.0034)
性别	0.0128 (0.0767)	−0.0271 (0.0742)	0.0569 (0.0537)	0.0101 (0.0745)	0.0154 (0.0742)	0.0306 (0.0517)
年龄	0.0706*** (0.0158)	0.0588*** (0.0150)	0.0462*** (0.0120)	0.0732*** (0.0157)	0.0680*** (0.0158)	0.0430*** (0.0120)
年龄的平方	−0.0008*** (0.0002)	−0.0006*** (0.0002)	−0.0005*** (0.0001)	−0.0008*** (0.0002)	−0.0007*** (0.0002)	−0.0005*** (0.0001)
受教育水平	0.0316*** (0.0065)	0.0237*** (0.0060)	0.0149*** (0.0051)	0.0265*** (0.0065)	0.0312*** (0.0064)	0.0095** (0.0048)
健康状况	0.0261*** (0.0093)	0.0097 (0.0088)	0.0129 (0.0082)	0.0221** (0.0092)	0.0231** (0.0091)	0.0013 (0.0078)
社会经历	0.1593*** (0.0487)	0.1434*** (0.0449)	0.0877** (0.0364)	0.1253*** (0.0481)	0.1497*** (0.0485)	0.0601* (0.0361)
劳动力数量	0.0626** (0.0253)	0.0437* (0.0228)	0.0225 (0.0195)	0.0631** (0.0249)	0.0629** (0.0248)	0.0187 (0.0182)
家庭健康支出	0.0197* (0.0104)	0.0209** (0.0099)	0.0220*** (0.0084)	0.0208** (0.0102)	0.0201** (0.0103)	0.0234*** (0.0083)
生产性资产	0.0198* (0.0104)	0.0160** (0.0065)	0.0221*** (0.0084)	0.0209** (0.0102)	0.0202** (0.0103)	0.0121** (0.0054)

续表

变量	模型1	模型2	模型3	模型4	模型5	模型6
果园面积	0.0352** (0.0142)	0.0315** (0.0129)	0.0190** (0.0088)	0.0329** (0.0139)	0.0346** (0.0142)	0.0173** (0.0086)
苹果收入比	0.6136*** (0.0967)	0.4111*** (0.0931)	0.2402*** (0.0696)	0.6135*** (0.0952)	0.6152*** (0.0963)	0.1872*** (0.0705)
村庄	-0.1708*** (0.0372)	-0.0649* (0.0381)	0.0040 (0.0353)	-0.1643*** (0.0366)	-0.1738*** (0.0370)	0.0369 (0.0347)
常数项	8.2906*** (0.4118)	8.8266*** (0.4015)	4.5998*** (0.4844)	8.0352*** (0.4194)	8.6135*** (0.4185)	5.4509*** (0.5241)
样本量	611	611	611	611	611	611
R^2	0.420	0.494	0.604	0.438	0.430	0.635

注：***、**和*分别表示在1%、5%和10%的水平下显著，括号中数值为稳健标准误。

1. 控制变量对家庭决策者收入渴望的影响

表4-3中的模型1为仅考虑控制变量时的回归结果。从模型1中家庭决策者的个体特征变量看，家庭决策者的性别系数符号为正，但在统计上不显著，从表4-1的描述性统计分析结果可知家庭决策者中男性比例高达94%，即家庭决策者的性别分布过于集中，但从性别变量的符号可以判断，男性的收入渴望略高于女性。年龄变量的系数在1%的水平下显著为正，年龄的平方变量的系数在1%的水平下显著为负，表明家庭决策者的年龄对其收入渴望的影响呈倒"U"形。受教育水平变量的系数在1%的水平下显著为正，表明家庭决策者的文化水平越高，其收入渴望越高。健康状况变量的系数在1%的水平下显著为正，表明家庭决策者的自评健康状况越好，其收入渴望越高。社会经历变量的系数在1%的水平下显著为正，在中国农村地区有过村委会干部、苹果经纪人等社会经历或具有党员身份的农户通常能力较强或具有较强的社会关系，对其收入渴望可能具有正向提升作用。

从模型1中的家庭特征变量看，苹果种植劳动力数量变量的系数在5%的水平下显著为正，家庭从事苹果种植的劳动力数量越多，可能对果园生产环节上的管理越精细，有助于家庭决策者收入渴望的提升；家庭健康支出变量的系数在 10% 的水平下显著为正，表明家庭健康支出金额越大，对金钱的需求越大，家庭决策者的收入渴望越高；生产性资产变量的系数在 10% 的水平下正向促进家庭决策者的收入渴望提升，家庭生产性资产的原值越大，表明其使用的机械设备越先进或越齐全，有助于苹果生产能力的提高；果园面积变量的系数在 5% 的水平下显著正向影响家庭决策者的收入渴望，果园面积越大表明家庭在当前或未来的苹果产量越高；苹果种植收入占家庭总收入比重变量的系数在 1% 的水平下显著促进家庭决策者收入渴望的提升，苹果种植收入占家庭总收入的比重越高，说明苹果种植收入对家庭的总收入越重要，有助于刺激家庭决策者收入渴望的提升；村庄虚拟变量的系数在 1% 的水平下显著为负，表明村庄间的家庭决策者的收入渴望存在差异。

2. 核心解释变量对家庭决策者收入渴望的影响

模型 2 在模型 1 的基础上，考虑苹果种植收入变量对家庭决策者收入渴望的影响，结果显示，苹果种植收入变量的系数在 1% 的水平下显著为正，表明家庭决策者的苹果种植收入越高，其收入渴望越高，即验证了假设 2。

模型 3 在模型 1 的基础上，考虑社会比较收入变量对家庭决策者收入渴望的影响，结果显示，社会比较收入变量的系数在 1% 的水平下显著为正，表明家庭决策者的社会比较收入越高，其收入渴望越高，即验证了假设 1。

模型 4 在模型 1 的基础上，考虑经济自我效能感变量对家庭决策者收入渴望的影响，结果显示，经济自我效能感变量的系数在 1% 的水平下显著为正，表明家庭决策者的经济自我效能感越高，其收入渴望越高，即验证了假设 3。

模型 5 在模型 1 的基础上，考虑经济控制点变量对家庭决策者收入渴望的影响，结果显示，经济控制点变量的系数在1%的水平下显著为负，表明家庭决策者越倾向于是内控者，其收入渴望越高，即验证了假设4。

3. 家庭决策者收入渴望形成机制整合框架的实证分析

模型6在模型1的基础上，同时考虑苹果种植收入、社会比较收入、经济自我效能感、经济控制点变量对家庭决策者收入渴望的影响。模型6的方差膨胀因子（VIF）的值为9.49，除了年龄和年龄的平方的VIF值很大外，其他变量的VIF值均小于2，即解释变量间的多重共线性在可接受的范围内。对比模型1到模型5，模型6的拟合优度最高。从核心解释变量的回归结果看，苹果种植收入变量的系数在1%的水平下显著为正，表明在控制其他变量不变的情形下，苹果种植收入每增加1万元，家庭决策者的收入渴望平均增加3.43%。进一步，结合收入渴望的均值，这一结果也表明，更高的收入并没有完全转化为更高的收入渴望，这与Stutzer（2004）基于瑞士居民的研究结论相一致。

家庭决策者社会比较收入变量的系数在1%的水平下显著为正，表明在控制其他变量不变的情形下，社会比较收入每增加1%，家庭决策者的收入渴望平均增加0.39%，结合苹果种植收入的均值，可知家庭决策者的社会比较以上行比较为主，比较对象的苹果种植收入对家庭决策者的收入渴望产生同化效应。

家庭决策者经济自我效能感变量的系数在1%的水平下显著为正，表明在控制其他变量不变的情形下，家庭决策者的经济自我效能感每增加1分，其收入渴望平均增加1.35%。

家庭决策者经济控制点变量的系数在1%的水平下显著为负，表明在控制其他变量不变的情形下，家庭决策者的经济控制点每增加1分，其收入渴望平均下降1.00%，即家庭决策者越倾向于是内控者，其收入渴望越高。

综合模型6中核心解释变量苹果种植收入以及家庭决策者的

社会比较收入、经济自我效能感和经济控制点的分析结果，可知在总体样本情形下，收入渴望形成机制的理论分析结果在实证上得到了验证，即假设1到假设4成立。

从模型6中控制变量回归结果看，家庭决策者的年龄对其收入渴望的影响呈倒"U"形，进一步计算可知，拐点约在43.0岁处，即在43.0岁之前，随着年龄增长，家庭决策者的收入渴望提高；在43.0岁之后，随着年龄增长，家庭决策者的收入渴望降低；在43.0岁时，家庭决策者的收入渴望达到最大值。倒"U"形的统计检验结果表明，在1%的水平下拒绝年龄变量对收入渴望的影响为单调型或"U"形。受教育水平变量的系数在5%的水平下显著为正，表明在控制其他变量不变的情形下，受教育年限每增加1年，收入渴望平均增加0.95%，这一系数值比模型1中的受教育水平变量的系数值小很多，结合模型2到模型5中受教育水平变量的系数，可能的原因在于苹果种植收入、社会比较收入和经济自我效能感变量吸收了受教育水平对收入渴望的部分影响。社会经历变量的系数在10%的水平下显著为正，表明在控制其他变量不变的情形下，有过村干部等社会经历的家庭决策者比没有过村干部等社会经历的家庭决策者的收入渴望平均高6.01%。与模型1相比，苹果种植劳动力数量变量的系数不再显著，结合模型2到模型5，可能的原因在于苹果种植劳动力数量变量与苹果种植收入变量和社会比较收入变量正相关。家庭健康支出变量的系数在1%的水平下显著为正，表明在控制其他变量不变的情形下，家庭健康支出每增加1%，家庭决策者的收入渴望增加0.02%，家庭在健康方面的负担越重，家庭决策者对收入的渴望越强烈，越希望通过增加收入来降低家庭成员的健康风险。生产性资产变量的系数在5%的水平下显著为正，表明在控制其他变量不变的情形下，生产性资产每增加1%，家庭决策者的收入渴望平均增加0.01%，家庭在与果园相关的生产性资产上投入的资金越多，表明其对苹果的生产越重视,实现收入渴望的可能性越大。果园面积变量的系数在 5% 的水平下显著为正,果园面积每增加 1 亩,家庭决策者收入渴望平均增加 1.73%。苹果收入比变量的系数在 1% 的水平下显著为正,苹果种植收入占家庭总收入的比重每增加 1 个百分点,家庭决策者的收入渴望平均增加 0.19%。

(二) 甲村与乙村样本的实证分析

本章中甲村与乙村样本的描述性统计分析结果表明,两个村庄的家庭决策者在收入渴望、苹果种植收入、社会比较收入上存在显著差异,本节将甲村和乙村样本分别进行回归,以对比分析家庭决策者收入渴望的形成机制差异。回归结果如表 4-4 所示。

表 4-4 甲村、乙村家庭决策者收入渴望形成机制分析

(被解释变量:收入渴望对数)

变量	甲村(模型7) 回归系数	稳健标准误	乙村(模型8) 回归系数	稳健标准误
苹果种植收入	$3.98e-06$ ***	$1.03e-06$	$2.44e-06$ **	$1.04e-06$
社会比较收入	0.4163***	0.0593	0.3598***	0.0567
经济自我效能感	0.0097*	0.0053	0.0169***	0.0058
经济控制点	-0.0088*	0.0052	-0.0092*	0.0048
性别	-0.0104	0.0516	0.0809	0.0894
年龄	0.0293*	0.0172	0.0592***	0.0166
年龄的平方	-0.0003	0.0002	-0.0006***	0.0002
受教育水平	0.0150**	0.0066	0.0046	0.0071
健康状况	0.0006	0.0092	0.0034	0.0130
社会经历	0.0809*	0.0484	0.0344	0.0541
劳动力数量	0.0046	0.0229	0.0299	0.0286
家庭健康支出	0.0173*	0.0097	0.0331**	0.0147

续表

变量	甲村（模型7）		乙村（模型8）	
	回归系数	稳健标准误	回归系数	稳健标准误
生产性资产	0.0131 **	0.0063	0.0101	0.0089
果园面积	0.0111	0.0079	0.0275 **	0.0126
苹果收入比	0.2099 **	0.1002	0.1772 *	0.1001
常数项	5.5475 ***	0.7442	5.1460 ***	0.7296
样本量	308		303	
R^2	0.647		0.623	

注：***、**和*分别表示在1%、5%和10%的水平下显著。

从表4-4中甲村的回归结果看，苹果种植收入变量的系数在1%的水平下显著为正，表明在控制其他变量不变的情形下，苹果种植收入每增加1万元，家庭决策者的收入渴望平均增加3.98%。社会比较收入变量的系数在1%的水平下显著为正，表明在控制其他变量不变的情形下，社会比较收入每增加1%，家庭决策者的收入渴望平均增加0.42%。经济自我效能感变量的系数在10%的水平下显著为正，表明在控制其他变量不变的情形下，家庭决策者的经济自我效能感每增加1分，其收入渴望平均增加0.97%。经济控制点变量的系数在10%的水平下显著为负，表明在控制其他变量不变的情形下，家庭决策者的经济控制点每增加1分，其收入渴望平均下降0.89%，即家庭决策者越倾向于是内控者，其收入渴望越高。这些结论与理论分析结果基本一致。

从表4-4中乙村的回归结果看，苹果种植收入变量的系数在5%的水平下显著为正，表明在控制其他变量不变的情形下，苹果种植收入每增加1万元，家庭决策者的收入渴望平均增加2.44%。社会比较收入变量的系数在1%的水平下显著为正，表明在控制其他变量不变的情形下，社会比较收入每增加1%，家庭决策者的收入渴望平均增加0.36%。经济自我效能感变量的系数在1%的水平下显著为正，表明在控制其他变量不变的情形下，家庭决策者的经济自我效能感每增加1分，其收入渴望平均增加1.69%。经济控制点变量的系数在10%的水平下显著为负，表明在控制其他变量不变的情形下，家庭决策者的经济控制点每增加1分，其收入渴望平均下降0.92%，即家庭决策者越倾向于是内控者，其收入渴望越高。这些结论与理论分析结果基本一致。

甲村与乙村的苹果种植收入以及家庭决策者的社会比较收入、经济自我效能感和经济控制点的影响系数虽然存在差异，但并不意味着差异在统计上显著，为此需要对收入渴望形成机制的四个变量的系数差异性进行检验，使用"自抽样法"（Bootstrap）来检验组间差异的显著性，详细步骤见连玉君等（2010）的研究。经Bootstrap法抽样1000次，结果表明苹果种植收入变量的经验p值为0.147，社会比较收入变量的经验p值为0.265，经济自我效能感变量的经验p值为0.179，经济控制点变量的经验p值为0.495，均不显著。这一检验结果表明，甲村与乙村的苹果种植收入以及家庭决策者的社会比较收入、经济自我效能感和经济控制点对其收入渴望影响的差异在统计上不显著，即两个村庄的家庭决策者收入渴望形成机制不存在显著差异。

（三）稳健性检验

本节对模型的主要回归结果进行稳健性检验，对核心解释变量使用替代变量进行替换，使用家庭总收入替换苹果种植收入，因家庭总收入同样含有负值，故未做对数化处理。社会比较收入使用"如果我想知道我做得怎么样，我会把自己做的和其他人做的进行比较"问题替换，该问题的答案为"很不符合、比较不符合、介于符合和不符合之间、比较符合、很符合"，分别对应1~5分，得分越高表明家庭决策者越倾向于进行社会比较。经济自我效能感变量使用Schwarzer和Born（1997）的一般自我效能感量表,该量表共有10个题目,对应的答案为"完全不正确、尚算正确、多数正确、完全正确",均为正向计分题,总量表最低分为10分,最高分为40分,得分越高表明家庭决策者的自我效能感越高。经济控制点量表使用Levenson(1973)开发的一般控制点IPC量表,IPC量表由三个分量表组成,I量表测量个体相信自己对生活的把控程度,P量表测量个体对权威者控制的定向水平,C量表测量个体的机遇控制定向。在本研究中,仅需使用I量表,I量表由8个题目组成,对应的答案为"非常不同意"到"非常同意"的6级Likert量表,均为正向计分题,量表最低分为8分,最高分为48分,得分越高表明个体越倾向于是内控者。模型回归结果如表4-5所示。

表4-5 模型结果的稳健性检验(被解释变量:收入渴望对数)

变量	模型9	模型10	模型11	模型12	模型13
苹果种植收入	—	6.30e-06*** (6.70e-07)	3.59e-06*** (7.40e-07)	3.31e-06*** (7.20e-07)	—
家庭总收入	2.46e-06*** (5.61e-07)	—	—	—	4.85e-06*** (5.70e-07)
社会比较收入	0.3826*** (0.0423)	—	0.3825*** (0.0421)	0.3797*** (0.0401)	—
社会比较倾向	—	0.0324* (0.0168)	—	—	0.0263 (0.0165)
经济自我效能感	0.0136*** (0.0038)	0.0171*** (0.0044)	—	0.0142*** (0.0038)	—
一般自我效能感	—	—	0.0082** (0.0033)	—	0.0107*** (0.0038)
经济控制点	-0.0099*** (0.0035)	-0.0109*** (0.0038)	-0.0074* (0.0038)	—	—
一般控制点	—	—	—	0.0084*** (0.0027)	0.0071** (0.0036)
性别	0.0389 (0.0511)	-0.0288 (0.0704)	0.0300 (0.0538)	0.0371 (0.0542)	-0.0070 (0.0733)

续表

变量	模型9	模型10	模型11	模型12	模型13
年龄	0.0440*** (0.0120)	0.0588*** (0.0149)	0.0380*** (0.0117)	0.0407*** (0.0120)	0.0506*** (0.0144)
年龄的平方	-0.0005*** (0.0001)	-0.0006*** (0.0002)	-0.0004*** (0.0001)	-0.0005*** (0.0001)	-0.0006*** (0.0002)
受教育水平	0.0083* (0.0049)	0.0208*** (0.0061)	0.0127*** (0.0048)	0.0106** (0.0049)	0.0225*** (0.0061)
健康状况	0.0020 (0.0078)	0.0042 (0.0085)	0.0010 (0.0077)	0.0023 (0.0077)	0.0043 (0.0086)
社会经历	0.0510 (0.0366)	0.1004** (0.0452)	0.0654* (0.0360)	0.0542 (0.0360)	0.0817* (0.0445)
劳动力数量	0.0178 (0.0183)	0.0442** (0.0219)	0.0178 (0.0185)	0.0186 (0.0182)	0.0390* (0.0217)
家庭健康支出	0.0238*** (0.0082)	0.0225** (0.0097)	0.0228*** (0.0085)	0.0222*** (0.0082)	0.0217** (0.0097)
生产性资产	0.0107* (0.0055)	0.0152** (0.0066)	0.0117** (0.0054)	0.0118** (0.0054)	0.0116* (0.0065)
果园面积	0.0166* (0.0090)	0.0290** (0.0128)	0.0185** (0.0088)	0.0173** (0.0086)	0.0285** (0.0132)
苹果收入比	0.3865*** (0.0774)	0.4359*** (0.0919)	0.1865*** (0.0711)	0.1919*** (0.0708)	0.8066*** (0.0992)
村庄	0.0383 (0.0347)	-0.0613 (0.0379)	0.0471 (0.0353)	0.0385 (0.0347)	-0.0351 (0.0379)
常数项	5.3065*** (0.5226)	8.7292*** (0.4370)	5.4616*** (0.5330)	5.4616*** (0.5330)	8.1025*** (0.4061)
样本量	611	611	611	612	612
R^2	0.635	0.518	0.634	0.634	0.520

注：***、**和*分别表示在1%、5%和10%的水平下显著，括号中数值为稳健标准误。

表4-5中的模型9为仅将苹果种植收入变量替换为家庭总收入变量时的回归结果，结果表明家庭总收入变量的符号和显著性与使用苹果种植收入变量时保持一致，且社会比较收入变量、经济自我效能感变量和经济控制点变量的符号与显著性同样未发生改变。模型10为社会比较收入使用替代变量时的回归结果，结

果表明替代变量的符号与使用社会比较收入变量时保持一致，显著性降为 10%，其他核心解释变量的符号和显著性均未发生改变。模型 11 为仅将经济自我效能感变量替换为一般自我效能感变量时的回归结果，结果表明一般自我效能感变量的符号与使用经济自我效能感变量时保持一致，显著性降为 5%，苹果种植收入变量、社会比较收入变量的符号和显著性均未发生改变，经济控制点变量的显著性降为 10%，但符号未发生改变。模型 12 为仅将经济控制点变量替换为一般控制点变量时的回归结果，结果表明一般控制点变量的符号与使用经济控制点变量时相反，显著性未发生改变，符号相反的原因在于一般控制点量表是正向计分，经济控制点量表是反向计分，苹果种植收入变量、社会比较收入变量和经济自我效能感变量的符号和显著性均未发生改变。模型 13 为将苹果种植收入变量、社会比较收入变量、经济自我效能感变量和经济控制点变量同时替换时的回归结果，结果表明家庭总收入变量、一般自我效能感变量的符号和显著性均未发生改变，一般控制点变量的显著性略微下降，符号发生改变，社会比较收入的替代变量不显著，但符号未发生改变。此外，从模型 9 到模型 13，控制变量的符号和显著性基本未发生改变。

综上所述，稳健性检验的结果与模型的主要回归结果基本一致。

四　本章小结

本章以第二章中提出的收入渴望形成机制的跨学科整合框架为支撑，聚焦收入渴望，对收入渴望的四个形成机制（渴望适应、社会比较、自我效能感和控制点）结合苹果种植户进行理论分析并提出相应的研究假设，利用两个村庄的苹果种植户微观调查数据，以 2016 年苹果种植户家庭决策者收入渴望为例，运用

OLS回归模型实证检验了收入渴望的形成机制，回答了收入渴望何以形成的问题，并考察了相关控制变量对家庭决策者收入渴望的影响，在此基础上，对比分析了两个村庄家庭决策者收入渴望形成差异，使用核心解释变量替换的方法对家庭决策者收入渴望形成机制的实证分析结果进行了稳健性检验。研究发现以下方面。

（1）家庭决策者的社会比较收入越高，其收入渴望越高，社会比较收入每增加1%，家庭决策者的收入渴望平均增加0.39%，比较对象的苹果种植收入对家庭决策者的收入渴望产生同化效应。苹果种植收入越高，家庭决策者的收入渴望越高，苹果种植收入每增加1万元，家庭决策者的收入渴望平均增加3.43%，更高的种植收入并没有完全转化为更高的收入渴望。家庭决策者的经济自我效能感对其收入渴望具有显著的正向促进作用，经济自我效能感每增加1分，收入渴望平均增加1.35%。家庭决策者越倾向于是内控者，其收入渴望越高，经济控制点每增加1分，其收入渴望平均下降1.00%。

（2）从控制变量结果看，家庭决策者年龄对其收入渴望的影响呈倒"U"形，随着家庭决策者年龄的增长，其收入渴望先升后降，拐点约在43.0岁处。受教育水平对家庭决策者收入渴望具有显著的正向促进作用，受教育年限越长，其收入渴望越高。有过村干部、党员、苹果经纪人等社会经历的家庭决策者的收入渴望更高。家庭在健康方面的负担越重，家庭决策者对收入的渴望越强烈，越希望通过增加收入来降低家庭成员的健康风险。家庭生产性资产原值越大、果园面积越大、苹果种植收入占家庭总收入的比重越高，家庭决策者的收入渴望越高。

（3）甲村与乙村家庭决策者收入渴望的对比分析结果表明，甲村与乙村苹果种植收入以及家庭决策者的社会比较收入、经济自我效能感和经济控制点对其收入渴望影响的差异在统计上不显著，即两个村庄的家庭决策者收入渴望在形成机制上不存在显著差异。

以上研究结论表明，家庭决策者的社会比较收入、收入渴望适应、经济自我效能感和经济控制点促成了其收入渴望。如果以提高家庭决策者收入渴望为目标，那么可以考虑从增加个体收入、促进个体与苹果种植收入更高的种植户比较、提高个体的经济自我效能感、调节个体的经济控制点入手，本章的实证分析结果为第七章低收入群体收入渴望的提升奠定了重要基础。

第五章
收入不平等对收入渴望的影响
——社会比较的调节作用分析

随着中国经济的快速增长,国民经济的"蛋糕"越做越大,但收入分配格局和收入不平等状况发生了较大变化,从计划经济时期的平均主义状况变为当前较高收入不平等程度,尤其是20世纪90年代以来,与大多数国家相比,中国俨然变成了收入不平等程度较高的国家。中国农村居民并没有平等地分享到市场经济高速发展带来的成果,一方面是城乡收入差距仍然较大,1990年城镇居民家庭人均可支配收入与农村居民家庭人均纯收入的比值为2.20,2009年上升到3.33,虽然其后城乡居民收入比值有小幅度下降,但到2017年这一比值仍高达2.71(匡远凤,2018;李实,2018)。另一方面农村地区收入不平等在加剧,居民收入差距处于高位(熊亮,2018)。那么,研究当前中国农村收入不平等状况会对家庭决策者收入渴望产生何种影响,无论是在理论上还是在实践中,都具有重要的意义。

本书第二章对收入不平等影响收入渴望的机制进行了理论分析并提出研究假设,具体到苹果种植户,对应的研究假设如下。假设1:苹果种植收入不平等对家庭决策者的收入渴望具有显著影响。假设2:家庭决策者的社会比较收入在苹果种植收入不平等对其收入渴望的影响中起调节作用。本章采用2015~2016产季的苹果种植收入数据和2016年家庭决策者收入渴望数据,探讨自然组收入不平等、不同收入群体自然组收入不平等、村庄收入不平等对家庭决策者收入渴望的影响及家庭决策者社会比较收入的调节作用,即验证研究假设1和假设2。

一 模型设定与变量描述性统计

(一)模型设定

在借鉴已有研究成果基础上,结合本研究的理论分析结论,本章在重点分析收入不平等、社会比较收入等主要解释变量对家庭决策者收入渴望的影响时,还考虑了相关控制变量的影响。其中,控制变量分为两类,第一类反映家庭决策者的个体特征,包括家庭决策者的收入渴望适应(苹果种植收入)、经济自我效能感、经济控制点、性别、年龄、年龄的平方、受教育水平、健康状况、社会经历;第二类反映家庭决策者的家庭特征,包括苹果种植劳动力数量、家庭健康支出、生产性资产、果园面积、苹果种植收入占家庭总收入比重、村庄虚拟变量。

因收入渴望为非正态分布,故对收入渴望做了对数化处理;此外,对社会比较收入、家庭健康支出和生产性资产变量同样做了对数化处理,具体计量模型设定如下:

$$\ln aspirations_i = \beta_0 + \beta_1 gini_i + \beta_2 \ln comp_i + \beta_3 gini_i \times \ln comp_i + \beta_c control_i + \varepsilon_i$$

(5.1)

模型中被解释变量 lnaspirations 为取对数后的家庭决策者收入渴望,$gini$ 为收入不平等变量,lncomp 为取对数后的社会比较收入,$gini \times \ln comp$ 为收入不平等与取对数后的社会比较收入的交互项,control 为控制变量,ε_i 为随机扰动项,β_i 为待估计参数向量。

社会比较收入在收入不平等对家庭决策者收入渴望影响中的调节作用主要根据交互项 $gini \times \ln comp$ 的系数 β_3 的显著性和符号来判

断，若系数显著，符号为正则为正向调节，符号为负则为负向调节。

（二）收入不平等测度

本章在收入不平等测度上采用了两种方法：第一种，因本书研究对象为两个村庄的苹果种植户，其中甲村有7个自然组，乙村有4个自然组，参照Knight和Gunatilaka（2011）的做法，对每个自然组分别计算其苹果种植收入基尼系数，将自然组苹果种植收入基尼系数作为收入不平等的测度指标，称之为自然组收入不平等；第二种，分别计算两个村庄的家庭苹果种植收入的基尼系数，将该基尼系数作为村庄收入不平等的测度指标。在这两种收入不平等测度方法的基础上，分析收入不平等对家庭决策者收入渴望的影响及家庭决策者的社会比较收入在收入不平等对其收入渴望影响中的调节作用。

甲村7个自然组的家庭苹果种植收入的基尼系数分别为0.5061、0.4358、0.4727、0.4033、0.4780、0.4574和0.5719，乙村4个自然组的家庭苹果种植收入的基尼系数分别为0.6302、0.4883、0.5105和0.7902。甲村的总体苹果种植收入基尼系数为0.4801，乙村的总体苹果种植收入基尼系数为0.6130。甲村7个自然组间的家庭苹果种植收入不平等差异小于乙村，甲村的总体苹果种植收入不平等程度低于乙村。

（三）变量描述性统计

本研究样本总量为614户，剔除本章所关注变量有缺失值的种植户，有效样本量为611户，变量的描述性统计分析结果与第四章表4-1和表4-2基本一致，故此处不再列出。因本章关注的是收入不平等、社会比较收入等主要解释变量对家庭决策者收入渴望的影响，故对第四章中的苹果种植收入（收入渴望适应）

和家庭决策者的经济自我效能感、经济控制点做控制变量处理，变量测度与第四章一致，描述性统计分析结果同第四章表4-1。此外，家庭决策者与苹果种植收入比较对象的相似程度分布如表5-1所示。这里的相似程度为调查对象的主观评价，从表5-1可以得出，总体样本中家庭决策者与比自己苹果经营好的种植户做比较的户数占总户数的67.76%，其中乙村这一比重为74.26%，而甲村这一比重为61.31%。因此，家庭决策者的社会比较以上行比较为主，即倾向于与苹果种植收入更高的种植户比较。

表5-1 调查对象与社会比较对象间相似程度分布

相似程度	差得多	较差	稍差	相似	稍好	较好	好得多
总体	1	3	7	185	169	104	139
甲村	1	3	3	111	82	38	67
乙村	0	0	4	74	87	66	72

注：甲村户数为305户，乙村户数为303户，甲村有3户在这一问题上存在缺失值。

二 模型估计结果与分析

（一）总体样本自然组收入不平等对收入渴望的影响分析

理论分析结果表明，收入不平等影响家庭决策者的收入渴望，家庭决策者的社会比较收入在收入不平等对其收入渴望的影响中起调节作用，本节采用自然组苹果种植收入基尼系数作为收入不平等的测度指标从实证上对该理论分析结果予以检验。首先使用OLS方法，对方程（5.1）进行回归；然后使用分位数回归方法，探讨自然组收入不平等对家庭决策者收入渴望影响在不同收入渴望组中的差异。OLS回归结果如表5-2所示。

表 5-2 收入不平等对收入渴望的影响(被解释变量：收入渴望对数)

变量	模型 1 系数	模型 1 稳健标准误	模型 2 系数	模型 2 稳健标准误	模型 3 系数	模型 3 稳健标准误
收入不平等	—	—	0.3691***	0.1178	0.3389***	0.1130
社会比较收入	0.3856***	0.0408	0.3998***	0.0400	0.4084***	0.0405
收入不平等×社会比较收入	—	—	—	—	-0.1748*	0.1011
苹果种植收入	3.43e-06***	7.24e-07	3.35e-06***	7.32e-07	3.20e-06***	7.50e-07
经济自我效能感	0.0135***	0.0038	0.0135***	0.0037	0.0129***	0.0036
经济控制点	-0.0100***	0.0034	-0.0096***	0.0035	-0.0096***	0.0035
性别	0.0306	0.0517	0.0401	0.0515	0.0426	0.0521
年龄	0.0430***	0.0120	0.0431***	0.0118	0.0421***	0.0118
年龄的平方	-0.0005***	0.0001	-0.0005***	0.0001	-0.0005***	0.0001
受教育水平	0.0095**	0.0048	0.0116**	0.0050	0.0120**	0.0051
健康状况	0.0013	0.0078	0.0025	0.0076	0.0029	0.0075
社会经历	0.0601*	0.0361	0.0527	0.0360	0.0552	0.0362
劳动力数量	0.0187	0.0182	0.0157	0.0180	0.0131	0.0180
家庭健康支出	0.0234***	0.0083	0.0236***	0.0083	0.0232***	0.0083
生产性资产	0.0121**	0.0054	0.0123**	0.0053	0.0129**	0.0052

续表

变量	模型 1		模型 2		模型 3	
	系数	稳健标准误	系数	稳健标准误	系数	稳健标准误
果园面积	0.0173**	0.0086	0.0166**	0.0084	0.0164**	0.0083
苹果收入比	0.1872***	0.0705	0.2073***	0.0702	0.2121***	0.0701
村庄	0.0369	0.0347	-0.0327	0.0345	-0.0333	0.0345
常数项	5.4509***	0.5241	5.0966***	0.5274	5.0394***	0.5270
样本量	611					
R^2	0.635		0.643		0.645	

注：***、**和*分别表示在1%、5%和10%的水平下显著。

模型 1 为未考虑自然组收入不平等变量的基准模型，模型 2 在模型 1 的基础上，考虑收入不平等对家庭决策者收入渴望的影响，模型的拟合优度得到改善。结果表明，收入不平等变量对家庭决策者收入渴望影响的系数在 1% 的水平下显著为正，表明在控制其他变量不变的情形下，收入不平等正向影响家庭决策者的收入渴望，基尼系数值每增加 0.1 个单位，家庭决策者的收入渴望平均增加 3.7%，即自然组收入不平等促进家庭决策者收入渴望的增加，验证了假设 1。模型 2 中家庭决策者的社会比较收入对其收入渴望影响的系数同样在 1% 的水平下显著为正，表明家庭决策者比较对象的苹果种植收入对该家庭决策者的收入渴望具有促进作用。在控制其他变量不变的情形下，比较对象的苹果种植收入每增加 1%，该家庭决策者的收入渴望平均增加 0.40%。此外，控制变量中家庭决策者的社会经历不再显著，但系数值变化较小，其他控制变量系数的数值和显著性与模型 1 相比基本未发生变化。

为探讨家庭决策者的社会比较收入在收入不平等对其收入渴望影响中的调节作用，模型 3 在模型 2 的基础上，引入收入不平等变量与社会比较收入变量的交互项，为了降低模型的多重共线性和提升解释的便利性，在模型 3 的交互项中对收入不平等变量和社会比较收入变量做了中心化处理，模型 3 的 VIF 值为 8.63，数值较大的主要原因是家庭决策者的年龄和年龄的平方之间存在共线性，收入不平等变量、社会比较收入变量及两者交互项的 VIF 值分别为 1.61、1.91 和 1.12，表明从整体上看模型的多重共线性在可接受范围内。模型 3 中收入不平等变量与社会比较收入变量交互项影响的系数在 10% 的水平下显著为负，并且与模型 2 相比，交互项的引入改善了模型的拟合优度，表明家庭决策者比较对象的苹果种植收入负向调节收入不平等对家庭决策者收入渴望的影响，即家庭决策者比较对象的苹果种植收入会抑制收入不

第五章 收入不平等对收入渴望的影响

平等对家庭决策者收入渴望的促进作用。当家庭决策者比较对象的苹果种植收入越高时,收入不平等对家庭决策者收入渴望的正向影响越小;而当家庭决策者比较对象的苹果种植收入越低时,收入不平等对家庭决策者收入渴望的正向影响越大。在社会比较收入均值处的边际效应为 0.3389,验证了假设 2,即家庭决策者的社会比较收入在收入不平等对其收入渴望的影响中起调节作用。

从模型 3 中控制变量的回归结果看,苹果种植收入对家庭决策者收入渴望具有显著的正向影响,在控制其他变量不变的情形下,苹果种植收入每增加 1 万元,家庭决策者的收入渴望平均增加 3.20%;家庭决策者经济自我效能感对其收入渴望同样具有显著正向影响,表明在控制其他变量不变的情形下,经济自我效能感每增加 1 分,家庭决策者的收入渴望平均增加 1.29%;家庭决策者经济控制点变量对其收入渴望影响的系数在 1% 的水平下显著为负,表明家庭决策者越倾向于是内控者,其收入渴望越高。家庭决策者的年龄对其收入渴望的影响呈倒"U"形,进一步计算可知,拐点约在 42.1 岁处;受教育水平变量的系数在 5% 的水平下显著为正,表明在控制其他变量不变的情形下,受教育年限每增加 1 年,收入渴望平均增加 1.20%;家庭健康支出变量的系数在 1% 的水平下显著正向影响家庭决策者的收入渴望,表明在控制其他变量不变的情形下,家庭健康支出每增加 1%,家庭决策者的收入渴望增加 0.02%;生产性资产变量的系数在 1% 的水平下显著为正,表明在控制其他变量不变的情形下,生产性资产每增加 1%,家庭决策者的收入渴望平均增加 0.01%;果园面积变量的系数在 5% 的水平下显著为正,表明果园面积每增加 1 亩,家庭决策者的收入渴望平均增加 1.64%。苹果收入比变量的系数在 1% 的水平下显著为正,表明苹果种植收入占家庭总收入的比重每增加 1 个百分点,家庭决策者的收入渴望平均增加 0.21%。

表 5-3 反映了收入渴望在 0.25、0.50 和 0.75 分位点①下，自然组收入不平等对家庭决策者收入渴望的影响及社会比较的调节作用。从收入渴望的 0.25 分位点回归结果看，对低收入渴望组而言，自然组收入不平等对家庭决策者收入渴望具有显著的正向影响，社会比较收入同样对家庭决策者收入渴望具有显著正向影响，两者的交互项系数为负，但在统计上不显著。从收入渴望的 0.50 分位点回归结果看，对中等收入渴望组而言，自然组收入不平等对家庭决策者收入渴望具有显著正向影响，社会比较收入对家庭决策者收入渴望具有显著正向影响，两者的交互项系数为负且显著，表明家庭决策者的社会比较收入在自然组收入不平等对其收入渴望的影响中起调节作用。从收入渴望的 0.75 分位点回归结果看，对高收入渴望组而言，自然组收入不平等对家庭决策者收入渴望的影响系数为正，但不再显著，即对于高收入渴望组而言，自然组收入不平等并不会对其收入渴望产生显著的促进作用，家庭决策者的社会比较收入对其收入渴望的影响系数依然显著为正，但两者的交互项系数在统计上不再显著，即对于高收入渴望组而言，家庭决策者的社会比较收入在自然组收入不平等对其收入渴望的影响中未起到显著的调节作用。对比分析不同分位点下回归系数可知，自然组收入不平等对低收入渴望组影响最大，对中等收入渴望组影响次之，对高收入渴望组影响最小，原因在于低收入渴望组苹果种植收入通常较少，处于收入分层的较低阶层，对收入不平等的感知最为明显，因而收入不平等对其收入渴望的促进作用最强。同样，社会比较收入增加对低收入渴望组的收入渴望促进作用最大，对中等收入渴望组的收入渴望促进作用次之，对高收入渴望组的收入渴望促进作用最小，即低收入渴望组的社会比较对象收入增加对其收入渴望的促进作用较大，而高收入渴望组的

---

① 0.25、0.50 和 0.75 分位点，即 Q25、Q50 和 Q75。

苹果种植收入通常较高，比较对象的苹果种植收入增加对其收入渴望的促进作用较小。社会比较收入在自然组收入不平等对收入渴望的影响中的调节作用仅对中等收入渴望组具有显著影响。

表5-3 收入渴望在不同分位点下自然组收入不平等对收入渴望的影响
（被解释变量：收入渴望对数）

变量	Q25	Q50	Q75
收入不平等	0.4034***	0.2519**	0.1551
	(0.1289)	(0.0979)	(0.1279)
社会比较收入	0.4375***	0.3419***	0.2528***
	(0.0355)	(0.0269)	(0.0352)
收入不平等×社会比较收入	-0.0313	-0.2417***	-0.0923
	(0.1188)	(0.0903)	(0.1179)
苹果种植收入	$3.24e-06$***	$1.99e-06$***	$2.37e-06$***
	$(8.12e-07)$	$(6.17e-07)$	$(8.06e-07)$
经济自我效能感	0.0165***	0.0135***	0.0077
	(0.0051)	(0.0039)	(0.0050)
经济控制点	-0.0110***	-0.0114***	-0.0058
	(0.0042)	(0.0032)	(0.0042)
性别	-0.0152	0.0637	0.0796
	(0.0795)	(0.0604)	(0.0789)
年龄	0.0431***	0.0480***	0.0291**
	(0.0142)	(0.0108)	(0.0141)
年龄的平方	-0.0005***	-0.0005***	-0.0003**
	(0.0002)	(0.0001)	(0.0001)
受教育水平	0.0201***	0.0112**	0.0067
	(0.0069)	(0.0053)	(0.0069)
健康状况	0.0049	0.0046	0.0030
	(0.0097)	(0.0073)	(0.0096)
社会经历	0.0551	0.0336	0.0165
	(0.0469)	(0.0356)	(0.0466)
劳动力数量	0.0206	0.0067	0.0096
	(0.0249)	(0.0189)	(0.0247)
家庭健康支出	0.0150	0.0243***	0.0365***
	(0.0115)	(0.0088)	(0.0114)
生产性资产	0.0078	0.0068	0.0130**
	(0.0065)	(0.0050)	(0.0065)

续表

变量	Q25	Q50	Q75
果园面积	0.0231*** (0.0037)	0.0336*** (0.0028)	0.0478*** (0.0036)
苹果收入比	0.2239*** (0.0834)	0.2134*** (0.0634)	0.1668** (0.0828)
村庄	-0.0374 (0.0466)	-0.0790** (0.0354)	-0.0628 (0.0463)
常数项	4.4470*** (0.5111)	5.6330*** (0.3882)	7.0165*** (0.5070)
样本量	611	611	611
Pseudo R^2	0.4499	0.4343	0.4170

注：***、**和*分别表示在1%、5%和10%的水平下显著；括号中数值为Bootstrap标准误，reps=400。

（二）甲村与乙村自然组收入不平等对收入渴望的影响分析

在总体样本自然组收入不平等对家庭决策者收入渴望影响分析的基础上，本节对比分析两个村庄自然组收入不平等对家庭决策者收入渴望的影响。模型回归结果如表5-4所示。

表5-4 不同村庄自然组收入不平等对收入渴望的影响
（被解释变量：收入渴望对数）

变量	甲村		乙村	
	模型4	模型5	模型6	模型7
收入不平等	0.2433* (0.1393)	0.2523 (0.1578)	0.5564** (0.2309)	0.2336 (0.2151)
社会比较收入	0.4218*** (0.0578)	0.4132*** (0.0665)	0.3924*** (0.0587)	0.5110*** (0.0910)
收入不平等× 社会比较收入	—	-0.0537 (0.1975)	—	-0.6856** (0.3182)
苹果种植收入	3.62e-06*** (1.03e-06)	3.63e-06*** (1.04e-06)	3.35e-06*** (1.07e-06)	2.73e-06** (1.12e-06)

续表

变量	甲村		乙村	
	模型4	模型5	模型6	模型7
经济自我效能感	0.0097*	0.0096*	0.0163***	0.0142**
	(0.0053)	(0.0053)	(0.0057)	(0.0056)
经济控制点	-0.0084	-0.0084	-0.0092*	-0.0090*
	(0.0051)	(0.0051)	(0.0048)	(0.0050)
性别	0.0003	0.0008	0.0825	0.0886
	(0.0498)	(0.0501)	(0.0933)	(0.0934)
年龄	0.0315*	0.0319*	0.0555***	0.0544***
	(0.0169)	(0.0169)	(0.0164)	(0.0170)
年龄的平方	-0.0004**	-0.0004**	-0.0006***	-0.0006***
	(0.0002)	(0.0002)	(0.0002)	(0.0002)
受教育水平	0.0156**	0.0155**	0.0082	0.0085
	(0.0069)	(0.0069)	(0.0076)	(0.0074)
健康状况	0.0015	0.0015	0.0049	0.0062
	(0.0094)	(0.0094)	(0.0124)	(0.0119)
社会经历	0.0705	0.0719	0.0255	0.0287
	(0.0488)	(0.0484)	(0.0539)	(0.0535)
劳动力数量	0.0059	0.0060	0.0228	0.0233
	(0.0228)	(0.0229)	(0.0285)	(0.0276)
家庭健康支出	0.0175*	0.0174*	0.0319**	0.0298**
	(0.0098)	(0.0097)	(0.0149)	(0.0146)
生产性资产	0.0129**	0.0130**	0.0111	0.0126
	(0.0063)	(0.0063)	(0.0086)	(0.0082)
果园面积	0.0110	0.0111	0.0251**	0.0237**
	(0.0078)	(0.0079)	(0.0124)	(0.0116)
苹果收入比	0.2257**	0.2264**	0.1863*	0.1432
	(0.0990)	(0.0989)	(0.0999)	(0.0968)
常数项	5.3051***	5.3930***	4.5324***	3.5100***
	(0.7386)	(0.7992)	(0.7734)	(0.9496)
样本量	308	308	303	303
R^2	0.648	0.648	0.632	0.642

注：***、**和*分别表示在1%、5%和10%的水平下显著，括号中数值为稳健标准误。

1. 甲村自然组收入不平等对收入渴望的影响分析

模型4为甲村自然组收入不平等对家庭决策者收入渴望的影响，结果表明，收入不平等变量的回归系数在10%的水平下显著为正，表明甲村种植户的自然组收入不平等对其收入渴望具有正向促进作用，即自然组收入不平等程度越高，甲村家庭决策者收入渴望越高，在控制其他变量不变的情形下，基尼系数每增加0.1个单位，甲村家庭决策者的收入渴望平均增加2.4%；社会比较收入变量的系数在1%的水平下显著为正，表明对甲村家庭决策者而言，在控制其他变量不变的情形下，家庭决策者比较对象的苹果种植收入每增加1%，其收入渴望平均增加0.42%。

模型5在模型4的基础上，引入自然组收入不平等变量与社会比较收入变量的交互项。为降低模型的多重共线性，这里对甲村自然组收入不平等变量和家庭决策者社会比较收入变量做了中心化处理，其中，收入不平等变量、家庭决策者的社会比较收入变量及两者交互项的VIF值分别为1.09、1.61和2.31，模型5的VIF值为8.86，表明从整体上看模型的多重共线性在可接受范围内。模型5中交互项的回归系数为负，但在统计上不显著，表明甲村家庭决策者的社会比较收入在自然组收入不平等对其收入渴望的影响中在统计上不存在显著的调节作用，此外，交互项的引入并没有改善模型的拟合优度，收入不平等变量也不再显著。

2. 乙村自然组收入不平等对收入渴望的影响分析

模型6为乙村自然组收入不平等变量对家庭决策者收入渴望的影响，结果表明，收入不平等变量的回归系数在5%的水平下显著为正，表明乙村种植户的自然组收入不平等对其收入渴望产生正向促进作用，即收入不平等程度越高，乙村苹果种植户的收入渴望越高，在控制其他变量不变的情形下，基尼系数每增加0.1个单位，乙村苹果种植户的收入渴望平均增加5.6%；社会比较收入变量的系数在1%的水平下显著为正,表明对乙村家庭决策者而言,在控制其他变量不变的情形下,家庭决策者比较对象的苹果种植收入每增加1%,其收入渴望平均增加0.39%。

模型7在模型6的基础上,引入自然组收入不平等变量与家庭决策者社会比较收入变量的交互项。为降低模型的多重共线性,这里同样对乙村自然组收入不平等变量和家庭决策者社会比较收入变量做了中心化处理,其中,收入不平等变量、家庭决策者社会比较收入变量及两者交互项的VIF值分别为2.00、4.00和4.23,但模型7的VIF值为10.23,略高于经验数值10,若不考虑苹果种植户年龄的平方,则模型7的VIF值为1.66,因此,从整体上看模型的多重共线性在可接受范围内。模型7中交互项的系数在5%的水平下显著为负,并且与模型6相比,交互项的引入改善了模型的拟合优度。这表明乙村家庭决策者的社会比较收入在收入不平等对其收入渴望影响中在统计上存在负向调节作用,即乙村家庭决策者比较对象的收入会抑制自然组收入不平等对其收入渴望的促进作用,并且随着家庭决策者社会比较收入的增加,收入不平等对该家庭决策者收入渴望的影响逐渐减小。此外,对比模型6,交互项的引入降低了收入不平等变量的系数值和显著性水平。

3. 甲村、乙村自然组收入不平等对收入渴望影响的对比分析

模型4与模型6分别为甲村与乙村自然组收入不平等对家庭决策者收入渴望影响的回归模型。虽然模型4和模型6中收入不平等变量的系数值差异较大,但并不意味着该差异在统计上显著,为此需要对两组回归的收入不平等变量的系数差异性进行检验,使用Bootstrap法来检验组间差异的显著性,详细步骤见连玉君等(2010)的研究。经Bootstrap法抽样1000次,得到的经验p值为0.093,在10%的水平下显著。

对比甲村与乙村自然组收入不平等变量的影响系数可以得出,

乙村自然组收入不平等对家庭决策者收入渴望的影响大于甲村，并且从系数的显著性来看，甲村在10%的水平下显著，乙村在5%的水平下显著，即乙村的系数显著性更强。事实上，甲村自然组用基尼系数测度的收入不平等最大值为0.5719，最小值为0.4033，均值为0.4752，以自然组人数为权重的基尼系数均值为0.3910；而乙村自然组基尼系数最大值为0.7902，最小值为0.4883，均值为0.6049，以自然组人数为权重的基尼系数均值为0.5964。这表明乙村自然组的收入不平等程度要远大于甲村，这是乙村自然组收入不平等变量对家庭决策者收入渴望影响较大的原因，同时也表明收入不平等程度越大，苹果种植户的收入渴望越高。

模型5与模型7为分别引入甲村与乙村考虑自然组收入不平等变量和家庭决策者社会比较收入变量交互项的回归模型。使用Bootstrop法对两组回归交互项的系数差异性进行检验，抽样1000次，得到的经验p值为0.003，在1%的水平下显著。

对比甲村与乙村交互项变量的影响系数可以得出，只有乙村家庭决策者社会比较收入在自然组收入不平等对其收入渴望的影响中存在显著的负向调节作用。这表明家庭决策者的社会比较收入会抑制过高的收入不平等对其收入渴望的影响，并最终使得自然组收入不平等对家庭决策者收入渴望的影响不再显著，即在这种情境中，过高的收入不平等并不能带来收入渴望的显著提高。

（三）不同收入群体自然组收入不平等对收入渴望的影响分析

本节探讨不同收入群体间，自然组收入不平等对家庭决策者收入渴望的影响及家庭决策者社会比较收入在自然组收入不平等对其收入渴望影响中的调节作用。首先，将每个村庄的苹果种植户的苹果种植收入从低到高排序，以0.50分位点为切点将之划分为低收入群体和高收入群体；然后，对低收入群体与高收入群体分别进行回归；最后，对不同收入群体间的回归系数差异进行检验，并对比分析。模型回归结果如表5-5所示。

表5-5 不同收入群体自然组收入不平等对收入渴望的影响
（被解释变量：收入渴望对数）

变量	低收入群体（模型8）回归系数	稳健标准误	高收入群体（模型9）回归系数	稳健标准误
收入不平等	0.4392***	0.1616	-0.0785	0.1437
社会比较收入	0.3576***	0.0392	0.3392***	0.0413
收入不平等×社会比较收入	-0.2164*	0.1302	0.3405*	0.2014
苹果种植收入	-8.99e-07	2.08e-06	4.42e-06***	7.37e-07
经济自我效能感	0.0118*	0.0063	0.0105**	0.0044
经济控制点	-0.0175***	0.0050	-0.0006	0.0037
性别	-0.0166	0.0837	0.1670**	0.0839
年龄	0.0497***	0.0160	0.0132	0.0137
年龄的平方	-0.0006***	0.0002	-0.0002	0.0001
受教育水平	0.0150**	0.0075	0.0013	0.0072
健康状况	-0.0003	0.0108	-0.0052	0.0097
社会经历	0.0435	0.0586	0.0503	0.0401
劳动力数量	0.0168	0.0309	0.0221	0.0215
家庭健康支出	0.0333**	0.0152	0.0219**	0.0094
生产性资产	0.0090	0.0070	0.0090	0.0068
果园面积	0.0447***	0.0076	0.0106***	0.0025
苹果收入比	0.2453***	0.0872	0.0824	0.0943
村庄	-0.1528**	0.0612	0.0118	0.0431
常数项	5.3862***	0.5781	6.7095***	0.5693
样本量	305		306	
R^2	0.616		0.566	

注：***、**和*分别表示在1%、5%和10%的水平下显著。

在对低收入群体和高收入群体回归系数进行对比前，需要对组间的系数差异进行显著性检验,使用自抽样法对两组回归的核心解释变量的系数差异进行检验,抽样1000次,得到的经验p值分别为:收入不平等变量的p值为0.022,在5%的水平下显著;社会比较收入变量的p值为0.462,不显著;收入不平等与社会比较收入的交互项的p值为0.006,在1%的水平下显著;苹果种植收入变量的p值为0.000,在1%的水平下显著;经济自我效能感变量的p值为0.446,不显著;经济控制点变量的p值为0.010,在5%的水平下显著。

从表5-5可以得出,自然组收入不平等对低收入群体的家庭决策者收入渴望具有显著正向影响,即对低收入群体家庭决策者而言,自然组收入不平等程度越高,其收入渴望越高;社会比较收入会抑制自然组收入不平等对其收入渴望的影响,随着社会比较收入的增加,收入不平等对收入渴望的促进作用会逐渐被抵消。而对高收入群体家庭决策者而言,社会比较收入则会促进自然组收入不平等对其收入渴望的影响。

此外,家庭决策者的社会比较收入无论是对于低收入群体还是高收入群体都具有显著的促进作用,但不同收入组间的差异在统计上不显著。对高收入群体家庭决策者而言,苹果种植收入的增加显著促进其收入渴望的提高。对低收入群体家庭决策者而言,内控倾向越强,其收入渴望越高。

(四) 村庄收入不平等对收入渴望的影响分析

前两节探讨了自然组收入不平等对家庭决策者收入渴望的影响,结果发现自然组收入不平等对家庭决策者收入渴望具有显著促进作用,但是家庭决策者社会比较收入会抑制自然组收入不平等对其收入渴望的影响。在此基础上,本节探讨村庄收入不平等对家庭决策者收入渴望的影响及家庭决策者的社会比较收入在村庄收入不平等对其收入渴望影响中的调节作用,因此,这里对收入不平等的测度使用两个村庄各自的基尼系数,回归结果如表 5-6 所示。

表 5-6 村庄收入不平等对收入渴望的影响(被解释变量:收入渴望对数)

变量	模型 10 回归系数	模型 10 稳健标准误	模型 11 回归系数	模型 11 稳健标准误
收入不平等	0.2365	0.2609	0.2389	0.2618
社会比较收入	0.3907***	0.0408	0.3940***	0.0416
收入不平等×社会比较收入	—	—	-0.2569	0.4352
苹果种植收入	$3.17e-06$***	$7.39e-07$	$3.08e-06$***	$7.79e-07$
经济自我效能感	0.0133***	0.0038	0.0132***	0.0038
经济控制点	-0.0101***	0.0034	-0.0101***	0.0035
性别	0.0357	0.0512	0.0373	0.0516
年龄	0.0431***	0.0119	0.0425***	0.0119
年龄的平方	-0.0005***	0.0001	-0.0005***	0.0001
受教育水平	0.0095**	0.0049	0.0098**	0.0049
健康状况	0.0019	0.0078	0.0021	0.0078
社会经历	0.0603*	0.0361	0.0603*	0.0362
劳动力数量	0.0182	0.0182	0.0169	0.0185
家庭健康支出	0.0231***	0.0082	0.0232***	0.0082
生产性资产	0.0131**	0.0055	0.0133**	0.0055
果园面积	0.0172**	0.0086	0.0172**	0.0086
苹果收入比	0.1912***	0.0703	0.1975***	0.0704
村庄	5.2747***	0.5786	5.2407***	0.5882
样本量	611		611	
R^2	0.635		0.636	

注:***、**和*分别表示在1%、5%和10%的水平下显著。

表 5-6 中的模型 10 为仅考虑村庄收入不平等对家庭决策者收入渴望的影响。从模型 10 中可以得出,村庄收入不平等变量的影响系数为正,但在统计上并不显著,表明村庄收入不平等在统计上并不会对家庭决策者的收入渴望产生显著影响,在调研过程中发

现苹果种植户通常与其自然组的种植户联系比较紧密，既因为同一自然组内种植户的果园距离很近且呈片状分布，又因为自然组内的种植户多为邻里，并且两个样本村中每个自然组的种植户数量均较多。事实上收入不平等对种植户的意义完全在于该种植户在其日常生活中所能感受到的贫富差距，是与该种植户发生各种社会关系的邻近种植户的苹果种植收入给了其最直接的收入不平等的认识（黄祖辉等，2005）。这可能是导致村庄收入间收入不平等对家庭决策者收入渴望影响不显著的重要原因。家庭决策者社会比较收入变量的系数依然在 1% 的水平下显著为正，表明苹果种植户比较对象的苹果种植收入的增加对其收入渴望具有正向促进作用。

模型 11 在模型 10 的基础上，引入村庄收入不平等变量与家庭决策者社会比较收入变量的交互项。为降低模型的多重共线性，这里对村庄收入不平等变量和家庭决策者社会比较收入变量做了中心化处理，其中收入不平等变量、家庭决策者社会比较收入变量及两者交互项的 VIF 值分别为 1.23、1.08 和 1.89，模型 11 的 VIF 值为 9.04，表明从整体上看模型的多重共线性在可接受范围内。交互项的影响系数为负，但在统计上不显著；村庄收入不平等变量的影响系数虽然为正，但在统计上也不显著。这表明收入不平等对家庭决策者收入渴望的影响受到收入不平等指标衡量范围的影响，收入不平等指标所衡量的范围越大，其对家庭决策者收入渴望的影响越不显著。事实上，收入不平等只有在家庭决策者获得感知后才能对其收入渴望产生影响。家庭决策者的社会比较收入在村庄收入不平等对其收入渴望的影响中的调节作用不显著，苹果种植户更多的是与自己同组的其他种植户、地块紧挨着的种植户进行比较，结合家庭决策者的社会比较收入在自然组收入不平等对其收入渴望影响中不存在调节作用的结论可以推断，家庭决策者的社会比较对象有其界限，这与调研过程中的发现一致。

(五) 稳健性检验

首先，检验家庭决策者的社会比较收入在自然组收入不平等对其收入渴望影响中的调节作用；然后，分别检验甲村与乙村家庭决策者社会比较收入在自然组收入不平等对其收入渴望影响中的调节作用；最后，检验家庭决策者的社会比较收入在村庄收入不平等对其收入渴望影响中的调节作用。在调节作用的稳健性检验中均使用收入不平等对家庭决策者收入渴望的边际效应图检验法。

1. 总体样本社会比较收入调节作用检验

使用边际效应图检验社会比较收入在自然组收入不平等对收入渴望影响中的调节作用。图5-1为自然组收入不平等对家庭决策者收入渴望影响的边际效应，横轴为调节变量家庭决策者的社会比较收入，纵轴为自然组收入不平等对家庭决策者收入渴望的边际效应，图中的斜线为边际效应，阴影部分为95%的置信区间，横轴上的直方图为家庭决策者的社会比较收入变量的分布。出于语言表述方便，这里将家庭决策者的社会比较收入分为低、中等、高三组。

图5-1左侧为家庭决策者的社会比较收入低时的自然组收入不平等对其收入渴望影响的边际效应，从图中可以看出，置信区间不包含0，因而可以判定自然组收入不平等对家庭决策者收入渴望在其社会比较收入低时的边际效应在统计上显著异于0，即存在显著的调节作用。

图5-1中部为家庭决策者的社会比较收入中等时的自然组收入不平等对其收入渴望影响的边际效应，从图中可以看出，置信区间同样不包含0，因而可以判定自然组收入不平等对家庭决策者收入渴望在其社会比较收入中等时的边际效应在统计上显著异于0，即存在显著的调节作用。

图 5-1 右侧为家庭决策者的社会比较收入高时的自然组收入不平等对其收入渴望影响的边际效应,从图中可以看出,置信区间包含 0,因而可以判定自然组收入不平等对家庭决策者收入渴望在其社会比较收入高时的边际效应在统计上不显著异于 0,即调节作用不显著。

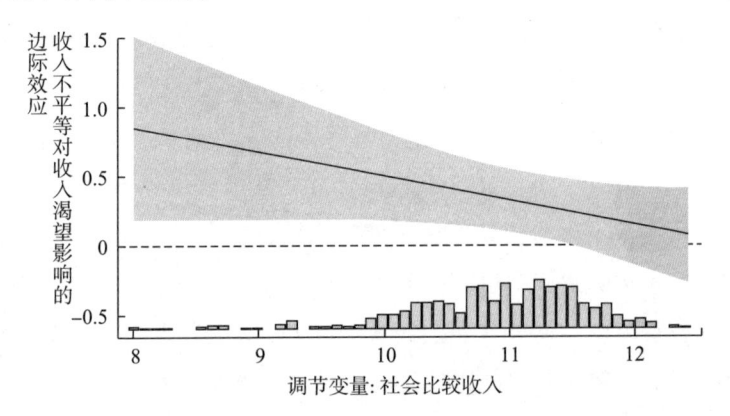

图 5-1 自然组收入不平等对家庭决策者收入渴望影响的边际效应

因此,有如下结论:在家庭决策者的社会比较收入低时,自然组收入不平等程度提升对其收入渴望具有显著影响,边际效应为正,且影响大;在家庭决策者的社会比较收入中等时,自然组收入不平等程度提升对其收入渴望具有显著影响,边际效应为正,且影响较大;在家庭决策者的社会比较收入高时,自然组收入不平等程度提升对其收入渴望的影响在统计上不显著,虽然边际效应为正,但影响较小。

综上,边际效应图的检验结果与实证分析得出的结果基本一致,即家庭决策者的社会比较收入在自然组收入不平等对其收入渴望的影响中起调节作用。

2. 甲村、乙村样本社会比较收入调节作用检验

图 5-2 和图 5-3 分别为甲村和乙村的自然组收入不平等对家庭决策者收入渴望影响的边际效应。从图 5-2 中可以得出,对于甲村苹果种植户而言,无论家庭决策者的社会比较收入高或

低，自然组收入不平等对家庭决策者收入渴望影响的边际效应的置信区间均包含0，因而可以判定甲村家庭决策者的社会比较收入在自然组收入不平等对其收入渴望的影响中不存在调节作用。

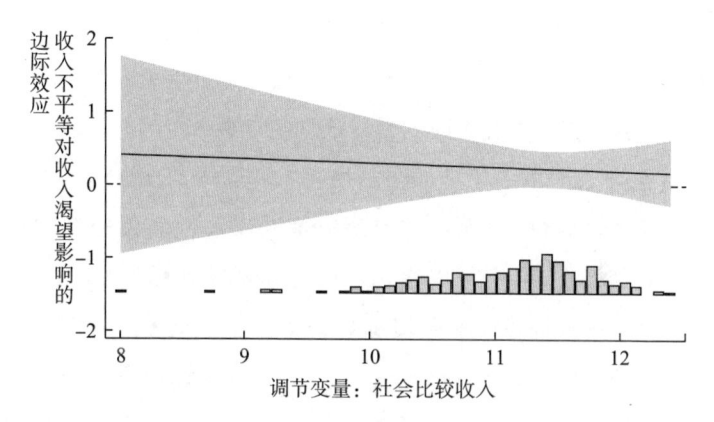

图 5-2　甲村自然组收入不平等对家庭决策者收入渴望影响的边际效应

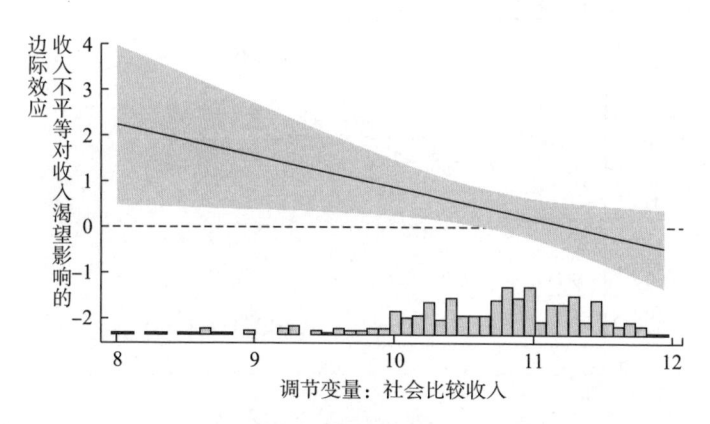

图 5-3　乙村自然组收入不平等对家庭决策者收入渴望影响的边际效应

从图5-3中可以得出，对于乙村苹果种植户而言，当家庭决策者的社会比较收入低时，乙村自然组收入不平等对其收入渴望影响的边际效应的置信区间不包含0；当家庭决策者的社会比较收入中等时，自然组收入不平等对家庭决策者收入渴望影响的边际效应的置信区间同样不包含0；但当家庭决策者的社会比较收入逐渐增加时，边际效应的置信区间逐渐包含0。因而可以判定在乙村家庭决策者的社会比较收入低时，自然组收入不平等程度提升对家庭决策者收入渴望具有显著影响，边际效应为正，且影响大；在家庭决策者的社会比较收入中等时，自然组收入不平等程度提升对家庭决策者收入渴望具有显著影响，边际效应为正，且影响较大；在家庭决策者的社会比较收入高时，自然组收入不平等程度提升对家庭决策者收入渴望的影响在统计上不显著。

3. 村庄收入不平等的社会比较收入调节作用检验

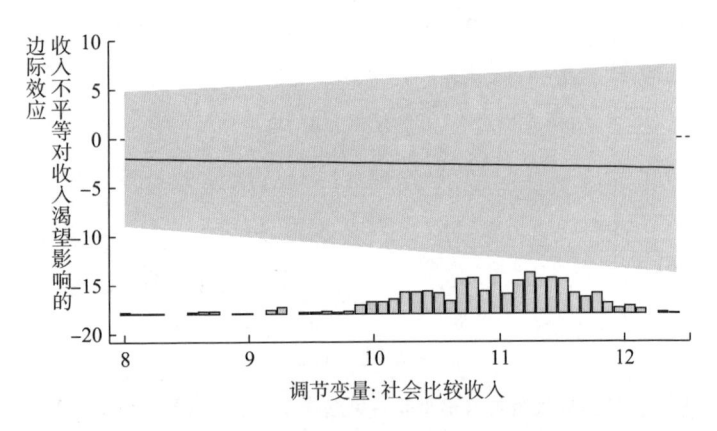

图 5-4 为村庄收入不平等对家庭决策者收入渴望影响的边际效应。从图 5-4 中可以得出，无论家庭决策者的社会比较收入高或低，村庄收入不平等对家庭决策者收入渴望影响的边际效应的置信区间均包含 0，因而可以判定苹果种植户的社会比较收入在村庄收入不平等对家庭决策者收入渴望的影响中不存在调节作用，这一检验结果与实证分析得出的结果保持一致。

图 5-4　村庄收入不平等对家庭决策者收入渴望影响的边际效应

三　本章小结

本章在第二章和第四章的基础上，聚焦收入不平等对收入渴望的影响及社会比较收入在收入不平等对收入渴望影响中的调节作用。首先，从理论上分析收入不平等对收入渴望的影响及社会比较收入的调节作用并提出相应的研究假设。然后，采用陕西富县两个村庄的苹果种植户微观调查数据，将2015～2016产季的苹果种植收入的自然组基尼系数和村庄基尼系数作为收入不平等的测度指标，以2016年的家庭决策者收入渴望数据为例，运用OLS回归模型、分位数回归模型实证检验了总体样本的自然组收入不平等对家庭决策者收入渴望的影响及社会比较收入在自然组收入不平等对收入渴望影响中的调节作用，在此基础上，进一步分析对不同的收入渴望组而言，自然组收入不平等对家庭决策者收入渴望的影响；考虑到两个村庄间可能存在差异性，对比分析了甲村、乙村自然组收入不平等对家庭决策者收入渴望的影响；在将苹果种植收入分为低收入群体和高收入群体的情境下，对比分析了低收入群体与高收入群体的自然组收入不平等对家庭决策者收入渴望的影响；在自然组收入不平等基础上，进一步分析了村庄收入不平等对家庭决策者收入渴望的影响。最后，使用边际效应图对实证分析的主要结果进行了稳健性检验。研究发现以下方面。

（1）自然组收入不平等对家庭决策者的收入渴望具有显著促进作用，无论是在总体样本中，还是甲村样本或乙村样本单独考虑。乙村因自然组的总体收入不平等程度较大和自然组收入不平等差异较大，自然组收入不平等对家庭决策者收入渴望的促进作用较大。自然组收入不平等对低收入渴望组的收入渴望促进作用最大，对中等收入渴望组的收入渴望促进作用次之，对高收入渴望组的收入渴望促进作用最小。在苹果种植收入分组的情境下，自然组收入不平等对低收入群体的收入渴望具有显著促进作用，而对高收入群体的影响不显著。村庄收入不平等对家庭决策者收入渴望的影响在统计上不存在显著促进作用。

（2）家庭决策者的社会比较收入对其收入渴望具有显著促进

作用，无论是从总体上看，还是从村庄层面看。但对不同的收入渴望组而言，这种促进作用存在差异，即社会比较收入增加对低收入渴望组的收入渴望促进作用最大，中等收入渴望组次之，高收入渴望组最小。无论是对于低收入群体还是高收入群体，社会比较收入对家庭决策者收入渴望的促进作用均较大，但低收入群体与高收入群体间的差异不明显。在村庄收入不平等情境下，家庭决策者的社会比较收入依然对其收入渴望具有显著促进作用。

（3）在总体样本中，家庭决策者的社会比较收入在自然组收入不平等对其收入渴望的影响中存在显著负向调节作用，随着家庭决策者社会比较收入的增加，自然组收入不平等对其收入渴望的促进作用边际递减；进一步分析发现，乙村较高的自然组收入不平等程度使得家庭决策者社会比较收入的负向调节作用仅对于乙村的家庭决策者是显著的，即乙村家庭决策者的社会比较收入会抑制自然组收入不平等对其收入渴望的正向影响。对低收入群体家庭决策者而言，社会比较收入抑制自然组收入不平等对其收入渴望的影响；而对高收入群体家庭决策者而言，社会比较收入促进自然组收入不平等对其收入渴望的影响。

综上所述，自然组收入不平等对家庭决策者收入渴望具有显著影响，自然组收入不平等程度越高对家庭决策者收入渴望的正向影响越大，并且对低收入渴望组和低收入群体的收入渴望促进作用越强，但收入不平等对家庭决策者收入渴望的影响有其边界。收入不平等只有在家庭决策者获得感知后才能对其收入渴望产生影响，即局部区域内（自然组）的收入不平等相对于较大范围内（村庄）的收入不平等对家庭决策者收入渴望的影响更显著。从总体上看，随着家庭决策者社会比较收入的增加，收入不平等对其收入渴望的促进作用边际递减，尤其是低收入群体的边际递减效应表现得更为明显；但对高收入群体而言，社会比较收入反而会促进收入不平等对其收入渴望的影响。因此,在收入不平等程度逐渐提高或家庭决策者的比较范围扩大的情境中,社会比较收入会放大家庭决策者之间的收入渴望差异,若需要提高低收入群体家庭决策者的收入渴望,则应将收入不平等程度控制在一个合理的范围内。

第六章
收入渴望对收入不平等的影响
——生产性投入的中介作用分析

已有研究在探讨中国农村居民收入不平等成因时，主要关注农村居民的个体与家庭特征、人力资本、物质资本、社会资本、经济政策、地域因素、非农收入、人口流动，以及近年来出现的机会不均等、腐败、基层民主建设、农业科技推广、环境保护政策、生产要素市场不完善等（陈建东，2012；孙敬水，2013；薛宝贵、何炼成，2015）。农村居民收入不平等成因是各种因素共同作用的结果，而个体内在心理因素对收入不平等的影响缺乏必要的关注。

第五章采用 2015~2016 产季的苹果种植收入数据和 2016 年家庭决策者收入渴望数据，探讨了收入不平等对家庭决策者收入渴望的影响。本章将采用 2015 年家庭决策者收入渴望数据和 2015~2016 产季苹果种植收入数据，探讨家庭决策者 2015 年的收入渴望对 2015~2016 产季的苹果种植收入及苹果种植收入不平等的影响及其影响机制，即探讨 2015~2016 产季的苹果生产性投入在家庭决策者收入渴望对其收入及收入不平等影响中的中介作用。基于第二章收入渴望对收入不平等影响的理论分析结论，结合第三章描述性统计分析中苹果种植户之间在物质投入和人工投入上差异较大的分析结果，本章对应的研究假设如下。假设 1：家庭决策者收入渴望对苹果种植户的生产性投入具有显著促进作用。假设2：人工投入和物质投入在家庭决策者收入渴望对苹果种植收入不平等的影响中起中介作用。

一 模型设定与变量描述性统计

（一）模型设定

（1）本书在分析家庭决策者收入渴望、人工投入和物质投入等主要解释变量对家庭苹果种植收入及收入不平等影响时，还考虑了相关控制变量的影响。在借鉴程名望等（2014b，2015）的研究成果基础上，结合本研究的理论特征和数据情况，将本章所使用的控制变量分为三类：第一类反映家庭决策者的个体特征，包括性别、年龄、受教育水平、健康状况、社会经历；第二类反映家庭决策者的家庭特征，包括苹果种植劳动力数量、生产性资产、挂果园面积、通村车站距离和村庄虚拟变量；第三类反映果园特征，包括挂果园树龄、自然灾害状况、苹果生产是否存在大小年。

由于 2015~2016 产季的苹果种植纯收入包含负值，借鉴 Morduch 和 Sicular（2002）使用的标准收入函数，即收入采用原始值的线性函数形式，具体模型设置如下：

$$Y_i = \beta_0 + \beta_1 aspirations_i + \beta_2 labinput_i + \beta_3 matinput_i + \beta_c control_i + \varepsilon_i \quad (6.1)$$

模型中，Y 表示家庭苹果种植收入，核心解释变量包括家庭决策者的收入渴望 $aspirations$、人工投入 $labinput$ 和物质投入 $matinput$，$control$ 为控制变量，ε_i 为随机扰动项，β_i 为待估计参数向量。

（2）中介效应检验模型。为探讨人工投入、物质投入在家庭决策者收入渴望对其苹果种植收入及收入不平等影响中的中介作用[①]，使用温忠麟等（2005）的中介效应检验方法，将中介效应

---

① 在本书中，中介作用与中介效应的意义基本一致，根据语境的需要，或使用中介作用，或使用中介效应。

检验模型设定如下：

$$income = \gamma aspiraitons + e_1 \qquad (6.2)$$
$$investment = \alpha aspirations + e_2 \qquad (6.3)$$
$$income = \gamma' aspirations + \beta investment + e_3 \qquad (6.4)$$

其中，式（6.2）中的系数 γ 为家庭决策者收入渴望对其苹果种植收入的总效应；式（6.3）中的系数 α 为收入渴望对中介变量人工投入或物质投入的效应；式（6.4）中的系数 β 是在控制家庭决策者收入渴望的影响下，人工投入或物质投入对苹果种植收入的效应，系数 γ' 是在控制中介变量人工投入或物质投入的影响下，家庭决策者收入渴望对其苹果种植收入的直接效应；$e_1 \sim e_3$ 是模型回归后的残差。中介效应属于间接效应，其数值等于系数乘积 $\alpha \times \beta$，它与总效应和直接效应有如下关系：$\gamma = \gamma' + \alpha \times \beta$。

需要说明的是，本研究采用逐步法检验中介效应，即①检验式（6.2）的系数 γ（检验 H_0：$\gamma = 0$）；②依次检验式（6.3）的系数 α（检验 H_0：$\alpha = 0$）和式（6.4）的系数 β（检验 H_0：$\beta = 0$）。如果系数 γ 显著，系数 α 和 β 显著，并且 γ' 显著，有 $\gamma' < \gamma$，则人工投入或物质投入在家庭决策者收入渴望对其苹果种植收入的影响中存在部分中介效应。

（3）分位数回归模型。为分析家庭决策者收入渴望、人工投入和物质投入对苹果种植收入分布在不同位置上的异质性影响及对收入不平等的影响，本书使用分位数回归模型。本研究中收入数据的分布密度函数不满足正态分布假定，故使用分位数回归模型能够捕捉收入分布的尾部特征，其对随机扰动项不需要做任何分布假定，模型就具有稳健性，因而在使用分位数回归模型中，收入变量使用原始值，而非收入变量的对数值，这样也方便使用分位数的系数差探讨家庭决策者收入渴望对其收入不平等的影响。

第六章 收入渴望对收入不平等的影响

设随机变量 Y 的分布函数为 $F(y) = P(Y \leqslant y)$,那么 Y 的第 τ 分位数为 $Q(\tau) = \inf\{y : F(y) \geqslant \tau\}$,相应地,中位数可表示为 $Q(1/2)$。

对于一组随机样本 $\{y_1, \cdots, y_n\}$,样本的中位数可视为残差绝对值之和最小化问题的最优解,即有:

$$Q(1/2) = \min_{\mu} \sum_{i=1}^{n} |y_i - \mu| \tag{6.5}$$

式(6.5)表示中位数回归,推广至一般的分位数情形,其最优化问题变为:

$$\min_{\mu} \sum_{i=1}^{n} \rho_\tau(y_i - \mu) \tag{6.6}$$

其中,函数 $\rho_\tau(y_i - \mu)$ 定义如下:

$$\rho_\tau(y_i - \mu) = \begin{cases} \tau(y_i - \mu), & y_i \geqslant \mu \\ (1-\tau)(\mu - y_i), & y_i < \mu \end{cases} \tag{6.7}$$

对式(6.6)的最小化问题求解,则变为:

$$\min_{\mu} \sum_{i \in \{i : y_i \geqslant \mu\}} \tau(y_i - \mu) + \sum_{i \in \{i : y_i < \mu\}} (1-\tau)(\mu - y_i) \tag{6.8}$$

对于一般线性方程的分位数函数 $Q(\tau|X=x) = x_i' \beta_\tau$,$\beta_\tau$ 为 τ 分位数的回归系数,通过求解式(6.9)得到参数的估计值。

$$\min_{\mu} \sum_{i \in \{i : y_i \geqslant \mu\}} \tau(y_i - x_i' \beta_\tau) + \sum_{i \in \{i : y_i < \mu\}} (1-\tau)(x_i' \beta_\tau - y_i) \tag{6.9}$$

由于本章重点关注的不是家庭决策者收入渴望、人工投入和物质投入对苹果种植收入的影响,而是对收入不平等的影响。因而使用区间分位数回归(Interquantile Range Regression)(Gould,2008),通过自变量的系数差来分析家庭决策者收入渴望、人工投入和物质投入对不同收入组的边际贡献差异,系数差显著表示该变量对收入不平等有显著影响。如系数为正,表示该变量使收入不平等程度扩大;若系数为负,表示该变量使收入不平等程度缩小（程名望等，2015）。

（二）相关变量测度

家庭决策者收入渴望指标使用家庭决策者回答的 2015 年的苹果种植收入渴望，因为家庭决策者的收入渴望是基于未来可能实现的收入目标，所以家庭决策者在回答过程中并不是基于当前果园面积。

人工投入是在施肥、打药、套袋、卸袋、疏花、疏果、修剪、清园、铺设反光膜、采摘和销售、放烟、喷洒防冻剂和营养液、种草、授粉等环节的自用工量和雇工量加总。此外，因苹果种植收入为总体指标，故这里不考虑亩均人工投入，单位为工。

物质投入是苹果生产中果园使用的化肥和有机肥、农药、反光膜、防冻剂和营养液、人工种草和授粉等支出金额的总和，单位为元。

家庭决策者个体特征与家庭特征变量的测度和第四章一致，其中，挂果园面积是指在 2015～2016 产季具有产出能力的果园土地面积（亩）；通村车站距离为苹果种植户的住所到最近的通村车站距离（米）；挂果园树龄是指 2015～2016 产季果树的年龄（年）；自然灾害状况为 2015～2016 产季果园是否发生自然灾害，具体结果根据家庭决策者的回答，在实际访谈中还关注了受灾的比例，但种植户存在虚报受灾比例的情况，故这里采用是否发生自然灾害，是为 1，否为 0；苹果生产的大小年中，以无大小年为基准组。

（三）变量描述性统计

本研究样本总量为 614 户，剔除本章所关注变量有缺失值的种植户，有效样本量为 611 户，与第四章和第五章所使用的样本有 2 户不同。表 6-1 为总体样本核心变量、家庭决策者个体特征变量、家庭特征变量和果园特征变量的描述性统计结果。

表 6-1 总体样本的描述性统计

变量	均值	标准差
核心变量		
苹果种植收入（元）	22675.34	28317.09
收入渴望（元）	107341.80	56526.64
人工投入（工）	179.03	80.93
物质投入（元）	17464.85	8794.59
家庭决策者个体特征变量		
性别	0.94	0.24
年龄（岁）	47.60	10.61
受教育水平（年）	8.00	2.94
健康状况	7.60	2.10
社会经历	0.23	0.42
家庭特征变量		
劳动力数量（人）	2.27	0.78
生产性资产（元）	12340.60	8041.95
挂果园面积（亩）	7.26	3.56
通村车站距离（米）	331.98	437.84
村庄	0.50	0.50
果园特征变量		
树龄（年）	19.34	4.53
自然灾害	0.40	0.49
大年	0.16	0.36
小年	0.51	0.50
总样本量	611	

表 6-1 中，总体样本的家庭苹果种植收入的均值为 22675.34 元，标准差为 28317.09 元，表明苹果种植户之间苹果种植收入差

异大。家庭决策者收入渴望的均值为 107341.80 元，标准差为 56526.64 元，相对于苹果种植收入的差异，收入渴望的差异较小。人工投入的均值为 179.03 个工，标准差为 80.93 个工，苹果各生产环节所需的用工量较大。物质投入的均值为 17464.85 元，标准差为 8794.59 元，家庭平均物质投入费用较高。

从控制变量的特征看，挂果园面积平均为 7.26 亩，树龄平均为 19.34 年，2015 年发生自然灾害的苹果种植户比例为 40%，2015 年大年的比例为 16%，小年的比例为 51%，没有大小年的比例为 33%。

表 6-2 为甲村、乙村的核心变量、家庭决策者个体特征变量、家庭特征变量和果园特征变量的描述性统计结果。

表 6-2 甲村、乙村样本的描述性统计

变量	甲村 均值	甲村 标准差	乙村 均值	乙村 标准差	均值差异
核心变量					
苹果种植收入（元）	31966.99	31552.27	13199.86	20710.29	18767.13***
收入渴望（元）	110027.10	56823.10	104612.20	56185.87	5414.90
人工投入（工）	197.48	87.50	160.28	68.89	37.20***
物质投入（元）	19229.50	9568.51	15671.08	7533.27	3558.42***
家庭决策者个体特征变量					
性别	0.94	0.25	0.95	0.22	-0.01
年龄（岁）	47.81	10.97	47.37	10.36	0.44
受教育水平（年）	8.33	2.93	7.64	2.92	0.69***
健康状况	7.67	2.08	7.53	2.12	0.14
社会经历	0.22	0.42	0.24	0.43	-0.02
家庭特征变量					
劳动力数量（人）	2.28	0.83	2.26	0.74	0.02
生产性资产（元）	11254.06	8444.52	13445.07	7464.07	-2191.01***
挂果园面积（亩）	7.46	3.65	7.07	3.46	0.39

续表

变量	甲村 均值	甲村 标准差	乙村 均值	乙村 标准差	均值差异
家庭特征变量					
通村车站距离（米）	352.86	463.01	310.76	410.35	42.10
果园特征变量					
树龄（年）	18.92	4.63	19.77	4.37	-0.85
自然灾害	0.17	0.38	0.64	0.48	-0.47***
大年	0.28	0.45	0.03	0.17	0.25***
小年	0.29	0.45	0.74	0.44	-0.45***
样本量	308		303		

注：***表示在1%的水平下显著。

从表6-2中可以得出，甲村与乙村的家庭苹果种植收入差异显著，甲村平均比乙村高18767.13元；甲村与乙村的家庭决策者的收入渴望差异不显著；人工投入量和物质投入金额差异显著，甲村平均人工投入量和物质投入金额均高于乙村。此外，甲村发生自然灾害的种植户比例为17%，乙村为64%；甲村苹果生产出现大小年情况较轻，而乙村较为严重，2015~2016产季整体上以小年为主。

二 模型估计结果与分析

（一）生产性投入的中介作用分析

为确保模型估计结果的稳健性及验证人工投入、物质投入在家庭决策者收入渴望对其苹果种植收入及收入不平等影响中的中介作用，使用基于OLS回归模型的逐步回归法，估计结果如表6-3所示。

表 6-3 收入函数 OLS 估计结果（被解释变量：苹果种植收入）

变量	模型 1	模型 2	模型 3	模型 4
收入渴望	—	0.2196*** (0.0362)	0.1740*** (0.0380)	0.2318*** (0.0394)
人工投入	—	—	80.1677*** (17.3215)	—
物质投入	—	—	—	-0.2728* (0.1395)
性别	7025.7026** (2957.0564)	5141.0123* (3030.8970)	3540.2995 (2988.5205)	5418.9882* (3028.3936)
年龄	95.6533 (92.9879)	149.3602* (86.9878)	42.3079 (88.2661)	152.0331* (87.0375)
受教育水平	895.8767*** (338.4088)	411.8501 (282.9067)	441.0375 (276.9786)	367.9433 (279.9163)
健康状况	2110.5275*** (479.3384)	1859.8074*** (428.2798)	1791.0403*** (408.3545)	1865.6158*** (427.1652)
社会经历	-643.3009 (2368.7532)	-1776.2600 (2264.5610)	-798.5527 (2233.6801)	-1910.3170 (2261.6560)
劳动力数量	2292.0620 (1442.0720)	2258.2680 (1373.2310)	883.3030 (1389.5968)	2394.0108* (1371.5775)
生产性资产	0.0201 (0.1313)	-0.0432 (0.1225)	-0.0906 (0.1187)	-0.0235 (0.1201)
挂果园面积	2304.5833*** (435.6753)	99.2620 (489.3500)	-453.8728 (448.6100)	330.8805 (498.8127)
树龄	-90.9267 (220.4715)	-104.1386 (192.7567)	-59.5871 (188.1688)	-107.6862 (191.9014)
自然灾害	-7179.8350*** (2340.5950)	-8420.2870*** (2098.6850)	-7990.6740*** (2040.2620)	-8645.7120*** (2060.8230)
大年	9333.4030*** (3629.2360)	9227.0560*** (3284.6710)	7491.1420** (3208.3650)	9628.1370*** (3278.2980)
小年	-11543.3600*** (2243.1587)	-13061.1700*** (2094.3050)	-12032.4800*** (2085.4210)	-13285.1800*** (2088.5460)
通村车站距离	0.4048 (1.9903)	1.1642 (1.9315)	0.8892 (1.9237)	1.5347 (1.8629)
村庄	-6005.1410** (2176.9820)	-4581.8440* (2106.4640)	-3148.9900 (2098.1460)	-5130.0520** (2061.1960)

续表

变量	模型1	模型2	模型3	模型4
常数项	-21788.9600** (8734.9220)	-22231.0600*** (82360.2860)	-19629.3700** (7986.0370)	-21062.8200** (8302.0440)
样本量	611	611	611	611
R^2	0.3295	0.421	0.446	0.425

注：***、**和*分别表示在1%、5%和10%的水平下显著；括号中数字为稳健标准误。

表6-3中模型1为仅考虑控制变量时的回归结果，结果表明家庭决策者的性别、受教育水平、健康状况、挂果园面积、2015~2016产季苹果生产为大年对苹果种植收入具有显著正向影响。自然灾害、2015~2016产季苹果生产为小年、村庄虚拟变量对苹果种植收入具有显著负向影响。

模型2在模型1的基础上考虑家庭决策者收入渴望对苹果种植收入的影响，结果表明，家庭决策者收入渴望的影响系数在1%的水平下显著为正，即在控制其他变量不变的情形下，收入渴望提高会正向促进苹果种植收入增加。模型3在模型2的基础上加入人工投入变量，结果表明，人工投入和收入渴望的影响系数均在1%的水平下显著为正，即在控制其他变量不变的情形下，家庭决策者收入渴望和人工投入的增加会促进苹果种植收入的增加。与模型2相比，家庭决策者收入渴望的影响系数变小。模型4在模型2的基础上加入物质投入变量，结果表明，收入渴望的影响系数在1%的水平下显著为正，即在控制其他变量不变的情形下，家庭决策者收入渴望提高会正向促进苹果种植收入增加；而物质投入的影响系数为负，且在10%的水平下显著，表明物质投入的增加并不能带来苹果种植收入的增加。

为验证人工投入、物质投入在家庭决策者收入渴望对其收入影响中的中介作用，分别使用人工投入、物质投入变量对家庭决策者收入渴望变量进行回归，控制变量和表6-3中的模型1—

致，回归结果如表 6-4 所示。

表 6-4 人工投入、物质投入对收入渴望的回归结果
（被解释变量：人工投入、物质投入）

变量	人工投入（模型5）回归系数	稳健标准误	物质投入（模型6）回归系数	稳健标准误
收入渴望	0.0005***	0.0001	0.0582***	0.0065
性别	19.9671***	7.2938	1008.2862	744.8243
年龄	1.3354***	0.2445	9.6952	25.9345
受教育水平	-0.3641	0.7555	-159.2606*	87.8731
健康状况	0.8578	1.1529	21.0685	122.1680
社会经历	-12.1958**	6.2027	-486.2543	704.1469
劳动力数量	17.1511***	3.5814	492.3716	374.4213
生产性资产	0.0006**	0.0003	0.0717**	0.0333
挂果园面积	6.8997***	1.3456	840.1368***	120.1740
树龄	-0.5557	0.5393	-12.8678	63.1475
自然灾害	-5.3589	5.8925	-817.6691	670.8617
大年	21.6535***	7.1282	1454.8204*	766.9283
小年	-12.8442**	5.5683	-808.9212	662.1669
通村车站距离	0.0034	0.0045	1.3436*	0.7153
村庄	-17.8732***	5.7825	-1988.4870***	654.7030
常数项	-32.4530	21.4372	4237.4800*	2323.3770
样本量	611		611	
R^2	0.528		0.485	

注：***、**和*分别表示在1%、5%和10%的水平下显著。

表 6-4 中模型 5 为人工投入对家庭决策者收入渴望的回归结果，结果表明，家庭决策者收入渴望在 1% 的显著性水平下正向促进人工投入量增加。结合表 6-3 中模型 2 和模型 3 的估计结果可得，人工投入在家庭决策者收入渴望对其苹果种植收入的影响中起部分中介作用，即家庭决策者收入渴望对苹果种植收入的影响有一部分是通过中介变量人工投入起作用。

第六章 收入渴望对收入不平等的影响

此外,从模型 5 的控制变量回归结果看,性别变量的回归系数在 1% 的水平下显著为正,表明相对于女性,男性家庭决策者的人工投入量更大,平均高 19.97 个工;年龄变量的回归系数在 1% 的水平下显著为正,表明在控制其他变量不变的情形下,随着家庭决策者年龄的增长,家庭的人工投入量增加;家庭苹果种植劳动力数量变量的回归系数在 1% 的水平下显著为正,表明在控制其他变量不变的情形下,家庭苹果种植劳动力数量越多,人工投入量越大;挂果园面积越大,相应的人工投入量越多;相对于没有大小年的苹果种植户,果园为大年的苹果种植户的人工投入量更多,而果园为小年的苹果种植户的人工投入量更少。

表 6-4 中模型 6 为物质投入对家庭决策者收入渴望的回归结果,结果表明,家庭决策者收入渴望在 1% 的显著性水平下正向促进物质投入量增加。结合表 6-3 中的模型 2 和模型 4 的估计结果可得,在引入物质投入变量后,家庭决策者收入渴望的影响系数变大,物质投入的影响系数为负值表明存在抑制效应或不一致的中介效应 (Mackinnon et al., 2000;亚科布齐,2012)。因表 6-3 模型 4 中,物质投入变量的系数显著性仅为 10%,为此使用 Sobel-Goodman 方法进行中介效应检验,检验结果表明间接效应为 -0.0159,在 10% 的水平下显著,直接效应为 0.2320,在 1% 的水平下显著,总效应为 0.2161,在 1% 的水平下显著,与逐步回归结果基本一致。

此外,从模型 6 的控制变量回归结果看,家庭生产性资产变量的回归系数在 5% 的水平下显著为正,表明在控制其他变量不变的情形下,生产性资产的金额越大,物质投入的金额越大;挂果园面积变量的系数在 1% 的水平下显著为正,表明在控制其他变量不变的情形下,挂果园面积越大,物质投入的金额越大。

(二) 总体样本收入渴望对收入不平等的影响

1. 苹果种植收入的分位数回归

本节使用总体样本探讨家庭决策者收入渴望对苹果种植收入及收入不平等的影响。首先使用 OLS 回归模型，然后使用分位数回归模型在苹果种植收入的 0.25、0.50 和 0.75 分位点进行回归，总体样本中苹果种植收入的 0.25 分位点表示低收入组，0.50 分位点表示中等收入组，0.75 分位点表示高收入组。

分位数回归中，在收入函数的不同分位点上，收入函数的线性设定形式不一定都能得到满足，这会造成收入函数本身的异质性，影响不同分位点结果比较的稳健性。为此，需要对不同分位点上的函数设定形式进行连接检验（Pregibon，1980），结果显示，0.25、0.50 和 0.75 分位点预测值的 t 值分别为 15.95、9.56 和 8.31，均在 1% 的水平下显著，预测值平方的 t 值分别为 1.08、0.78 和 0.27，表明不同分位点的收入方程线性设定是可以接受的。此外，OLS 回归模型的 VIF 的最大值为 2.38，平均值为 1.48，即解释变量的多重共线性在统计上是可接受的，回归结果如表 6-5 所示。

表 6-5 苹果种植收入函数估计结果（OLS 与分位数回归）

变量	OLS（模型 7）	Q25（模型 8）	Q50（模型 9）	Q75（模型 10）
收入渴望	0.2002 ***	0.1034 ***	0.1640 ***	0.2785 ***
	(0.0384)	(0.0243)	(0.0248)	(0.0302)
人工投入	115.9165 ***	87.4768 ***	124.1758 ***	138.6549 ***
	(17.8531)	(16.9857)	(17.2946)	(21.1020)
物质投入	-0.7389 ***	-0.7674 ***	-0.6827 ***	-0.9642 ***
	(0.1328)	(0.1255)	(0.1278)	(0.1560)
性别	3265.9059	1948.5463	3644.7195	-554.1664
	(2959.3347)	(3898.2707)	(3969.1635)	(4842.9718)
年龄	10.2859	-16.8170	-49.3070	-7.2840
	(88.7980)	(96.7548)	(98.5144)	(120.2022)

续表

变量	OLS（模型7）	Q25（模型8）	Q50（模型9）	Q75（模型10）
受教育水平	393.7012 (266.7864)	238.2329 (328.5068)	678.7559** (334.4809)	422.4756 (408.1167)
健康状况	1707.6262*** (394.2223)	1088.6956** (455.9926)	1278.0305*** (464.2852)	1348.3851** (566.4972)
社会经历	-609.8180 (2218.2572)	-150.7432 (2251.9981)	141.3508 (2292.9523)	101.8708 (2797.7440)
劳动力数量	717.3609 (1354.6567)	447.4120 (1217.0806)	-890.4967 (1239.2140)	-1389.878 (1512.0261)
生产性资产	-0.0651 (0.1154)	0.0118 (0.1196)	-0.0237 (0.1218)	-0.0839 (0.1486)
挂果园面积	-122.7551 (440.0882)	53.9871 (380.4287)	-258.7297 (387.3470)	245.9966 (472.6212)
树龄	-49.5312 (181.9445)	137.3751 (204.0871)	75.2597 (207.7986)	-124.5254 (253.5453)
自然灾害	-8226.0120*** (1932.0140)	-7012.2830*** (2154.6528)	-7545.0890*** (2193.8367)	-7384.4660*** (2676.8082)
大年	7932.2165** (3155.3222)	1402.4456 (2829.0067)	5371.8384* (2880.4542)	9906.7486*** (3514.5840)
小年	-12627.4500*** (2010.2638)	-8628.3110*** (2212.8998)	-9193.1500*** (2253.1430)	-13996.0300*** (2749.1707)
通村车站距离	1.9130 (1.7765)	3.5426* (2.0819)	1.5997 (2.1197)	3.4811 (2.5864)
村庄	-3532.5600* (1991.7252)	-3946.6680* (2281.2001)	-4982.5630** (2322.6853)	-2658.7070 (2834.0228)
常数项	-15665.6800** (7894.9998)	-11576.0200 (8677.8417)	-11690.4300 (8835.6543)	-3048.9700 (10780.8200)
样本量	611	611	611	611
R^2/Pseudo R^2	0.477	0.2368	0.3017	0.3636

注：***、**和*分别表示在1%、5%和10%的水平下显著；括号中数字为稳健标准误。

从表6-5中的OLS回归结果看，家庭决策者收入渴望在1%的水平下正向影响苹果种植收入，表明在控制其他变量不变的情形下，家庭决策者的收入渴望每增加10000元，会促进苹果种植收入平均增加2002元。人工投入在1%的水平下正向影响苹果种植收入，表明在控制其他变量不变的情形下，人工投入每增加1个工，会促进苹果种植收入平均增加115.92元。物质投入在1%的水平下负向影响苹果种植收入，表明在控制其他变量不变的情形下，物质投入每增加1元，会导致苹果种植收入减少0.74元。当前，苹果种植户过量使用肥料和农药现象普遍存在，导致要素投入处于规模报酬递减阶段。Gul（2006）基于土耳其安塔利亚省的调研数据发现，样本区域内的苹果种植中存在肥料投入严重过量的问题；王秀娟（2012）对陕西苹果生产现状的研究结果表明，化肥和农药等生产要素对苹果产出的贡献小，在本研究中户均物质投入高达17464.85元，物质投入通常会带来苹果种植毛收入的增加，但并不一定会带来苹果种植纯收入的增加；陈超等（2012）基于水稻种植户的研究发现同样的结论。

从表6-5中的分位数回归结果看，收入渴望变量的回归系数在苹果种植收入的0.25、0.50和0.75分位点上均在1%的水平下显著为正，并且影响系数呈现随苹果种植收入分位点的增加而增加的趋势，即家庭决策者的收入渴望对高收入组苹果种植收入的边际贡献大于中等收入组，对中等收入组苹果种植收入的边际贡献大于低收入组。结果表明，家庭决策者间的收入渴望差异可能会导致苹果种植收入不平等程度的扩大。人工投入变量的回归系数在苹果种植收入的0.25、0.50和0.75分位点上均在1%的水平下显著为正，并且呈现随苹果种植收入分位点的增加而增加的趋势，即人工投入对高收入组苹果种植收入的边际贡献最大，对中等收入组次之，对低收入组最小。结果表明，苹果种植户间的家庭人工投入差异可能会导致苹果种植收入不平等程度的扩大。物质投入的回归系数在苹果种植收入的0.25、0.50和0.75分位点上均在1%的水平下显著为负，但没有表现出增加或减少的趋势。物质投入对高收入组苹果种植收入的抑制作用最大，高收入组苹果种植户因资金实力相对雄厚，在苹果生产过程中的物质投入往往较高，物质投入对低收入组苹果种植收入的负向影响次之，对中等收入组苹果种植收入的负向影响最小。结果表明，物质投入可能并不会导致苹果种植收入不平等程度的扩大。

此外，家庭决策者健康状况在苹果种植收入的 0.25、0.50 和 0.75 分位点上的回归系数均显著为正，并且呈现随苹果种植收入分位点的增加而增加的趋势，表明家庭决策者的身体健康状况越好，苹果种植收入越高，并且随着苹果种植收入的增加，这种促进作用更强；发生自然灾害对不同收入组的苹果种植收入均具有显著负向影响，对低收入组苹果种植收入的影响最小；2015~2016 产季为苹果生产的小年，对高收入组苹果种植收入的影响最大，对中等收入组的影响次之，对低收入组的影响最小。

2. 苹果种植收入的分位差回归

在上一小节的分位数回归结果中，通过对苹果种植收入不同分位点解释变量回归系数的比较可以得出，家庭决策者收入渴望、人工投入和物质投入对不同收入组苹果种植收入具有异质性影响。但要完整地解释收入渴望、人工投入和物质投入对收入不平等的影响还存在困难。收入不平等的解释涉及 3 个核心解释变量，收入分位点的单独比较难以澄清整体的收入渴望对收入影响的差异。解释变量在不同收入分位点的回归系数差异是差异的均值，但差异的分布无从得知，也就是无法判断这种差异是否在统计上显著，而这需要知道另一个矩——离散程度。接下来使用 Koenker 和 Hallock（2001）介绍的分位差估计方法，联立估计不同分位点的收入函数以解决这一问题，估计结果如表 6-6 所示。

表 6-6　苹果种植收入差异方程的联立估计结果

变量	模型 11 Q50 - Q25	模型 12 Q75 - Q50	模型 13 Q75 - Q25
收入渴望	0.0606* (0.0317)	0.1145*** (0.0378)	0.1751*** (0.0456)

续表

变量	模型 11 Q50 – Q25	模型 12 Q75 – Q50	模型 13 Q75 – Q25
人工投入	36.6990**	14.4791	51.1781**
	(17.7553)	(20.8037)	(25.4840)
物质投入	0.0847	-0.2815	-0.1969
	(0.1394)	(0.1826)	(0.1950)
性别	1696.1732	-4198.8860	-2502.7127
	(3277.2654)	(4638.4429)	(5742.2447)
年龄	-32.4900	42.0230	9.5330
	(81.7007)	(94.1846)	(99.6829)
受教育水平	440.5230	-256.2802	184.2428
	(268.0205)	(321.1185)	(355.6893)
健康状况	189.3349	70.3546	259.6895
	(367.0915)	(411.3062)	(492.3501)
社会经历	292.0940	-39.4800	252.6140
	(1896.1210)	(2289.5409)	(2740.3137)
劳动力数量	-1337.9087	-499.3813	-1837.2900
	(1065.5372)	(1297.3816)	(1559.5724)
生产性资产	-0.0355	-0.0603	-0.0957
	(0.1077)	(0.1142)	(0.1423)
挂果园面积	-312.7168	504.7263	192.0095
	(383.5683)	(504.3223)	(569.7220)
树龄	-62.1154	-199.7851	-261.9005
	(161.5162)	(207.7474)	(249.3228)
自然灾害	-532.8060	160.6230	-372.1830
	(1825.9234)	(2245.9758)	(2693.1868)
大年	3969.3928	4534.9103	8504.3030**
	(2980.5387)	(3262.1181)	(4177.8751)
小年	-564.8390	-4802.878**	-5367.7190**
	(1990.0651)	(2391.7058)	(2637.9789)
通村车站距离	-1.9429	1.8815	-0.0614
	(2.0380)	(2.2560)	(2.2328)
村庄	-1035.8950	2323.8557	1287.9610
	(1955.4163)	(2310.8194)	(2770.8401)

续表

变量	模型 11 Q50－Q25	模型 12 Q75－Q50	模型 13 Q75－Q25
常数项	－114.4100 (8132.5820)	8641.4600 (8663.8812)	8527.0500 (10798.4400)
样本量	611	611	611

注：***、**和*分别表示在1％、5％和10％的水平下显著；括号中为Bootstrap标准误，reps＝400。

表6－6中模型11为苹果种植收入的0.50分位点与0.25分位点的分位差联立估计结果，收入渴望变量的回归系数在10％的水平下显著为正，表明家庭决策者收入渴望的提高会扩大低收入组与中等收入组之间的苹果种植收入差距，即扩大收入不平等程度；人工投入变量的系数在5％的水平下显著为正，表明人工投入增加会扩大低收入组与中等收入组之间的苹果种植收入差距；而物质投入变量的回归系数不显著，表明物质投入增加并不会显著扩大苹果种植收入差距。

模型12为苹果种植收入的0.75分位点与0.50分位点的分位差联立估计结果，收入渴望变量的回归系数在1％的水平下显著为正，表明家庭决策者收入渴望的提高会扩大中等收入组与高收入组之间的苹果种植收入差距，即扩大收入不平等程度；人工投入变量和物质投入变量的回归系数均不显著，表明人工投入和物质投入增加并不会显著扩大中等收入组与高收入组之间苹果种植收入差距。

模型13为苹果种植收入的0.75分位点与0.25分位点的分位差联立估计结果，收入渴望变量的回归系数在1％的水平下显著为正，表明家庭决策者收入渴望的提高会扩大低收入组与高收入组之间的苹果种植收入差距；人工投入变量的系数在5％的水平下显著为正，表明人工投入增加会扩大低收入组与高收入组之间的苹果种植收入差距；而物质投入变量的回归系数不显著，表明物质投入增加并不会显著扩大低收入组与高收入组之间的苹果种植收入差距。

综上，家庭决策者收入渴望的提高会扩大苹果种植收入差距，人工投入增加会扩大低收入组与中等收入组、低收入组与高收入组之间的苹果种植收入差距，物质投入增加并不会扩大苹果种植收入差距，主要原因在于物质投入较高，已处于边际收益递减阶段。

（三）甲村与乙村样本收入渴望对苹果种植收入和收入不平等的影响

1. 甲村样本收入渴望对苹果种植收入和收入不平等的影响

本节使用甲村样本探讨家庭决策者收入渴望对苹果种植收入及收入不平等的影响，对不同分位点上的函数设定形式进行连接检验，结果显示，0.25、0.50 和 0.75 分位点预测值的 t 值分别为 8.51、6.20 和 3.50，均在 1% 的水平下显著，表明不同分位点的收入方程线性设定是可以接受的。此外，OLS 回归模型的 VIF 的最大值为 2.45，平均值为 1.46，即解释变量的多重共线性在统计上是可接受的，回归结果如表 6-7 所示。

表 6-7 甲村苹果种植收入函数估计结果（OLS 与分位数回归）

变量	OLS（模型 14）	Q25（模型 15）	Q50（模型 16）	Q75（模型 17）
收入渴望	0.2978***	0.1811***	0.2846***	0.3256***
	(0.0492)	(0.0443)	(0.0413)	(0.0469)
人工投入	86.5269***	86.8077***	111.4804***	120.4144***
	(25.2518)	(28.8241)	(26.9043)	(30.5162)
物质投入	-0.7774***	-0.7598***	-0.7204***	-0.7504***
	(0.1544)	(0.1949)	(0.1819)	(0.2064)
性别	3514.5733	5557.1501	3055.8861	-1088.3600
	(4875.5137)	(6726.7578)	(6278.7349)	(7121.6499)
年龄	268.0907*	-20.7553	93.5446	211.9135
	(144.5290)	(177.6977)	(165.8625)	(188.1294)
受教育水平	504.5152	411.8746	763.2852	424.9399
	(434.2755)	(613.8804)	(572.9940)	(649.9180)

续表

变量	OLS（模型14）	Q25（模型15）	Q50（模型16）	Q75（模型17）
健康状况	2171.9640***	1162.8439	1155.7088	1617.2290*
	(609.6026)	(830.2819)	(774.9825)	(879.0233)
社会经历	-5109.8970	-1903.6320	-2006.3410	5.0079
	(3431.2495)	(4127.0414)	(3852.1676)	(4369.3179)
劳动力数量	2305.9786	1468.0035	212.7501	1242.0978
	(2214.0678)	(2190.2666)	(2044.3881)	(2318.8455)
生产性资产	-0.0950	-0.2375	0.0754	0.0058
	(0.1780)	(0.2051)	(0.1915)	(0.2172)
挂果园面积	13.5271	27.9967	-534.2218	168.4257
	(578.6775)	(688.3396)	(642.4941)	(728.7484)
树龄	-420.9798	-125.4980	-237.5685	-379.9986
	(256.0688)	(358.6463)	(334.7594)	(379.7005)
自然灾害	-8419.5890**	-7763.0100*	-8711.6690**	-5715.0360
	(3710.4593)	(4456.7396)	(4159.9069)	(4718.3710)
大年	8686.5933**	4936.8750	5847.9771	7062.7929*
	(3446.9510)	(4017.2062)	(3749.6478)	(4253.0350)
小年	-15631.1000***	-10301.0300***	-13752.4700***	-17674.6800***
	(2904.4294)	(3945.0297)	(3682.2785)	(4176.6214)
通村车站距离	0.1128	2.0325	0.6486	3.3369
	(2.6481)	(3.5730)	(3.3351)	(3.7828)
常数项	-31823.3900**	-16951.0500	-20263.2900	-19143.600
	(12708.5500)	(16136.0000)	(15061.2900)	(17083.2600)
样本量	308	308	308	308
R^2/Pseudo R^2	0.488	0.2157	0.2829	0.3831

注：***、**和*分别表示在1%、5%和10%的水平下显著；括号中数字为稳健标准误。

从表6-7中的OLS回归结果看，甲村家庭决策者收入渴望在1%的水平下显著正向影响苹果种植收入，表明在控制其他变量不变的情形下，家庭决策者的收入渴望每增加10000元，促进苹果种植收入平均增加2978元；人工投入在1%的水平下显著正向影响苹果种植收入，表明在控制其他变量不变的情形下，人工投入每增加1个工，促进苹果种植收入平均增加86.53元；物质投入在1%的水平下显著负向影响苹果种植收入，表明在控制其他变量不变的情形下,物质投入每增加1元,导致苹果种植收入减少0.78元。从表6-7中的分位数回归结果看,收入渴望变量的回归系数在苹果种植收入的0.25、0.50和0.75分位点上均在1%的水平下显著为正,并且呈现随苹果种植收入分位点的增加而增加的趋势,即家庭决策者的收入渴望对高收入组苹果种植收入的边际贡献要大于中等收入组,对中等收入组的边际贡献要大于低收入组。结果表明,甲村家庭决策者之间的收入渴望差异可能会导致苹果种植收入不平等程度的扩大。人工投入变量的回归系数在苹果种植收入的0.25、0.50和0.75分位点上均在1%的水平下显著为正,并且呈现随苹果种植收入分位点的增加而增加的趋势,即人工投入对高收入组苹果种植收入的边际贡献最大,对中等收入组次之,对低收入组最小,不同收入组之间的系数存在差异。结果表明,甲村苹果种植户间的人工投入差异可能会导致苹果种植收入不平等程度的扩大。物质投入变量的回归系数在苹果种植收入的0.25、0.50和0.75分位点上均在1%的水平下显著为负,但没有表现出增加或减少的趋势。结果表明,物质投入可能并不会导致苹果种植收入不平等程度的扩大。

表6-8中的模型18为甲村苹果种植收入的0.50与0.25分位点的分位差联立估计结果,收入渴望变量的回归系数在10%的水平下显著为正,表明甲村家庭决策者收入渴望的提高会扩大低收入组与中等收入组之间的苹果种植收入差距;人工投入变量和物质投入变量的回归系数不显著,表明人工投入和物质投入增加并不会显著扩大低收入组与中等收入组之间的苹果种植收入差距。

表6-8 甲村苹果种植收入差异方程的联立估计结果

变量	模型18 Q50-Q25	模型19 Q75-Q50	模型20 Q75-Q25
收入渴望	0.1035* (0.0545)	0.0409 (0.0594)	0.1444** (0.0724)

续表

变量	模型 18 Q50 - Q25	模型 19 Q75 - Q50	模型 20 Q75 - Q25
人工投入	24.6727 (30.8670)	8.9340 (31.9629)	33.6067 (41.1007)
物质投入	0.0394 (0.2497)	-0.0300 (0.2373)	0.0094 (0.3026)
性别	-2501.2640 (6987.5907)	-4144.246 (7329.4625)	-6645.5100 (8863.4771)
年龄	114.2999 (148.6613)	118.3689 (159.1159)	232.6688 (199.3014)
受教育水平	351.4106 (552.2880)	-338.3453 (569.3736)	13.0653 (682.9503)
健康状况	-7.1351 (810.2175)	461.5202 (679.3234)	454.3851 (968.2321)
社会经历	-102.7089 (3995.6738)	2011.3490 (3608.2656)	1908.6401 (4605.2516)
劳动力数量	-1255.2534 (2230.4316)	1029.3477 (3009.3607)	-225.9057 (3960.3496)
生产性资产	0.3129 (0.2099)	-0.0696 (0.1998)	0.2433 (0.2368)
挂果园面积	-562.2186 (729.1766)	702.6475 (909.2880)	140.4290 (1139.5527)
树龄	-112.0705 (353.7647)	-142.4301 (331.3346)	-254.5006 (424.4798)
自然灾害	-948.6590 (4517.2361)	2996.6330 (4116.6523)	2047.9740 (5736.1707)
大年	911.1021 (4183.1896)	1214.8158 (3862.0605)	2125.9179 (4923.3984)
小年	-3451.4400 (3545.5477)	-3922.2100 (3435.1345)	-7373.6500* (4424.4075)
通村车站距离	-1.3840 (3.6470)	2.6883 (3.7306)	1.3044 (4.6090)
常数项	-3312.2400 (15513.68)	1119.6901 (16785.3000)	-2192.5500 (20429.5100)
样本量	308	308	308

注：***、**和*分别表示在1%、5%和10%的水平下显著；括号中为Bootstrap标准误，reps = 400。

模型 19 为甲村苹果种植收入的 0.75 与 0.50 分位点的分位差联立估计结果,收入渴望变量、人工投入变量和物质投入变量的回归系数均不显著,表明家庭决策者收入渴望的提高、人工投入和物质投入增加并不会显著扩大中等收入组与高收入组之间的苹果种植收入差距。

模型 20 为甲村苹果种植收入的 0.75 与 0.25 分位点的分位差联立估计结果,收入渴望变量的回归系数在 5% 的水平下显著为正,表明家庭决策者收入渴望的提高会扩大低收入组与高收入组之间的苹果种植收入差距;人工投入变量和物质投入变量的回归系数均不显著,表明人工投入和物质投入增加并不会显著扩大低收入组与高收入组之间的苹果种植收入差距。

综上,甲村家庭决策者收入渴望的提高会扩大低收入组与中等收入组、低收入组与高收入组之间的苹果种植收入差距,人工投入和物质投入增加并不会扩大苹果种植收入差距。

2. 乙村样本收入渴望对苹果种植收入和收入不平等的影响

本节使用乙村样本探讨家庭决策者收入渴望对苹果种植收入及收入不平等的影响,对不同分位点上的函数设定形式进行连接检验,结果显示,0.25、0.50 和 0.75 分位点预测值的 t 值分别为 9.11、8.02 和 6.06,均在 1% 的水平下显著,表明不同分位点的收入方程线性设定是可以接受的。此外,OLS 回归模型的 VIF 的最大值为 2.44,平均值为 1.46,即解释变量的多重共线性在统计上是可接受的,回归结果如表 6-9 所示。

表 6-9 乙村苹果种植收入函数估计结果 (OLS 与分位数回归)

变量	OLS (模型 21)	Q25 (模型 22)	Q50 (模型 23)	Q75 (模型 24)
收入渴望	0.1081 *** (0.0404)	0.0555 ** (0.0263)	0.1099 *** (0.0257)	0.2067 *** (0.0459)
人工投入	131.5573 *** (25.6358)	109.2082 *** (21.7048)	146.2964 *** (21.1581)	155.6151 *** (37.8133)

续表

变量	OLS（模型21）	Q25（模型22）	Q50（模型23）	Q75（模型24）
物质投入	-0.8027*** (0.1887)	-0.9647*** (0.1848)	-0.7841*** (0.1801)	-1.1060*** (0.3219)
性别	5425.8949* (3172.0893)	3647.5321 (4375.1024)	3799.2661 (4264.8986)	724.1466 (7622.1191)
年龄	-234.3776** (95.5725)	-64.2013 (104.7822)	-188.1021* (102.1429)	-180.0582 (182.5471)
受教育水平	457.7409 (300.1777)	176.2947 (354.4252)	539.3984 (345.4977)	967.2071 (617.4647)
健康状况	1363.1879*** (498.7583)	1181.0718** (489.6302)	1451.2001*** (477.2970)	1022.9075 (853.0132)
社会经历	4798.5970* (2601.9781)	3393.3329 (2384.5645)	2413.0976 (2324.5001)	2265.2404 (4154.2879)
劳动力数量	-1204.5180 (1136.9429)	416.9518 (1359.1317)	-288.1078 (1324.8967)	-2365.8740 (2367.8220)
生产性资产	0.0127 (0.1460)	0.0723 (0.1384)	-0.0363 (0.1349)	0.0565 (0.2411)
挂果园面积	-234.1056 (528.1925)	9.5902 (408.9451)	-545.2355 (398.6442)	-220.4313 (712.4469)
树龄	337.6072 (257.9365)	265.0808 (226.0860)	297.5919 (220.3912)	258.3899 (393.8775)
自然灾害	-9408.1170*** (2118.2208)	-6432.4900*** (2113.8771)	-8120.1660*** (2060.6309)	-8759.2910** (3682.7075)
大年	-5022.5920 (6157.6085)	-3503.9460 (5988.3458)	-468.7359 (5837.5062)	-3829.9250 (10432.6400)
小年	-6865.6230*** (2613.8692)	-6970.8310*** (2492.1502)	-5778.4370** (2429.3758)	-8155.2110* (4341.7192)
通村车站距离	2.9289 (2.2206)	3.7973 (2.3921)	1.6579 (2.3318)	4.5818 (4.1674)
常数项	-7737.1960 (8969.3244)	-16537.7600* (9296.1523)	-13492.2900 (9061.9929)	-3589.2250 (16195.3600)
样本量	303	303	303	303
R^2/Pseudo R^2	0.396	0.2157	0.2690	0.3049

注：***、**和*分别表示在1%、5%和10%的水平下显著；括号中数字为稳健标准误。

从表6-9中的OLS回归结果看，乙村家庭决策者收入渴望在1%的水平下显著正向影响苹果种植收入，表明在控制其他变量不变的情形下，家庭决策者的收入渴望每增加10000元，会促进苹果种植收入平均增加1081元；人工投入在1%的水平下显著正向影响苹果种植收入，表明在控制其他变量不变的情形下，人工投入每增加1个工，会促进苹果种植收入平均增加131.56元；物质投入在1%的水平下显著负向影响苹果种植收入，表明在控制其他变量不变的情形下，物质投入每增加1元，会导致苹果种植收入减少0.80元。从表6-9中的分位数回归结果看，收入渴望变量的回归系数在苹果种植收入的0.25、0.50和0.75分位点上均显著为正，并且呈现随苹果种植收入分位点的增加而增加的趋势，即乙村家庭决策者的收入渴望对高收入组苹果种植收入的边际贡献大于中等收入组，对中等收入组的边际贡献大于低收入组。结果表明，乙村家庭决策者间的收入渴望差异可能会导致苹果种植收入不平等程度的扩大。人工投入变量的回归系数同样在苹果种植收入的0.25、0.50和0.75分位点上均在1%的水平下显著为正，并且呈现随苹果种植收入分位点的增加而增加的趋势，即人工投入对高收入组苹果种植收入的边际贡献最大，对中等收入组次之，对低收入组最小，且不同收入组的系数存在差异。结果表明，苹果种植户间的家庭人工投入差异可能会导致苹果种植收入不平等程度的扩大。物质投入变量的回归系数在苹果种植收入的0.25、0.50和0.75分位点上均在1%的水平下显著为负，但没有表现出增加或减少的趋势，结果表明物质投入差异可能并不会导致苹果种植收入不平等程度的扩大。

表6-10中模型25为乙村苹果种植收入的0.50与0.25分位点的分位差联立估计结果，收入渴望变量、人工投入变量和物质投入变量的回归系数均不显著，表明乙村家庭决策者收入渴望的提高、人工投入和物质投入增加并不会显著扩大低收入组与中等

收入组之间的苹果种植收入差距。

表6-10 乙村苹果种植收入差异方程的联立估计结果

变量	模型25 Q50-Q25	模型26 Q75-Q50	模型27 Q75-Q25
收入渴望	0.0543 (0.0354)	0.0969* (0.0494)	0.1512** (0.0669)
人工投入	37.0881 (29.5871)	9.3187 (29.1000)	46.4068 (38.2104)
物质投入	0.1806 (0.2238)	-0.3219 (0.2942)	-0.1412 (0.3536)
性别	151.7340 (4408.1591)	-3075.1195 (6237.7542)	-2923.3855 (7133.2034)
年龄	-123.9008 (99.0112)	8.0439 (137.9227)	-115.8569 (157.8462)
受教育水平	363.1036 (313.7947)	427.8087 (381.6315)	790.9124 (491.2591)
健康状况	270.1283 (482.4121)	-428.2926 (664.8843)	-158.1643 (797.1548)
社会经历	-980.2352 (2457.8031)	-147.8572 (3144.2818)	-1128.0925 (3735.0028)
劳动力数量	-705.0597 (1305.6909)	-2077.7660 (1432.9966)	-2782.8258 (1930.0670)
生产性资产	-0.1085 (0.1366)	0.0927 (0.1642)	-0.0158 (0.2202)
挂果园面积	-554.8257 (525.1988)	324.8042 (621.0051)	-230.0215 (796.1331)
树龄	32.5110 (227.5184)	-39.2020 (282.0143)	-6.6909 (351.7788)
自然灾害	-1687.6760 (2169.6421)	-639.1250 (3251.6251)	-2326.8010 (4103.8722)
大年	3035.2099 (7258.4401)	-3361.1890 (10274.4500)	-325.9788 (12373.6800)
小年	1192.3940 (2746.4740)	-2376.7740 (3920.1342)	-1184.3800 (4895.0266)

续表

变量	模型 25 Q50 - Q25	模型 26 Q75 - Q50	模型 27 Q75 - Q25
通村车站距离	-2.1393 (2.6282)	2.9238 (3.6890)	0.7845 (4.2138)
常数项	3045.4700 (10174.5300)	9903.0650 (12182.1200)	12948.5350 (15092.2200)
样本量	303	303	303

注：***、**和*分别表示在1%、5%和10%的水平下显著；括号中为Bootstrap标准误，reps=400。

模型26为苹果种植收入的0.75与0.50分位点的分位差联立估计结果，收入渴望变量的回归系数在10%的水平下显著为正，表明家庭决策者收入渴望的提高会扩大中等收入组与高收入组之间的苹果种植收入差距。此外，人工投入变量和物质投入变量的回归系数均不显著，表明人工投入和物质投入增加并不会显著扩大中等收入组与高收入组之间的苹果种植收入差距。

模型27为苹果种植收入的0.75与0.25分位点的分位差联立估计结果，收入渴望变量的回归系数在5%的水平下显著为正，表明家庭决策者收入渴望的提高会扩大低收入组与高收入组之间的苹果种植收入差距；人工投入变量和物质投入变量的回归系数不显著，表明人工投入和物质投入增加并不会显著扩大低收入组与高收入组之间的苹果种植收入差距。

综上，乙村家庭决策者收入渴望的提高会扩大中等收入组与高收入组、低收入组与高收入组之间的苹果种植收入差距，人工投入和物质投入增加并不会扩大苹果种植收入差距。

3. 甲村、乙村样本收入渴望对苹果种植收入和收入不平等影响的对比分析

表6-7中的模型14与表6-9中的模型21分别为甲村与乙村家庭决策者收入渴望对苹果种植收入影响的OLS回归模型。虽然模型14和模型21中收入渴望变量的数值差异较大，但并不意

味着该差异在统计上显著，因此需要对两组回归的收入渴望变量的系数差异性进行检验，使用 Bootstrap 法来检验村庄间收入渴望、人工投入和物质投入变量差异的显著性，详细步骤见连玉君等（2010）的研究。经 Bootstrap 法抽样 1000 次，得到收入渴望的经验 p 值为 0.010，在 1% 的水平下显著，人工投入和物质投入的经验 p 值分别为 0.121 和 0.480，均不显著，表明两个村庄间的家庭决策者收入渴望差异在统计上显著，人工投入和物质投入差异在统计上不显著。从甲村与乙村的 OLS 回归结果看，甲村家庭决策者收入渴望对苹果种植收入的影响更大。

表 6-7 中的模型 15 与表 6-9 中的模型 22 分别为甲村与乙村在苹果种植收入 0.25 分位点上的家庭决策者收入渴望对苹果种植收入影响的回归模型，经 Bootstrap 法抽样 1000 次，得到收入渴望的经验 p 值为 0.031，在 5% 的水平下显著，人工投入和物质投入差异不显著。结果表明，对低收入组而言，甲村家庭决策者收入渴望对苹果种植收入的影响更大。

表 6-7 中的模型 16 与表 6-9 中的模型 23 分别为甲村与乙村在苹果种植收入 0.50 分位点上的家庭决策者收入渴望对苹果种植收入影响的回归模型，经 Bootstrap 法抽样 1000 次，得到收入渴望的经验 p 值为 0.009，在 1% 的水平下显著，人工投入和物质投入差异不显著。结果表明，对中等收入组而言，甲村家庭决策者收入渴望对苹果种植收入的影响更大。

表 6-7 中的模型 17 与表 6-9 中的模型 24 分别为甲村与乙村在苹果种植收入 0.75 分位点上的家庭决策者收入渴望对苹果种植收入影响的回归模型，经 Bootstrap 法抽样 1000 次，得到收入渴望的经验 p 值为 0.080，在 10% 的水平下显著，人工投入和物质投入差异不显著。结果表明，对高收入组而言，甲村家庭决策者收入渴望对苹果种植收入的影响更大。

从分位差估计结果看，甲村家庭决策者收入渴望的提高会扩大低收入组与中等收入组、低收入组与高收入组之间的苹果种植收入差距，乙村家庭决策者收入渴望的提高会扩大中等收入组与高收入组、低收入组与高收入组之间的苹果种植收入差距，人工投入和物质投入增加均不会扩大苹果种植收入差距。

（四）稳健性检验

上述回归分析仅是苹果种植收入的 0.25、0.50 和 0.75 分位点上的结果，虽然可以较好地代表低收入组、中等收入组和高收入组之间的收入差距情况，但是并不能全面描述收入渴望、人工投入和物质投入在全部分位点上对苹果种植收入的边际贡献及其变化趋势。为此，本节使用全分位数回归对上述回归结果进行稳健性检验。图 6-1、图 6-2 和图 6-3 分别为总体样本、甲村样本和乙村样本家庭决策者收入渴望、人工投入和物质投入分位数回归系数及变化，横轴表示分位数，纵轴表示苹果种植收入对家庭决策者收入渴望、人工投入和物质投入的分位数回归系数，即对苹果种植收入的边际贡献率，最小分位数取值为 0.01，最大分位数取值为 0.99，图形步长为 0.05，虚线表示 OLS 回归系数和置信带（5%），实线表示分位数回归系数，阴影为分位数回归置信带（5%）。

从图 6-1 可以看出，总体样本家庭决策者收入渴望在不同分位点的回归系数整体上呈现明显的上升趋势，表明家庭决策者收入渴望的提高会扩大苹果种植收入差距；人工投入在不同分位点的回归系数整体上呈现上升趋势，表明人工投入增加会扩大苹果种植收入差距；物质投入在不同分位点的回归系数波动较为明显，表明物质投入增加并不会扩大苹果种植收入差距。

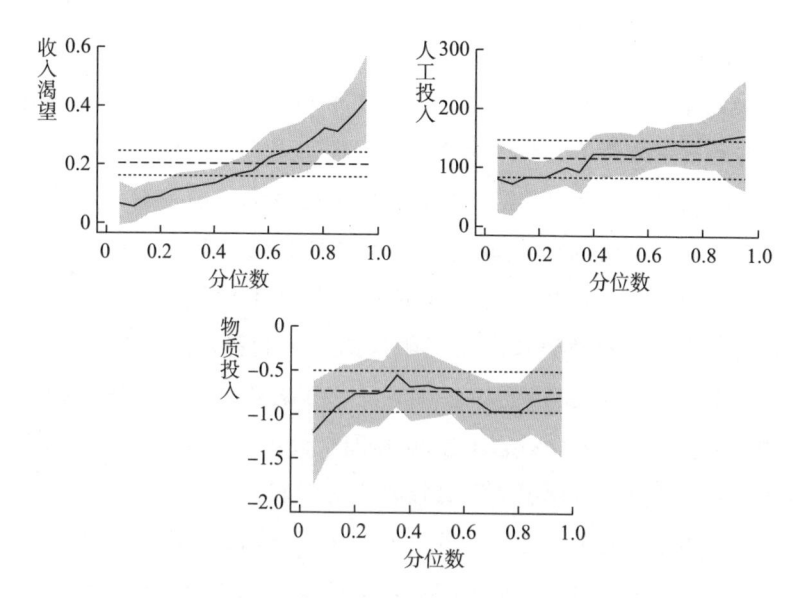

图6-1 总体样本收入渴望、人工投入和物质投入分位数回归系数及变化

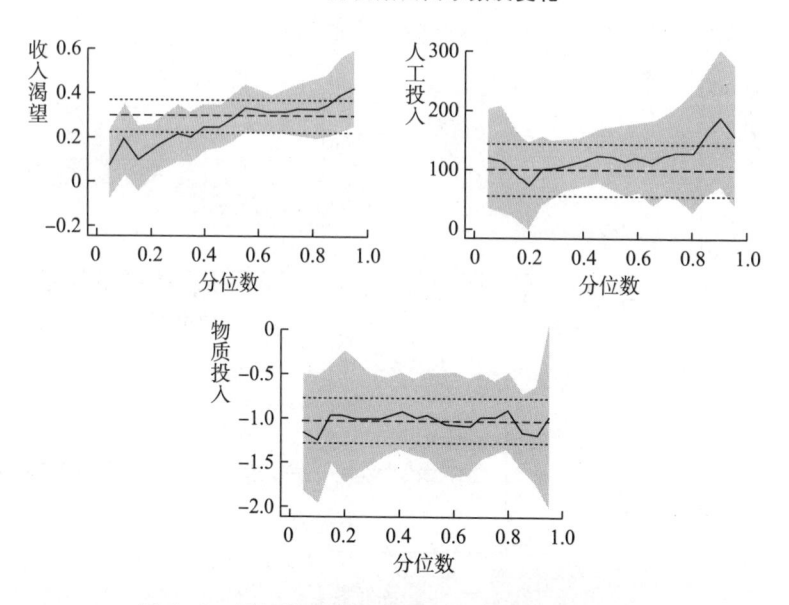

图6-2 甲村样本收入渴望、人工投入和物质投入分位数回归系数及变化

从图6-2可以看出,甲村样本家庭决策者收入渴望在不同分位点的回归系数整体上呈现明显的上升趋势，表明家庭决策者收入渴望的提高会扩大苹果种植收入差距；人工投入在不同分位点的回归系数整体上有小幅度波动，表明人工投入增加不会扩大苹果种植收入差距；物质投入在不同分位点的回归系数波动较为明显，表明物质投入增加不会扩大苹果种植收入差距。

从图6-3可以看出，乙村样本家庭决策者收入渴望在不同分位点的回归系数整体上呈现明显的上升趋势，尤其是在0.60分位点之后上升趋势明显，表明家庭决策者收入渴望的提高会扩大苹果种植收入差距；人工投入在不同分位点的回归系数有小幅度波动，但整体表现出上升的趋势，这与表6-10中选取的三个分位点的回归结果有差异，表明人工投入增加会扩大苹果种植收入差距，尤其是对苹果种植收入处于较低水平的群体和中等水平的群体；物质投入在不同分位点的回归系数波动较为明显，表明物质投入增加不会扩大苹果种植收入差距。

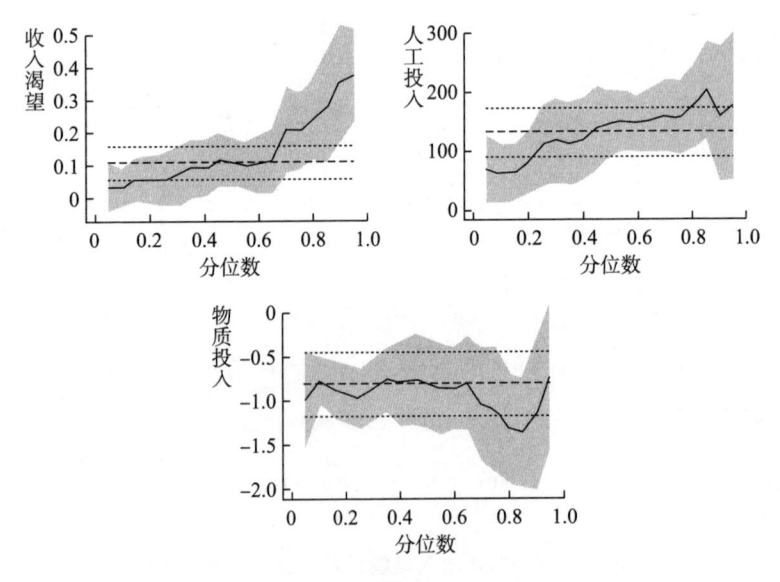

图6-3 乙村样本收入渴望、人工投入和物质投入分位数回归系数及变化

三 本章小结

在第五章探讨了收入不平等对家庭决策者收入渴望的影响，本章聚焦家庭决策者收入渴望对苹果种植收入及收入不平等的影响和人工投入与物质投入在收入渴望对苹果种植收入及收入不平等影响中的中介作用。采用2015年的家庭决策者的收入渴望数据和2015~2016产季的苹果种植收入、人工投入和物质投入数据，运用OLS回归模型、分位数回归模型和分位差回归模型实证检验了家庭决策者收入渴望对苹果种植收入及收入不平等的影响和人工投入与物质投入在该影响中的中介作用，在此基础上，对甲村和乙村的情况进行对比分析。最后，使用全分位数回归对实证分析的主要结果进行了稳健性检验。研究发现以下方面。

（1）人工投入在家庭决策者收入渴望对苹果种植收入的影响中起部分中介作用，即家庭决策者收入渴望对苹果种植收入的影响有一部分是通过中介变量人工投入起作用的；物质投入抑制了家庭决策者收入渴望对苹果种植收入的影响，即存在抑制效应或不一致的中介效应。

（2）从总体样本看，家庭决策者收入渴望对高收入组苹果种植收入的边际贡献大于中等收入组，对中等收入组的边际贡献大于低收入组，家庭决策者收入渴望的提高会扩大苹果种植收入差距。人工投入对高收入组苹果种植收入的边际贡献最大，对中等收入组次之，对低收入组最小，人工投入增加会扩大低收入组与中等收入组、低收入组与高收入组之间的苹果种植收入差距。物质投入的回归系数在不同的分位点上并没有表现出明显的增加或减少的趋势，即物质投入增加并不会扩大苹果种植收入差距。

（3）从甲村样本看，甲村家庭决策者收入渴望对高收入组苹果种植收入的边际贡献大于中等收入组，对中等收入组的边际贡献大于低收入组；家庭决策者收入渴望的提高会扩大低收入组与中等收入组、低收入组与高收入组之间的苹果种植收入差距。人工投入对高收入组苹果种植收入的边际贡献最大，对中等收入组次之，对低收入组最小，但不同收入组之间的系数存在差异；人工投入增加并没有扩大苹果种植户的收入差距。物质投入的回归系数在苹果种植收入不同分位点上并没有表现出明显的增加或减少的趋势，即物质投入增加并不会扩大苹果种植收入差距。

（4）从乙村样本看，乙村家庭决策者的收入渴望对高收入组苹果种植收入的边际贡献大于中等收入组，对中等收入组的边际贡献大于低收入组；家庭决策者收入渴望的提高会扩大中等收入组与高收入组、低收入组与高收入组之间的苹果种植收入差距。人工投入对高收入组苹果种植收入的边际贡献最大，对中等收入组次之，对低收入组最小；但人工投入增加并不会扩大苹果种植收入差距。物质投入的回归系数在苹果种植收入不同分位点上并没有表现出明显的增加或减少的趋势，即物质投入增加并不会扩大苹果种植收入差距。

（5）从甲村样本和乙村样本对比分析看，甲村家庭决策者收入渴望对苹果种植收入的影响更大，在苹果种植收入不同分位点上的表现同样如此，而甲村和乙村之间家庭的人工投入和物质投入对苹果种植收入影响的差异不显著。

综上所述，家庭决策者收入渴望对苹果种植收入具有显著影响，对高收入组家庭影响最大，对低收入组家庭影响最小；家庭决策者收入渴望对苹果种植收入不平等程度具有显著影响，收入渴望越高，苹果种植收入不平等程度越高。家庭决策者收入渴望对苹果种植收入的影响有一部分是通过中介变量人工投入起作用，人工投入增加对高收入组苹果种植收入增加的促进作用最大，对低收入组的促进作用最小；人工投入增加会扩大苹果种植收入不平等程度，尤其是对乙村苹果种植户，而家庭决策者收入渴望的提高会促进人工投入的增加。物质投入抑制了家庭决策者收入渴望对苹果种植收入的影响,虽然家庭决策者收入渴望的提高会带来物质投入的增加,但物质投入增加并不会扩大收入不平等程度。因此,若要降低收入不平等程度,需要着力提高低收入组家庭决策者的收入渴望,并提高其对苹果生产的人工投入,适度降低其对苹果生产的物质投入。

第七章
收入渴望与收入不平等互动演化分析

第五章实证检验了 2015~2016 产季苹果种植收入不平等对 2016 年家庭决策者收入渴望的影响，结果表明自然组收入不平等对家庭决策者收入渴望具有显著的正向促进作用；第六章实证检验了 2015 年家庭决策者收入渴望对 2015~2016 产季苹果种植收入不平等的影响，结果表明家庭决策者收入渴望的提高会扩大苹果种植收入差距。本章在第五章和第六章实证结果的基础上探讨家庭决策者收入渴望与苹果种植收入不平等的互动演化关系，从数据上看，这里的因果链条是"2015 年家庭决策者收入渴望→2015~2016 产季苹果种植收入不平等→2016 年家庭决策者收入渴望"，因缺乏面板数据，所以并不能从严格意义上分析家庭决策者收入渴望与苹果种植收入不平等相互影响下，苹果种植收入不平等的演化路径；但若从家庭决策者收入渴望与苹果种植收入不平等的影响机制看，从定性角度的互动分析仍具有一定的参考价值；此外，在第四章实证分析结果的基础上，本章将探讨如何提升低收入群体的收入渴望，以降低苹果种植收入不平等程度。

一　收入渴望与收入不平等互动演化分析

（一）总体样本的收入渴望与收入不平等互动演化分析

第五章实证检验了用基尼系数测度的苹果种植收入不平等对家庭决策者收入渴望的影响，研究结果表明，自然组苹果种植收入不平等对家庭决策者收入渴望的影响系数为 0.3389，且在 1% 的水平下显著，即收入不平等程度提升对收入渴望提高具有显著的促进作用。将苹果种植收入分为高收入群体与低收入群体后的分组回归结果表明，仅从自然组收入不平等对收入渴望的影响看，自然组收入不平等对低收入群体的收入渴望影响系数为 0.4392，且在 1% 的水平下显著，而自然组收入不平等对高收入群体的收入渴望影响不显著，主要原因在于高收入组在收入层级中位置较高，收入不平等并不会激发其收入渴望的提高；考虑社会比较收入在收入不平等对收入渴望影响中的调节作用后，社会比较收入会抑制收入不平等对低收入群体家庭决策者收入渴望的促进作用，社会比较收入变量与收入不平等变量交互项的系数为 -0.2164，但对高收入群体而言，社会比较收入会促进收入不平等对收入渴望的影响，并且社会比较收入变量与收入不平等变量交互项的系数为 0.3405。可见，随着家庭决策者社会比较收入的增加，苹果种植收入不平等程度提升会扩大不同收入群体之间的收入渴望差异。

第六章实证检验了家庭决策者收入渴望对苹果种植收入不平等的影响，研究结果表明，家庭决策者的收入渴望对高收入组苹果种植收入的影响系数为 0.2785，对中等收入组苹果种植收入的影响系数为 0.1640，对低收入组苹果种植收入的影响系数为 0.1034，且均在 1% 的水平下显著，即家庭决策者的收入渴望对高收入组苹果种植收入的边际贡献要大于中等收入组，对中等收入组苹果种植收入的边际贡献要大于低收入组。分位差回归结果显示，家庭决策者收入渴望的提高会扩大低收入组与中等收入组、中等收入组与高收入组、低收入组与高收入组间苹果种植收入差距，尤其是对低收入组与高收入组间苹果种植收入差距扩大的影响更大。

综合所述，苹果种植收入不平等程度提升对家庭决策者收入渴望提高具有促进作用，家庭决策者收入渴望提高对苹果种植收入不平等程度提升同样具有促进作用。根据第二章的分析结果，家庭决策者收入渴望与苹果种植收入不平等间的互动关系将是互动演化路径1，即从长期来看，在不存在外部冲击的情境中，总体样本苹果种植户的苹果种植收入将出现两极分化。

（二）甲村与乙村样本的收入渴望与收入不平等互动演化分析

从甲村情况看，第五章的实证研究结果表明，甲村自然组苹果种植收入不平等对家庭决策者收入渴望的影响系数为0.2433，且在10%的水平下显著；家庭决策者的社会比较收入变量与自然组收入不平等变量交互项的影响系数不显著，故这里不需要对社会比较收入的调节作用进行讨论。第六章的实证研究结果表明，甲村家庭决策者的收入渴望对高收入组苹果种植收入的影响系数为0.3256，对中等收入组苹果种植收入的影响系数为0.2846，对低收入组苹果种植收入的影响系数为0.1811，均在1%的水平下显著，即甲村家庭决策者的收入渴望对高收入组苹果种植收入的边际贡献要大于中等收入组，对中等收入组苹果种植收入的边际贡献要大于低收入组。分位差回归结果显示，甲村家庭决策者收入渴望的提高会扩大低收入组与中等收入组、低收入组与高收入组间苹果种植收入差距，尤其是对低收入组与高收入组间苹果种植收入差距扩大的影响更大。可见，苹果种植收入不平等程度提升对甲村家庭决策者收入渴望提高具有促进作用，甲村家庭决策者收入渴望提高对苹果种植收入不平等程度提升同样具有促进作用。根据第二章的分析结果，甲村家庭决策者收入渴望与苹果种植收入不平等间的互动关系将是互动演化路径1，即从长期来看，在不存在外部冲击的情境中，甲村苹果种植户的苹果种植收入将出现两极分化。

从乙村情况看，第五章的实证研究结果表明，乙村自然组苹果种植收入不平等对家庭决策者收入渴望的影响系数为0.5564，且在5%的水平下显著；家庭决策者的社会比较收入与自然组收入不平等变量交互项的影响系数为-0.6856，且在5%的水平下显著，表明与甲村相比，乙村较高的自然组收入不平等程度会通过家庭决策者的社会比较收入抑制其收入渴望，随着家庭决策者社会比较收入的增加，自然组收入不平等对家庭决策者收入渴望的促进作用逐渐减小。第六章的实证研究结果表明，乙村家庭决策者的收入渴望对高收入组苹果种植收入的影响系数为0.2067，对中等收入组苹果种植收入的影响系数为0.1099，对低收入组苹果种植收入的影响系数为0.0555，显著性水平为5%或1%，与甲村情况类似，乙村家庭决策者的收入渴望对高收入组苹果种植收入的边际贡献最大，中等收入组次之，低收入组最小。分位差回归结果表明，乙村家庭决策者收入渴望的提高会扩大中等收入组与高收入组、低收入组与高收入组间苹果种植收入差距，尤其是对低收入组与高收入组间苹果种植收入差距扩大的影响更大。可见，苹果种植收入不平等程度提升对乙村家庭决策者收入渴望提高具有促进作用，但家庭决策者的社会比较收入会抑制这种促进作用，乙村家庭决策者收入渴望提高对苹果种植收入不平等程度提升同样具有促进作用。根据第二章的分析结果，乙村家庭决策者收入渴望与苹果种植收入不平等间的互动关系将是互动演化路径1，即从长期来看，在不存在外部冲击的情境中，乙村的苹果种植户的苹果种植收入也将出现两极分化，并且其因家庭决策者社会比较收入的负向调节作用，可能会先于甲村出现收入两极分化。

二 低收入群体收入渴望提升路径探讨

第六章的实证分析结果表明，家庭决策者收入渴望对其生产性投入具有显著的正向影响，特别是对于低收入群体而言，生产性投入中人工投入的增加对家庭苹果种植收入的提升具有显著促进作用。可见降低收入不平等程度，可以从提高低收入群体的收入渴望着手，即通过提高低收入群体的收入渴望促进其人工投入的增加，进而带动苹果种植收入提升，降低苹果种植收入不平等程度。第四章的实证研究结果表明，家庭的苹果种植收入以及家庭决策者的社会比较收入、经济自我效能感和经济控制点对其收入渴望具有显著影响，即家庭苹果种植收入越高以及家庭决策者的社会比较收入越高、经济自我效能感越高、内控倾向越强，其收入渴望越高。这为探讨低收入群体的收入渴望提高提供了可能路径。

已有研究表明，外部干预手段可以在短期内提高个体的渴望。Macours 和 Vakis（2009）开展的随机转移实验中通过促进实验参与者与具有成功经验领导者之间的社会互动，能够有效激发贫困参与者的渴望，进而增加其家庭的生产性投入。Bernard 等（2014）在埃塞俄比亚农村地区开展了一项关于渴望和未来导向行为的实验，通过随机分配，将实验对象分为三个组，即实验组、安慰剂组和控制组，然后给实验组播放一段与实验对象背景相似，但是通过自己努力在农业和小型商业中获得成功的人士讲述自我奋斗史的录像，给安慰剂组播放的是与当地文化相关的娱乐剧，对于控制组没有施加任何干预。安慰剂组的存在是为了避免播放录像这件事情本身对实验对象造成的影响（实验地区很落后，绝大部分的人一年只看过一次电视）。在录像播放之前对三

第七章 收入渴望与收入不平等互动演化分析

个组同时进行问卷调查，涉及对收入、财富、儿童教育以及社会地位四个方面的渴望，实验结束后又展开了一项问卷调查，结果发现，与安慰剂组相比实验组的渴望提高（不含控制组），说明影片内容对干预对象的渴望产生了影响。六个月后再次进行问卷调查，发现实验组对象与其他两组的渴望差异仍然显著，说明对实验组渴望的干预效果具有持续性。此外，Stout 等（2011）和 Wydick 等（2013）的研究均有类似的发现，这些研究均揭示渴望可以通过外部干预措施得以改变。

根据第四章的实证研究结果，就苹果种植户中低收入群体家庭决策者的收入渴望而言，可以通过提高家庭苹果种植收入，促进家庭决策者与高收入群体的社会比较收入的提升，提高家庭决策者的经济自我效能感和促使家庭决策者在内控倾向上变得更强，来提高家庭决策者的苹果种植收入渴望。

就提升低收入群体苹果种植收入而言，本书认为可以从三方面着手。第一，降低苹果生产中的物质投入成本。研究结果表明，苹果生产中物质投入成本过高，可以通过提供化肥、农药补贴或者通过研发投入产出效率更高的肥料和高效低价的农药，降低低收入群体的物质投入成本。实证结果发现，物质投入的增加并不能促进苹果种植收入的增加，调研中发现即使对低收入群体而言，他们也会在农资销售商处通过赊欠的方式购买大量肥料和农药，因而需要通过开展技术培训，增强种植户科学施肥和打药认知，提高肥料和农药的使用效率。第二，开展果园管理技术培训，有针对性地提升低收入群体的果园管理水平。调研发现，部分种植户的果园管理水平较低，尤其是低收入群体，苹果生产中的大小年现象很严重，限制了种植户收入的稳步提升，因而需要开展果园管理技术培训，有针对性地提升低收入群体的果园管理水平。第三，完善苹果销售渠道，建立多元化苹果销售体系。种植户的苹果多在同一时间段内集中收获，短期内市场供给量增加迅速，且种植户多采用传统的等待客商收购的方式销售苹果，销售手段单一，造成销售困难，也影响销售价格，因而需要完善苹果销售渠道，建立多元化苹果销售体系。

就促进低收入群体的社会比较收入的提升而言，可以通过推广优秀种植户的苹果种植经验，树立社会榜样，发挥"示范户"的作用；同时，加强当地的信息流动性和人口流动性，拓宽低收入群体的收入渴望窗口，通过扩大其比较对象的范围，也能促进低收入群体进行社会比较（尤亮等，2018b）。

就提高低收入群体的经济自我效能感而言，"替代性经验"是自我效能感的来源之一，通过开展经验交流会，加强种植户之间的交流，促进经济自我效能感的提高。

就加强低收入群体的控制点倾向而言，苹果种植户的平均年龄接近48岁，其控制点倾向已基本定型，苹果种植户中低收入群体短期内变得内控倾向更强难度较大，但本研究认为通过培育低收入群体的市场经济理念，让其意识到个人的奋斗是获得成功的核心因素，长期内可能使低收入群体的内控倾向变强（尤亮等，2018b）。

三　本章小结

本章在第五章和第六章实证分析结果的基础上，探讨家庭决策者收入渴望与苹果种植收入不平等间的互动关系，结果表明无论是对于总体样本苹果种植户，还是甲村、乙村苹果种植户，样本村家庭决策者收入渴望与苹果种植收入不平等的互动演化，最终都会使得苹果种植收入出现两极分化。基于此，本章在第四章实证研究结果的基础上，认为从低收入群体的苹果种植收入以及家庭决策者的社会比较收入、经济自我效能感和经济控制点着手，采用合适的外部干预手段，通过促进低收入群体收入渴望提升来降低苹果种植收入不平等程度。

第八章
研究结论与建议

改革开放以来，市场经济体制改革的逐步深入，建设社会主义新农村政策的推进及众多支农惠农政策的出台等，使农村居民收入实现了快速增长，但农村居民收入不平等程度呈现不断提升的趋势。妥善解决收入分配问题是解决新时期人民日益增长的美好生活需要和不平衡不充分发展之间矛盾的必然选择。关于中国农村居民收入不平等问题的研究，学者们主要关注物质资本、人力资本、社会资本和地域因素等对农村居民收入不平等的影响，但对农民的心理因素缺乏关注。本研究从收入渴望这一影响个体收入增长的内生动力机制出发，构建收入渴望形成机制的理论分析框架，在此基础上，对收入不平等影响收入渴望的机制进行探讨；以生产性投入为中介，构建收入渴望影响收入不平等的理论分析框架。在收入不平等影响收入渴望理论分析和收入渴望影响收入不平等理论分析的基础上，探讨收入渴望影响下的收入不平等的可能演化路径。

以理论分析为基础，采用陕西富县两个行政村的整村苹果种植户数据，控制外在社会经济环境、自然环境等因素差异对收入渴望和收入不平等的影响，聚焦探讨苹果种植户家庭决策者收入渴望的形成机制、苹果种植收入不平等对家庭决策者收入渴望的影响、家庭决策者收入渴望对苹果种植收入不平等的影响及家庭决策者收入渴望与苹果种植收入不平等之间的互动演化关系。在综合上述章节分析基础上，本章对苹果种植户家庭决策者收入渴望与苹果种植收入不平等关系研究的主要结论进行评述，围绕提高苹果种植收入及降低收入不平等程度提出建议。

一 主要研究结论

（一）苹果种植户收入渴望与收入不平等特征分析

为厘清苹果种植户家庭决策者收入渴望与苹果种植收入不平等的关系，本章对所选取两个村庄的总体样本苹果种植户、甲村和乙村样本苹果种植户的基本特征，以及总体样本和村庄样本家庭决策者收入渴望和家庭苹果种植收入不平等特征进行分析。结果表明以下方面。

（1）在家庭决策者个体特征方面，性别以男性为主，总体占比超过94%；苹果种植劳动力以中老年人为主，存在老龄化现象；受教育年限主要集中在6~8年和9~11年两个区间段；整体健康状况较好；具有村干部、党员等社会经历的比例较高。其中，甲村家庭决策者的受教育年限长于乙村，并且差异在统计上显著。

（2）在种植户的家庭特征方面，家庭人口数量以4人为主，苹果种植劳动力多为2人，家庭无外出务工人员的户数所占比重最大；种植年限普遍较长，集中分布在16~20年，果园面积与挂果园面积集中在区间（5，8］亩。2015年家庭的医疗开支较大，家庭生产性资产原值较高。其中，乙村家庭生产性资产原值大于甲村，并且差异在统计上显著。

（3）在果园特征方面，树龄集中分布在区间（15，20］年，苹果树整体上处于盛果期；2015年总体种植户发生自然灾害的比例较高，主要是由乙村自然灾害比例较高所致，但自然灾害程度并不严重；乙村种植户的果园管理水平低于甲村，大小年现象较严重。其中，甲村与乙村在自然灾害和大小年上差异显著。

（4）在果园要素投入特征方面，果园亩均物质投入金额较大，总体亩均物质投入主要分布在区间［2000，3000］元，其中，甲村亩均物质投入大于乙村；果园亩均人工投入主要分布在区间［20，30］个工，甲村亩均人工投入大于乙村，村庄内部种植户间亩均人工投入差异较大。同时，甲村与乙村的亩均物质投入和亩均人工投入均差异显著。

（5）2015年和2016年家庭决策者的苹果种植收入渴望均较高，均值分别为107182.70元和105116.10元，两个年份中甲村家庭决策者收入渴望的均值均大于乙村，尤其是2016年的差异显著，且村庄内部家庭决策者间的收入渴望差异较大。

（6）从基尼系数看，2015～2016产季总体苹果种植收入的基尼系数为0.5578，其中，甲村为0.4801，乙村为0.6130，表明无论是总体，还是甲村或乙村，基尼系数均超过0.4的国际警戒线，且乙村的收入不平等程度更为严重。

综上所述，两个村庄的种植户在家庭决策者个体特征和家庭特征上整体差异较小，仅在家庭决策者受教育年限和2015年底家庭生产性资产上差异显著。但两个村庄种植户在果园亩均物质投入、亩均人工投入、家庭决策者收入渴望和苹果种植收入不平等方面差异较大。两个村庄苹果种植户在个体特征和家庭特征方面高度相似，为本书聚焦研究家庭决策者收入渴望与苹果种植收入不平等的关系奠定了重要基础。

（二）苹果种植户家庭决策者收入渴望形成机制分析

在第二章提出的收入渴望形成机制的跨学科整合框架基础上，本研究对苹果种植户家庭决策者收入渴望形成机制进行理论分析并提出研究假设，采用2016年家庭决策者的收入渴望数据，运用 OCS 回归模型实证检验了家庭苹果种植收入（收入渴望适应）以及家庭决策者的社会比较收入、经济自我效能感和经济控制点对其收入渴望的影响，回答了家庭决策者收入渴望如何形成的问题。结果表明以下方面。

（1）苹果种植收入越高，家庭决策者的收入渴望越高，苹果种植收入每增加 1 万元，家庭决策者的收入渴望平均增加 3.43%，更高的种植收入并没有完全转化为更高的收入渴望。家庭决策者的社会比较收入越高，其收入渴望越高，社会比较收入每增加 1%，家庭决策者的收入渴望平均增加 0.39%，比较对象的苹果种植收入对收入渴望产生同化效应。家庭决策者的经济自我效能感每增加 1 分，收入渴望平均增加 1.35%；家庭决策者内控倾向越强，其收入渴望越高，经济控制点每增加 1 分，其收入渴望平均下降 1.00%。

（2）从控制变量结果看，家庭决策者年龄对其收入渴望的影响呈倒"U"形，随着家庭决策者年龄的增长，其收入渴望先升后降，拐点约在 43.0 岁处。家庭决策者的受教育年限越长，其收入渴望越高。有过村干部、党员、苹果经纪人等社会经历的家庭决策者的收入渴望更高。家庭健康支出越大，家庭决策者越希望通过增加收入来降低家庭成员的健康风险，其收入渴望越高。家庭生产性资产原值越大，家庭决策者收入渴望越高；果园面积越大，其收入渴望越高；苹果种植收入占家庭总收入的比重越高，家庭决策者的收入渴望越高。

（3）甲村与乙村家庭决策者收入渴望的对比分析结果表明，甲村与乙村苹果种植收入以及家庭决策者的社会比较收入、经济自我效能感和经济控制点对其收入渴望影响的差异在统计上不显著，即两个村庄的家庭决策者收入渴望在形成机制上不存在显著差异。

综上所述，家庭决策者的社会比较收入、收入渴望适应、经济自我效能感和经济控制点促成了其收入渴望，这为如何提升低

（三）苹果种植收入不平等对家庭决策者收入渴望影响分析

本书在收入不平等对收入渴望影响及社会比较在收入不平等对收入渴望影响中的调节作用的理论分析基础上，采用 2015~2016 产季苹果种植收入的自然组基尼系数和村庄基尼系数作为收入不平等的测度指标以及 2016 年的家庭决策者收入渴望数据。首先，运用 OLS 回归模型实证检验了总体样本自然组收入不平等对家庭决策者收入渴望的影响及家庭决策者社会比较收入在自然组收入不平等对收入渴望影响中的调节作用。在此基础上，运用分位数回归模型进一步分析自然组收入不平等对家庭决策者收入渴望在收入不同分位点的异质性影响。然后，在将苹果种植收入分为低收入群体和高收入群体的情境中，对比分析了低收入群体与高收入群体的自然组收入不平等对家庭决策者收入渴望的影响；在分析自然组收入不平等基础上，进一步探讨了村庄收入不平等对家庭决策者收入渴望的影响。最后，使用边际效应图对实证分析的主要结果进行了稳健性检验。结果表明以下方面。

（1）自然组收入不平等对家庭决策者收入渴望具有显著促进作用；但由于乙村自然组的总体收入不平等程度较高和自然组之间收入不平等程度差异较大，其自然组收入不平等对家庭决策者收入渴望的促进作用更大。自然组收入不平等对低收入渴望组的收入渴望促进作用最大，中等收入渴望组群体次之，对高收入渴望组群体的影响并不显著。在苹果种植收入分组的情境中，自然组收入不平等对低收入群体的收入渴望具有显著促进作用，对高收入群体影响不显著。村庄收入不平等对家庭决策者收入渴望的影响在统计上显著。

（2）总体样本中，家庭决策者的社会比较收入在自然组收入不平等对其收入渴望的影响中存在负向调节作用，随着家庭决策者社会比较收入的增加，自然组收入不平等对其收入渴望的促进作用边际递减；进一步分析发现，社会比较收入的这种负向调节作用仅对乙村家庭决策者和中等收入渴望组是显著的。此外，对低收入群体家庭决策者而言，社会比较收入会抑制自然组收入不平等对其收入渴望的影响；而对高收入群体家庭决策者而言，社会比较收入则会促进自然组收入不平等对其收入渴望的影响。

综上所述，收入不平等对家庭决策者收入渴望具有显著影响，收入不平等程度越大，对家庭决策者收入渴望的促进作用越强，并且对低收入渴望组和低收入群体的收入渴望促进作用更强。但收入不平等对家庭决策者收入渴望的影响是有条件的，收入不平等只有在家庭决策者获得感知后才会对其收入渴望产生影响，因此，相对于较大范围内的收入不平等，局部区域内的收入不平等程度对家庭决策者收入渴望的影响更显著。从总体上看，随着家庭决策者社会比较收入的增加，收入不平等对其收入渴望的促进作用边际递减，尤其是对低收入群体的边际递减效应更为明显；对高收入群体而言，社会比较收入反而会促进收入不平等对其收入渴望的影响。因此，在收入不平等程度逐渐提升或家庭决策者比较范围扩大的情境下，社会比较收入会放大家庭决策者间的收入渴望差异，若需要持续提高低收入群体家庭决策者的收入渴望，则应将收入不平等程度控制在一个合理的范围内。

（四）家庭决策者收入渴望对苹果种植收入不平等的影响分析

本书在收入渴望影响收入不平等及人工投入和物质投入在收入渴望影响收入不平等中起中介作用的理论分析基础上，采用2015年的家庭决策者的收入渴望数据和2015~2016产季的苹果种植收入、人工投入和物质投入数据，运用OLS回归模型、分位数回归模型和分位差回归模型实证检验了家庭决策者收入渴望对苹果种植收入和收入不平等的影响,以及家庭人工投入和物质投入在该影响中的中介作用,并对比分析了甲村与乙村家庭决策者收入渴望对苹果种植收入不平等的影响。最后,使用全分位数回归对实证分析的主要结果进行了稳健性检验。结果表明以下方面。

(1) 家庭人工投入在家庭决策者收入渴望对其苹果种植收入的影响中起部分中介作用;家庭物质投入抑制家庭决策者收入渴望对苹果种植收入的影响,即存在抑制效应或不一致的中介效应。

(2) 从总体样本看,家庭决策者的收入渴望对高收入组苹果种植收入的边际贡献最大,中等收入组次之,低收入组最小,家庭决策者收入渴望的提高会扩大苹果种植收入差距。家庭人工投入对高收入组苹果种植收入的边际贡献最大,中等收入组次之,低收入组最小,家庭人工投入增加会扩大低收入组与中等收入组、低收入组与高收入组间的苹果种植收入差距。家庭物质投入的回归系数在不同分位点上并没有表现出明显的增加或减少趋势,即家庭物质投入增加并不会扩大苹果种植收入差距。

(3) 从村庄层面看,甲村和乙村家庭决策者收入渴望对不同收入组苹果种植收入边际贡献的特征与总体样本一致,即对高收入组的边际贡献最大,中等收入组次之,低收入组最小。但甲村家庭决策者收入渴望的提高会扩大低收入组与中等收入组、低收入组与高收入组之间的苹果种植收入差距;乙村家庭决策者收入渴望的提高会扩大中等收入组与高收入组、低收入组与高收入组之间的苹果种植收入差距。甲村和乙村的家庭人工投入对高收入组苹果种植收入的边际贡献最大,中等收入组次之,低收入组最小。但甲村和乙村的家庭人工投入增加并没有扩大苹果种植户的收入差距;甲村与乙村家庭物质投入的回归系数在不同的分位点上并没有表现出明显的增加或减少趋势,表明家庭物质投入增加不会扩大苹果种植收入差距。

（4）从甲村和乙村样本的对比分析看，甲村家庭决策者收入渴望对苹果种植收入的影响更大，在苹果种植收入不同分位点上的表现同样如此；而甲村和乙村家庭人工投入和物质投入对苹果种植收入的影响不存在显著差异。

综上所述，家庭决策者收入渴望对苹果种植收入具有显著影响，对高收入组家庭影响最大，对低收入组家庭影响最小；家庭决策者收入渴望的提高会扩大苹果种植收入不平等程度。家庭决策者收入渴望对苹果种植收入的影响有一部分是通过中介变量人工投入起作用，家庭人工投入增加对高收入组苹果种植收入增加的促进作用最大，对低收入组的促进作用最小；对总体样本而言，家庭人工投入增加会扩大苹果种植收入不平等程度，但具体到甲村与乙村样本则不会。家庭物质投入抑制了家庭决策者收入渴望对苹果种植收入的影响，虽然家庭决策者收入渴望的增加会带来物质投入的增加，但物质投入增加并不会扩大收入不平等程度。因此，若要降低收入不平等程度，则需要着力提高低收入组家庭决策者的收入渴望，并增加其在苹果生产中的人工投入，适度降低其在苹果生产中的物质投入。

（五）家庭决策者收入渴望与苹果种植收入不平等互动演化分析

在第五章和第六章实证分析结果的基础上，第七章探讨了家庭决策者收入渴望与苹果种植收入不平等间的互动演化关系。结果表明，无论是总体样本的苹果种植户，还是甲村或乙村苹果种植户，在不存在外部干预的情境中，在家庭决策者收入渴望的影响下，苹果种植收入最终会出现两极分化。基于此，在第四章实证研究结果的基础上，本研究认为从低收入群体的苹果种植收入以及家庭决策者的社会比较收入、经济自我效能感和经济控制点着手，采用合适的外部干预手段，通过引导促进低收入群体收入渴望的提升来降低苹果种植收入不平等程度。

二 主要建议

（一）加强苹果种植户的果园管理技术培训

加强果园管理技术培训是提高苹果种植户果园管理水平的重要手段，能够有效促进果园的增产增收。本研究关注的两个村庄中，乙村种植户的果园管理水平低于甲村种植户，苹果生产出现了大小年现象，严重影响果树的正常产出能力，加速果树老化。出现大小年现象既有果树生理上的原因，也与人为管理不当有关。从根本上看，造成大小年的主要人为原因是修剪和疏花疏果不当、肥水管理不到位和病虫害防治不及时。在果树大年时，果树长势过旺，花果多，部分果农由于短视而舍不得对果树的枝条进行修剪，对多余的花果不愿意摘疏。同时，没有进行科学合理的施肥，片面地追求果实大小，过多使用以化肥为主的速效肥，而对有机肥施用量过少。此外，种植户对病虫害防治技术关注不够，防治不及时也是造成果树大小年的重要原因。因此，应该加强对果农的管理技术培训，提高种植户的果园管理水平。

（二）优化果园人工投入与物质投入，充分发挥收入渴望对苹果种植收入的促进作用

本书的实证研究结果表明，家庭决策者收入渴望对其果园人工投入具有显著的正向促进作用，同时果园人工投入的增加对苹果种植收入增加具有显著促进作用。苹果生产中对人工投入需求量较大，例如苹果生产环节中的疏花疏果、果树修剪、果树拉枝、果园除草、施肥、打农药、套袋和卸袋、苹果采摘等均需要人工来完成。其中，苹果套袋和卸袋、采摘环节对人工投入需求

量较大，并且需求时间较为集中，依靠家庭内部劳动力很难满足用工需求。同时，区域内苹果种植规模大，苹果生产周期相近，造成短期内熟练劳动力的"用工荒"，且雇工价格持续上涨。短期内的劳动力短缺制约了苹果种植户的人工投入量的增加，进而影响苹果种植收入。为此，应从以下几个方面应对：一是要大力发展果园专用机械，提高苹果生产环节的机械化水平，节约人工投入；二是要挖掘当地的潜在苹果劳动力，营造良好的产业发展环境，吸引外出务工人员返乡从事苹果生产；三是要做好劳务输入工作，一方面要促进区域间苹果专业劳动力的流动，另一方面组织对外来非专业劳动力的技术培训，使其能在短期内从事苹果生产。

实证研究结果表明，家庭决策者收入渴望对果园物质投入具有显著的正向促进作用，但果园的物质投入增加并不能带来苹果种植收入的增长，物质投入已处于边际报酬递减阶段。本研究中的物质投入主要包括化肥和有机肥、农药、反光膜、防冻剂和营养液、人工种草和授粉等支出金额，其中以化肥和有机肥、农药支出为主。样本户亩均物质投入金额高达2617.86元，户均物质投入金额高达17464.85元。化肥和有机肥、农药的过量使用并不能带来苹果种植收入的增加，化肥的过量使用反而会造成土壤板结。因此，需要规范种植户的化肥和有机肥使用行为，大力推广测土配方施肥技术，因地制宜，科学施肥；研发高效低价的农药、大力推广生物防治技术可以降低农药投入成本。此外，对化肥和农药等农业生产资料进行适度补贴，不仅是有力的收入再分配政策，同时还会提高农户生产经营的积极性，降低生产经营成本，提高种植户苹果种植收入。

（三）完善土地再分配政策，缓解土地禀赋差异导致的收入不平等

农村居民收入不平等是众多因素综合作用的结果，尤其是初

次收入分配对收入不平等起关键性作用,是收入不平等的根源。初次收入分配是与生产要素相联系的分配,土地作为核心生产要素,是人类赖以生存的基础,农村人口的增长提高了农民对土地这种稀缺资源的依赖程度,客观上决定了农村土地政策的重要性。土地是中国农民的主要财产,不仅会对农民的收入及其收入分配造成影响,而且土地兼具社会保障功能,具体到本研究,土地对苹果种植户的苹果种植收入和收入渴望均具有重要影响,果园的高产值是土地再分配需求的内生动力,但当前土地调整政策并不合理。以本研究的样本村为例,土地已经超过10年没有进行调整,土地资源分配不均,造成部分土地占有规模较小的种植户怨声载道,甚至和土地占有面积较大的种植户发生冲突。因此,需要妥善出台土地再分配政策,实现土地分配的公平化,降低由土地资源分配不均造成的收入差距扩大。

(四) 引导低收入群体收入渴望提升,降低区域内部的收入不平等程度

收入渴望会促动个体的投资行为,是影响个体收入增长的内生动力因素,尤其是对于低收入群体而言,提高他们的收入渴望有助于促进其收入增长,降低区域内收入不平等程度。从中国政府启动"国家八七扶贫攻坚计划"以来的扶贫实践经验看,促进低收入群体增收,并非只注重解决制约低收入群体发展的外在约束问题,还必须高度重视提高低收入群体的收入渴望。对部分低收入群体而言,突破外在约束只是治标不治本的举措。因此,理解和把握制约激发低收入群体收入渴望的因素,研究有效激发低收入群体收入渴望的解决方案和措施,才能做到对症下药。需要采取教育、引导、激励并重的手段,激发低收入群体的收入渴望,形成激励低收入群体自我发展动能的良好环境。社会作为具有自我组织、自我调节、自我更新和自我意识功能的有机体,是

影响低收入群体收入渴望的重要力量，应注重塑造低收入群体的理性发展观、理性市场行为观和理性收入观，帮助激发和引导低收入群体的收入渴望，进而降低收入不平等程度。

三 研究局限及展望

（1）本书只是基于陕西富县两个行政村的苹果种植户样本进行的探索研究。中国是一个具有多元文化的社会，地域发展情境差异对收入渴望和收入不平等的影响明显。因此，样本区域扩大会对研究结论产生影响，但结论是否同本研究一致，有待进一步探索。

（2）本书所使用的数据为截面数据，无法从严格意义上探讨收入渴望与收入不平等的长期互动演化过程。若要达到这一研究目的，需要对研究对象进行连续、系统的追踪调查，形成面板数据。

（3）本书所使用的数据尚未克服内生性问题，这里的内生性问题，一方面来源于收入渴望变量的测度是基于受访者的主观陈述；另一方面虽然在研究中考虑了众多的控制变量，但仍然可能存在遗漏变量问题。要解决这两个问题，一方面需要扩大研究对象范围，在村庄层次寻找合适的工具变量；另一方面需要建立面板数据。

（4）渴望是一个多维度概念，本研究关注的仅是渴望的收入维度。在中国当前的发展情境中，农民的需求普遍处在马斯洛需求层次理论中的低层次（叶静怡等，2017），因而收入增加对农民的基本生存仍然具有重要意义。但对不同农民收入群体而言，收入对农民的重要程度和意义不同，如对高收入农民群体而言，其对社会地位的渴望可能更为强烈，因此，在未来的研究中应考虑渴望的其他维度或使用统计加权方法将渴望的多个维度合成综

第八章 研究结论与建议

合渴望指数。

此外，物质生产基础的连续改变，上层建筑也会随之发生变化，这一点马克思的历史观和斯密的哲学观是相似的，但也存在差异：马克思主义体系中社会发展的最后动力是阶级斗争，而斯密所认为的主要推动机制是"人性"，由自我改善的欲望所驱动，由理智所指导。持续性贫困及逐渐扩大的收入不平等程度，最终会导致阶级对立，阶级斗争带来的短期后果是很严重的，"人性"或许是更好的解决之道，基于渴望理论，对个体的渴望进行适度引导是解决问题的重要途径。对于解决收入不平等这一复杂问题，并不存在一个绝对的理论，从收入渴望视角出发所进行的研究只能算是一个理论。

参考文献

〔英〕阿弗里德·马歇尔，2005，《经济学原理》，廉运杰译，华夏出版社。

〔印度〕阿马蒂亚·森，2001，《贫困与饥荒》，王宇、王文玉译，商务印书馆。

白雪梅、段志民，2013，《非农产业对农村内部收入不均等的异质性影响》，《统计研究》第8期。

〔美〕保罗·萨缪尔森、威廉·诺德豪斯，2008，《经济学》（第18版），萧琨译，人民邮电出版社。

畅红琴，2009，《中国农村性别收入差距变化趋势：1993、1997和2006》，《人口与发展》第5期。

陈超、李寅秋、廖西元，2012，《水稻生产环节外包的生产率效应分析——基于江苏省三县的面板数据》，《中国农村经济》第2期。

陈建东，2012，《海外关于中国收入不平等问题的研究进展》，《经济学动态》第4期。

程名望、Jin Yanhong、盖庆恩、史清华，2014a，《农村减贫：应该更关注健康还是教育？——基于收入增长和差距缩小双重视角的实证》，《经济研究》第11期。

程名望、盖庆恩、Jin Yanhong、史清华，2016a，《人力资本积累与农户收入增长》,《经济研究》第1期。

程名望、Jin Yanhong、盖庆恩、史清华,2016b,《中国农户收入不平等及其决定因素——基于微观农户数据的回归分解》,《经济学》(季刊)第3期。

程名望、史清华、Jin Yanhong,2014b,《农户收入水平、结构及其影响因素——基于全国农村固定观察点微观数据的实证分析》,《数量经济技术经济研究》第5期。

程名望、史清华、Jin Yanhong、盖庆恩,2015,《农户收入差距及其根源:模型与实证》,《管理世界》第7期。

〔英〕大卫·李嘉图,2013,《政治经济学及赋税原理》,郭大力、王亚南译,商务印书馆。

〔美〕道恩·亚科布齐,2012,《中介作用分析》,李骏译,格致出版社。

樊桦,2001,《农村居民健康投资不足的经济学分析》,《中国农村观察》第6期。

樊丽明、杨国涛、范子英,2010,《贫困地区收入不平等的决定因素:基于西海固农户数据的分析》,《世界经济文汇》第3期。

费孝通,1986,《江村经济》,生活·读书·新知三联书店。

冯冬冬、陆昌勤、萧爱铃,2008,《工作不安全感与幸福感、绩效的关系:自我效能感的作用》,《心理学报》第4期。

冯晓龙,2017,《苹果种植户气候变化适应性行为研究——以陕西8个基地县为例》,博士学位论文,西北农林科技大学。

高梦滔,2006,《农户收入差距微观原因分析:山西的经验证据》,《南方经济》第11期。

高梦滔、姚洋,2006,《农户收入差距的微观基础:物质资本还是人力资本?》,《经济研究》第12期。

高亚,2015,《农村劳动力性别工资差距变化趋势分析》,博士学位论文,南京农业大学。

官皓,2010,《收入对幸福感的影响研究:绝对水平和相对地位》,《南开经济研究》第5期。

郭本禹、姜飞月,2008,《自我效能理论及其应用》,上海教育出版社。

郭文伟,2018,《中国城乡居民收入差距及影响因素研究——基于FY回归分解法》,硕士学位论文,安徽大学。

贺伟、龙立荣,2011,《实际收入水平、收入内部比较与员工薪酬满意度的关系——传统性和部门规模的调节作用》,《管理世界》第4期。

侯建昀、霍学喜,2016,《专业化农户农地流转行为的实证分析——基于苹果种植户的微观证据》,《南京农业大学学报》(社会科学版)第2期。

黄祖辉、王敏、宋瑜,2005,《农村居民收入差距问题研究——基于村庄微观角度的一个分析框架》,《管理世界》第3期。

解垩,2010,《公共转移支付和私人转移支付对农村贫困、不平等的影响:反事实分析》,《财贸经济》第12期。

金晓彤、崔宏静、韩成,2015,《"金玉其外"的消费选择背后——新生代农民工社会认同与炫耀性消费解析》,《经济体制改革》第1期。

金晓彤、韩成、聂盼盼,2017,《新生代农民工缘何进行地位消费?——基于城市认同视角的分析》,《中国农村经济》第3期。

〔德〕卡尔·马克思,1950,《雇佣劳动与资本》,沈志远译,生活·读书·新知三联书店。

〔奥〕卡尔·门格尔,2001,《国民经济学原理》,刘絜敖译,上海人民出版社。

〔美〕克利斯托夫·帕斯等,2008,《科林斯经济学辞典》(英汉双解),罗汉译,上海财经大学出版社。

匡远凤，2018，《选择性转移、人力资本不均等与中国城乡收入差距》，《农业经济问题》第 4 期。

李斌、徐富明、王伟、邓子鹃、张军伟，2010，《锚定效应的种类、影响因素及干预措施》，《心理科学进展》第 1 期。

李实，2018，《当前中国的收入分配状况》，《学术界》第 3 期。

李实、张平、魏众，2000，《中国居民收入分配实证分析》，社会科学文献出版社。

李小建、高更和、乔家君，2008，《农户收入的农区发展环境影响分析——基于河南省 1251 家农户的调查》，《地理研究》第 5 期。

连玉君、彭方平、苏治，2010，《融资约束与流动性管理行为》，《金融研究》第 10 期。

林崇德、杨治良、黄希庭，2004，《心理学大辞典》，上海教育出版社。

林毅夫、蔡昉、李周，1998，《中国经济转型时期的地区差距分析》，《经济研究》第 6 期。

刘华，2014，《农村人口老龄化对收入不平等影响的实证研究》，《数量经济技术经济研究》第 4 期。

刘林、李光浩、王力，2016，《少数民族农户收入差距的经验证据：物质资本、人力资本抑或社会资本》，《农业技术经济》第 5 期。

刘鑫财、李艳，2013，《流动因素对农村已婚妇女家庭地位的影响——基于"第三期中国妇女社会地位调查"陕西省数据的分析》，《妇女研究论丛》第 5 期。

刘雪桃，2012，《马克思主义分配理论与我国收入分配制度改革研究》，硕士学位论文，西北师范大学。

罗楚亮，2009，《绝对收入、相对收入与主观幸福感——来自中国城乡住户调查数据的经验分析》，《财经研究》第 11 期。

罗楚亮，2017，《收入增长与主观幸福感增长》，《产业经济评论》第 2 期。

罗丹程、张广胜、周娟，2007，《贸易自由化对中国农村收入不均等的影响》，《商业研究》第 12 期。

麻丽平，2017，《苹果种植户安全生产行为研究》，博士学位论文，西北农林科技大学。

马铃、刘晓昀，2013，《贫困与非贫困农户经济作物收入差距的因素分解》，《中国农村经济》第 4 期。

马铃、万广华，2012，《为什么贫困农户种植业收入低下》，《农业技术经济》第 5 期。

〔奥〕欧根·冯·庞巴维克，2010，《资本与利息》，何崑曾、高德超译，商务印书馆。

潘文轩、王付敏，2018，《改革开放后农民收入增长的结构性特征及启示》，《西北农林科技大学学报》（社会科学版）第 3 期。

裴志军，2010，《家庭社会资本、相对收入与主观幸福感：一个浙西农村的实证研究》，《农业经济问题》第 7 期。

彭聃龄，2012，《普通心理学》（第 4 版），北京师范大学出版社。

〔美〕琼·罗宾逊、约翰·伊特韦尔，1982，《现代经济学导论》，陈彪如译，商务印书馆。

曲兆鹏、赵忠，2008，《老龄化对我国农村消费和收入不平等的影响》，《经济研究》第 12 期。

〔法〕让-雅克·卢梭，2015，《论人类不平等的起源和基础》，邓冰艳译，浙江文艺出版社。

隋美荣，2004，《罗特的社会行为学习理论研究》，硕士学位论文，山东师范大学。

孙敬水，2013，《农村居民收入不平等形成机理研究综述》，《云南财经大学学报》第 4 期。

孙敬水、于思源，2014，《物质资本、人力资本、政治资本与农村居民收入不平等——基于全国 31 个省份 2852 份农户问卷调查的数据分析》，《中南财经政法大学学报》第 5 期。

孙煜明，1984，《心理学的"控制点"理论评述》，《南京师范大学学报》（社会科学版）第 3 期。

唐定燕、李兴绪、杨定华，2011，《西部少数民族地区农村收入不平等分析——基于云南红河州农村住户数据》，《南方经济》第 1 期。

万广华、张藕香、伏润民，2008，《1985～2002 年中国农村地区收入不平等：趋势、起因和政策含义》，《中国农村经济》第 3 期。

万广华、周章跃、陆迁，2005，《中国农村收入不平等：运用农户数据的回归分解》，《中国农村经济》第 5 期。

汪丁丁，2011，《行为经济学讲义：演化论的视角》，上海人民出版社。

王静，2013，《苹果种植户技术选择行为研究》，博士学位论文，西北农林科技大学。

王先明，2002，《中国近代乡村史研究及展望》，《近代史研究》第 2 期。

王先明，2004，《从〈东方杂志〉看近代乡村社会变迁——近代中国乡村史研究的视角及其他》，《史学月刊》第 12 期。

王秀娟，2012，《陕西苹果生产与出口贸易研究》，博士学位论文，西北农林科技大学。

〔英〕威廉·配第，1981，《配第经济著作选集》，周锦如译，商务印书馆。

温忠麟、侯杰泰、张雷，2005，《调节效应与中介效应的比较和应用》，《心理学报》第 2 期。

习近平，2017，《决胜全面建成小康社会 夺取新时代中国特色社会主义伟大胜利——在中国共产党第十九次全国代表大会上的报告》,《学理论》第11期。

谢家智、王文涛,2016,《社会结构变迁、社会资本转换与农户收入差距》,《中国软科学》第10期。

邢鹂、樊胜根、罗小朋、张晓波,2008,《中国西部地区农村内部不平等状况研究——基于贵州住户调查数据的分析》,《经济学》(季刊)第1期。

熊亮,2018,《家庭结构、等量因子和中国农村收入差距再估算》,《北京工商大学学报》(社会科学版)第1期。

许光建,2018,《加快解决发展不平衡不充分问题》,《经济日报》3月1日。

薛宝贵、何炼成,2015,《我国居民收入不平等问题研究综述》,《经济学家》第2期。

〔英〕亚当·斯密,2001,《国富论》,杨敬年译,陕西人民出版社。

杨灿明、孙群力,2011,《中国居民收入差距与不平等的分解——基于2010年问卷调查数据的分析》,《财贸经济》第11期。

杨国涛、李静、黑亚青,2014,《中国农村收入不平等问题研究》,经济科学出版社。

叶初升、赵宇,2005,《发展经济学微观理论研究新进展——经济互补性与发展中的协调失灵》,《经济学动态》第7期。

叶静怡、张睿、王琼,2017,《农民进城务工与子女教育期望——基于2010年中国家庭追踪调查数据的实证分析》,《经济科学》第1期。

尤亮、霍学喜、杜文超,2018a,《绝对收入、社会比较与农民主观幸福感——基于陕西两个整村农户的实证考察》,《农业技术经济》第4期。

尤亮、刘军弟、霍学喜,2018b,《渴望、投资与贫困——一个理论分析框架》,《中国农村观察》第 5 期。

尤亮、杨金阳、霍学喜,2019,《绝对收入、收入渴望与农民主观幸福感——基于陕西两个整村农户的实证考察》,《山西财经大学学报》第 3 期。

尤小文,1999,《农户:一个概念的探讨》,《中国农村观察》第 5 期。

余国良、辛自强,2000,《教师信念及其对教师培养的意义》,《教育研究》第 5 期。

余樱、景奉杰,2016,《享乐适应理论的发展及应用》,《心理科学进展》第 10 期。

〔美〕约翰·贝茨·克拉克,2014,《财富的分配》,陈福生、陈振骅译,商务印书馆。

〔英〕约翰·梅纳德·凯恩斯,2009,《就业、利息和货币通论》(重译本),高鸿业译,商务印书馆。

张凤华、邱江、邱桂凤、张庆林,2007,《决策中的框架效应再探》,《心理科学》第 4 期。

张晓山,2008,《走中国特色农业现代化道路——关于农村土地资源利用的几个问题》,《学术研究》第 1 期。

赵剑治、陆铭,2009,《关系对农村收入差距的贡献及其地区差异——一项基于回归的分解分析》,《经济学》(季刊)第 9 期。

赵亮,2010,《中国农村居民收入分配问题研究》,博士学位论文,吉林大学。

周晔馨,2012,《社会资本是穷人的资本吗?——基于中国农户收入的经验证据》,《管理世界》第 7 期。

朱建军、常向阳,2010,《村庄社会资本与居民收入差距的实证分析》,《南京农业大学学报》(社会科学版)第 10 期。

邹薇、方迎风,2012,《中国农村区域性贫困陷阱研究——基于"群体效应"的视角》,《经济学动态》第 6 期。

Ahsan S. M., Ali A. A. G., Kurian N. J. 1982. Toward a Theory of Agricultural Insurance. *American Journal of Agricultural Economics*, 64 (3): 510 – 529.

Akerlof G. A., Kranton R. E. 2000. Economics and Identity. *The Quarterly Journal of Economics*, 115 (3): 715 – 753.

Appadurai A. 2004. The Capacity to Aspire: Culture and the Terms of Recognition. In: Rao, V. and Walton, M. (eds.), *Culture and Public Action*, Stanford: Stanford University Press.

Arrow K. J. 1994. Methodological Individualism and Social Knowledge. *American Economic Review*, 84 (2): 1 – 9.

Ashraf N., Karlan D., Yin W. 2006. Tying Odysseus to the Mast: Evidence from a Commitment Savings Product in the Philippines. *The Quarterly Journal of Economics*, 121 (2): 635 – 672.

Bandura A., Barbaranelli C., Caprara G. V., Pastorelli C. 2001. Self-efficacy Beliefs as Shapers of Children's Aspirations and Career Trajectories. *Child Development*, 72 (1): 187 – 206.

Bandura A. 1977. Self-efficacy: Towards a Unifying Theory of Behaviora Change. *Psychological Review*, 84 (3): 191 – 215.

Bandura A. 1993. Perceived Self-Efficacy in Cognitive Development and Functioning. *Educational Psychologist*, 28 (2): 117 – 148.

Bandura A. 2006. Guide for Constructing Self-effcacy Scales. In: Pajares, F. and Urdan, T. (eds.), *Self-effcacy Beliefs of Adolescents*. Greenwich: Information Age Publishing, 301 – 337.

Banerjee A., Duflo E. 2007. The Economic Lives of the Poor. *Journal of Economic Perspectives*, 21 (1): 141 – 167.

Banerjee A., Duflo E. 2012. *Poor Economics: A Radical Rethinking of the Way to Fight Global Poverty*. New York: Public Affairs.

Bardhan P. 1997. Corruption and Development: A Review of Issues.

Journal of Economic Literature, 35 (3): 1320 – 1346.

Barr N. 2004. *The Economics of the Welfare State*. Oxford: Oxford University Press.

Bar-Tal D., Kfir D., Bar-Zohar Y., Chen M. 1980. The Relationship between Locus of Control and Academic Achievement, Anxiety, and Level of Aspiration. *British Journal of Educational Psychology*, 50 (1): 53 – 60.

Beaman L., Duflo E., Pande R., Topalova P. 2012. Female Leadership Raises Aspirations and Educational Attainment for Girls: A Policy Experiment in India. *Science*, 335 (6068): 582 – 586.

Benjamin D., Brandt L. 1999. Markets and Inequality in Rural China: Parallels with the Past. *American Economic Review*, 89 (2): 292 – 295.

Bernard T., Dercon S., Orkin K., Taffesse A. S. 2014. The Future in Mind: Aspirations and Forward-Looking Behaviour in Rural Ethiopia. *CEPR Discussion Paper*, No. DP10224.

Bernard T., Dercon S., Taffesse A. S. 2012. Beyond Fatalism: An Empirical Exploration of Self-efficacy and Aspirations Failure in Ethiopia. *IFPRI Discussion Papers*, No. 01101.

Bernard T., Taffesse A. S. 2014. Aspirations: An Approach to Measurement with Validation Using Ethiopian Data. *Journal of African Economies*, 23 (2): 189 – 224.

Bertrand M., Mullainathan S., Shafir E. 2004. A Behavioral-Economics View of Poverty. *American Economic Review*, 94 (2): 419 – 423.

Bertrand M., Mullainathan S. 2001. Do People Mean What They Say? Implications for Subjective Survey Data. *American Economic Review*, 91 (2): 67 – 72.

Besley T. 2017. Aspirations and the Political Economy of Inequality. *Oxford Economic Papers*, 69 (1): 1 – 35.

Betz N. E., Hackett G. 2011. Applications of Self-Efficacy Theory to Understanding Career Choice Behavior. *Journal of Social & Clinical Psychology*, 4 (3): 279 – 289.

Burlin F. D. 1976. Locus of Control and Female Occupational Aspiration. *Journal of Counseling Psychology*, 23 (2): 126 – 129.

Bussey K., Bandura A. 1999. Social Cognitive Theory of Gender Development and Differentiation. *Psychological Review*, 106 (4): 676 – 713.

Castilla C. 2012. Subjective Well-being and Reference-dependence: Insights from Mexico. *The Journal of Economic Inequality*, 10 (2): 219 – 238.

Clark D. A. 2009. Adaptation, Poverty and Well-Being: Some Issues and Observations with Special Reference to the Capability Approach and Development Studies. *Journal of Human Development & Capabilities*, 10 (1): 21 – 42.

Coleman M., Deleire T. 2003. An Economic Model of Locus of Control and the Human Capital Investment Decision. *Journal of Human Resources*, 38 (3): 701 – 721.

Corcoran K., Crusius J., Mussweiler T. 2011. Social Comparison: Motives, Standards, and Mechanisms. In: Chadee, D. (ed.), *Theories in Social Psychology*. Oxford: Wiley-Blackwell, 119 – 139.

Cowell F. 2011. *Measuring Inequality*. Oxford: Oxford University Press.

Daalen H. J. V., Niekerk E. C. V., Pottas C. D. 1989. The Validation of Furnham's Locus of Control Scale for a Black Southern African Group. *South African Journal of Industrial Psychology*, 15 (1): 12 – 21.

Dalton P. S. , Ghosal S. , Mani A. 2016. Poverty and Aspirations Failure. *The Economic Journal*, 126 (590): 165 – 188.

Dalton P. S. 2010. Income Aspirations and Cooperation: Experimental Evidence. *SSRN Working Paper Series*.

Dasgupta P. , Ray D. 1986. Inequality as a Determinant of Malnutrition and Unemployment: Theory. *The Economic Journal*, 96 (384): 1011 – 1034.

Delavande A. , Giné X. , McKenzie D. 2011. Measuring Subjective Expectations in Developing Countries: A Critical Review and New Evidence. *Journal of Development Economics*, 94 (2): 151 – 163.

Dembo T. 1931/1976. The Dynamics of Anger, In: Rivera, J. D. (ed.) *Field Theory As Human-science*. New York: Gardner Press: 324 – 422.

Denzau A. T. , North D. C. 1994. Shared Mental Models: Ideologies and Institutions. *Kyklos*, 47 (1): 3 – 31.

Dercon S. , Singh A. 2013. From Nutrition to Aspirations and Self-Efficacy: Gender Bias over Time among Children in Four Countries. *World Development*, 45 (5): 31 – 50.

Duflo E. , Kremer M. , Robinson J. 2006. Why Don't Farmer Use Fertilizer: Evidence from Field Experiments. Unpublished Paper, MIT.

Duflo E. , Kremer M. , Robinson J. 2011. Nudging Farmers to Use Fertilizer: Theory and Experimental Evidence from Kenya. *American Economic Review*, 101 (6): 2350 – 2390.

Easterlin R. A. 1995. Will Raising the Incomes of All Increase the Happiness of All? . *Journal of Economic Behavior & Organization*, 27 (1): 35 – 47.

Easterlin R. A. 2001. Income and Happiness: Towards a Unified Theory. *The Economic Journal*, 111 (473): 465 – 484.

Easterlin R. A. 2003. Explaining Happiness. *Proceedings of the National Academy of Sciences of the United States of America*, 100 (19): 176 – 183.

Easterlin R. A. 2005. A Puzzle for Adaptive Theory. *Journal of Economic Behavior & Organization*, 56 (4): 513 – 521.

Ferrer-i-Carbonell A., Frijters P. 2004. How Important Is Methodology for the Estimates of the Determinants of Happiness?. *Economic Journal*, 114: 641 – 659.

Festinger L. 1954. A Theory of Social Comparison Processes. *Human Relations*, 7 (2): 117 – 140.

Flechtner S. 2014. Aspiration Traps: When Poverty Stifles Hope. *Inequality in Focus*, 3 (1).

Flechtner S. 2017. Should Aspirations Be a Matter of Policy Concern?. *Journal of Human Development & Capabilities*, 18: 1 – 14.

Flowers L. A., Milner H. R., Moore J. L. 2003. Effects of Locus of Control on African American High School Seniors' Educational Aspirations: Implications for Preservice and Inservice High School Teachers and Counselors. *High School Journal*, 87 (1): 39 – 50.

Frank J. D. 1941. Recent Studies of the Level of Aspiration. *Psychology Bulletin*, 38: 218 – 225.

Furnham A. F. 1986. Economic Locus of Control. *Human Relations*, 39 (1): 29 – 43.

Genicot G., Ray D. 2017. Aspirations and Inequality. *Econometrica*, 85 (2): 489 – 519.

Gilbert D. T., Giesler R. B., Morris K. A. 1995. When Comparisons Arise. *Journal of Personality and Social Psychology*, 69 (2):

227 – 236.

Goldstein M., Udry C. 2008. The Profits of Power: Land Rights and Agricultural Investment in Ghana. *Journal of Political Economy*, 116 (6): 981 – 1022.

Gomez K. 2014. Career Aspirations and Perceptions of Self-efficacy of Fourth-and Fifth-grade Students of Economic Disadvantage. *Dissertations & Theses-Gradworks*, 75: 24 – 29.

Gould W. 2008. Interquartile and Simultaneous-quantile Regression. *Stata Technical Bulletin*, 7 (38).

Graham C., Pettinato S. 2001. Happiness, Markets, and Democracy: Latin America in Comparative Perspective. *Journal of Happiness Studies*, 2 (3): 237 – 268.

Greif A. 1994. Cultural Beliefs and the Organization of Society: A Historical and Theoretical Reflection on Collectivist and Individualist Societies. *Journal of Political Economy*, 102 (5): 912 – 950.

Gul M. 2006. Technical Efficiency and Productivity of Apple Farming in Antalya Province of Turkey. *Pakistan Journal of Biological Sciences*, 8 (11): 1533 – 1536.

Gustafsson B., Li S. 2002. Income Inequality within and Across Counties in Rural China 1988 and 1995. *Journal of Development Economics*, 69 (1): 179 – 204.

Haller A. O., Miller I. W. 1963. The Occupational Aspiration Scale: Theory, Structure and Correlates. Michigan State University Agricultural Experiment Station Technical Bulletin 288.

Haller A. O. 1968. On the Concept of Aspiration. *Rural Sociology*, 33 (4): 484 – 487.

Han J., Chu X., Song H., Li Y. 2015. Social Capital, Socioeconomic Status and Self-efficacy. *Applied Economics & Finance*, 2

(1): 1 – 10.

Hao L., Naiman D. Q. 2010. *Assessing Inequality*. Washington D C: Sage.

Hausmann R., Rodrik D., Velasco A. S. 2008. Growth Diagnostics. In: Serra, N. & Stiglitz, J. E. (eds.), *The Washington Consensus Reconsidered: Towards a New Global Governance*. Oxford: Oxford University Press: 324 – 356.

Hill D. J., Bale R. M. 1980. Development of the Mental Health Locus of Control and Mental Health Locus of Origin Scales. *Journal of Personality Assessment*, 44 (2): 148 – 156.

Hirschman A. O., Rothschild M. 1973. The Changing Tolerance for Income Inequality in the Course of Economic Development, with a Mathematical Appendix. *Quarterly Journal of Economics*, 87 (4): 544 – 566.

Hoff K., Pandey P. 2004. Belief Systems and Durable Inequalities: An Experimental Investigation of Indian Caste. World Bank Policy Research Working Paper No. 3351.

Hoff K., Sen A. 2006. The Kin System as a Poverty Trap? In: Bowles, S., Durlauf, S. N. & Hoff, K. (eds.), *Poverty Traps*. New Jersey: Princeton University Press: 95 – 115.

Janzen S. A., Magnan N., Sharma S., Thompson W. M. 2017. Aspirations Failure and Formation in Rural Nepal. *Journal of Economic Behavior & Organization*, 139: 1 – 25.

Jensen R. 2012. Do Labor Market Opportunities Affect Young Women's Work and Family Decisions? Experimental Evidence from India. *Quarterly Journal of Economics*, 127 (2): 753 – 792.

Katona G. 1968. Consumer Behavior: Theory and Findings on Expectations and Aspirations. *American Economic Review*, 58 (2):

19 - 30.

Knight J., Gunatilaka R. 2010. Great Expectations? The Subjective Well-being of Rural-Urban Migrants in China. *World Development*, 38 (1): 113 - 124.

Knight J., Gunatilaka R. 2011. Does Economic Growth Raise Happiness in China? . *Oxford Development Studies*, 39 (1): 1 - 24.

Knight J., Gunatilaka R. 2012a. Aspirations, Adaptation and Subjective Well-Being of Rural-Urban Migrants in China. In: Clark, D. A. (ed.), *Adaptation, Poverty and Development*. London: Palgrave Macmillan, 113 - 124.

Knight J., Gunatilaka R. 2012b. Income, Aspirations and the Hedonic Treadmill in a Poor Society. *Journal of Economic Behavior & Organization*, 82 (1): 67 - 81.

Kochar A. 1997. An Empirical Investigation of Rationing Constraints in Rural Credit Markets in India. *Journal of Development Economics*, 53 (2): 339 - 371.

Koenker R., Hallock K. F. 2001. Quantiles Regression. *Journal of Economic Perspectives*, 15 (4): 143 - 156.

Kosec K., Hameed M., Hausladen S. 2012. Aspirations in Rural Pakistan: An Empirical Analysis. Pssp Working Papers.

Kremer M. 1993. The O-Ring Theory of Economic Development. *The Quarterly Journal of Economics*, 108 (3): 551 - 575.

Krueger A. B., Schkade D. A. 2008. The Reliability of Subjective Well-being Measures. *Journal of Public Economics*, 92 (8 - 9): 1833 - 1845.

Lefcourt H. M., Von Baeyer C. L., Ware E. E., Cox D. J. 1979. The Multidimensional-multiattributional Causality Scale: The Development of a Goal Specific Locus of Control Scale. *Canadian Journal of Behavioural Science*, 11 (4): 286 – 304.

Lefcourt H. M. 1982. *Locus of Control: Current Trends in Theory and Research*. Hillsdale, NJ: Lawrence Erlbaum Associates.

Levenson H. 1973. Reliability and Validity of the I, P, and C Scales-A Multidimensional View of Locus of Control. Paper presented at American Psychological Association, Montreal.

Lin J. Y. 1992. Rural Reforms and Agricultural Growth in China. *American Economic Review*, 82 (1): 34 – 51.

Locke E. A., Latham G. P. 2002. Building a Practically Useful Theory of Goal Setting and Task Motivation: A 35 Year Odyssey. *American Psychologist*, 57 (9): 705 – 717.

Lown J. M. 2011. Development and Validation of a Financial Self-Efficacy Scale. *Journal of Financial Counseling & Planning*, 22 (2): 54 – 63.

MacBrayne P. S. 1987. Educational and Occupational Aspirations of Rural Youth: A Review of the Literature. *Research in Rural Education*, 4 (3): 135 – 141.

Mackinnon D. P., Krull J. L., Lockwood C. M. 2000. Equivalence of the Mediation, Confounding and Suppression Effect. *Prevention Science the Official Journal of the Society for Prevention Research*, 1 (4): 173 – 181.

MacLeod J. 1995. *Ain't No Makin' It: Aspirations & Attainment in a Low-Income Neighborhood*. Oxford: Westview Press.

Macours K., Vakis R. 2009. Changing Households' Investments and Aspirations Through Social Interactions: Evidence from a Randomized Transfer Program. World Bank Policy Research Working Paper Series: 1 – 45.

Mani A., Mullainathan S., Shafir E., Zhao J. 2013. Poverty Impedes Cognitive Function. *Science*, 341 (6149): 976 - 980.

Manski C. F. 2004. Measuring Expectations. *Econometrica*, 72 (5): 1329 - 1376.

Mcbride M. 2004. Relative-income Effects on Subjective Well-being in the Cross-section. *Journal of Economic Behavior & Organization*, 45 (3): 251 - 278.

McClelland D. C. 1958. Methods of Measuring Human Motivation. In: Atkinson, J. W. (ed.), *Motives in Fantasy, Action and Society*. Princeton, New Jersey: Van Nostrand.

Merton R. K., Kendall P. L. 1946. The Focused Interview. *American Journal of Sociology*, 51 (6): 541 - 557.

Mewse A. J., Lea S. E. G., Wrapson W. 2010. First Steps Out of Debt: Attitudes and Social Identity as Predictors of Contact by Debtors with Creditors. *Journal of Economic Psychology*, 31 (6): 1021 - 1034.

Miller N., Dollard J. 1941. *Social Learning and Imitation*. New Haven: Yale University Press.

Mischel W., Zeiss R., Zeiss A. 1974. Internal-external Control and Persistence: Validation and Implications of the Stanford Preschool Internal-External Scale. *Journal of Personality & Social Psychology*, 29 (2): 265 - 278.

Morduch J., Sicular T. 2000. Politics, Growth and Inequality in Rural China: Does It Pay to Join the Party?. *Journal of Public Economics*, 77 (3): 331 - 356.

Morduch J., Sicular T. 2002. Rethinking Inequality Decomposition, with Evidence from Rural China. *The Economic Journal*, 112 (476): 93 - 106.

Ng T. W., Sorensen K. L., Eby L. T. 2006. Locus of Control at Work:

A Meta-analysis. *Journal of Organizational Behavior*, 27（8）: 1057 – 1087.

Pasquier-Doumer L. , Risso Brandon F. 2015. Aspiration Failure: A Poverty Trap for Indigenous Children in Peru? . *World Development*, 72: 208 – 223.

Persky J. , Tam M. Y. 2010. Local Status and National Social Welfare. *Journal of Regional Science*, 30（2）: 229 – 238.

Platteau J. P. 2000. *Institutions, Social Norms, and Economic Development*. Amsterdam: Harwood.

Plunkett H. R. , Buehner M. J. 2007. The Relation of General and Specific Locus of Control to Intertemporal Monetary Choice. *Personality & Individual Differences*, 42（7）: 1233 – 1242.

Pollak R. A. 1976. Interdependent Preferences. *American Economic Review*, 66（3）: 309 – 320.

Pregibon D. 1980. Goodness of Link Tests for Generalized Linear Models. *Journal of the Royal Statistical Society*, 29（1）: 15 – 24.

Quaglia R. , Cobb C. 1996. Toward a Theory of Student Aspirations. *Journal of Research in Rural Education*,（12）: 127 – 132.

Ray D. 2006. Aspirations, Poverty, and Economic Change. In: Banerjee, A. V. , Benabou, R. & Mookherjee, D. ,（eds.）, *Understanding Poverty*. Oxford: Oxford University Press: 409 – 421.

Ray D. 2010. Uneven Growth: A Framework for Research in Development Economics. *Journal of Economic Perspectives*, 24（24）: 45 – 60.

Reid D. , Ware E. E. 1974. Multidimensionality of Internal Versus External Control: Addition of a Third Dimension and Non-distinction of Self Versus Others. *Canadian Journal of Behavioural Science*, 6（2）: 131 – 142.

Rotter J. B. 1954. *Social Learning and Clinical Psychology*. New Jersey: Prentice-Hall, Inc.

Rotter J. B. 1966. Generalized Expectancies for Internal Versus External Control of Reinforcement. *Psychological Monographs: General and Applied*, 80 (1): 1 – 28.

Sakalaki M., Richardson C., Bastounis M. 2010. Association of Economic Internality with Saving Behavior and Motives, Financial Confidence, and Attitudes Toward State Intervention. *Journal of Applied Social Psychology*, 35 (2): 430 – 443.

Sampson R. J., Morenoff J. D. 2006. Durable inequality: Spatial Dynamics, Social Processes, and the Persistence of Poverty in Chicago Neighborhoods. In: Bowles, S., Durlauf, S. N., & Hoff, K. (eds.), *Poverty Traps*, Princeton: Princeton Univeristy Press.

Sauermann H., Selten R. 1962. Anspruchsanpassungstheorie der Unternehmung. *Zeitschrift für die Gesamte Staatswissenschaft*, 118: 577 – 597.

Schaefer V. A., Meece J. L. 2009. Facing an Uncertain Future: Aspirations and Achievement of Rural Youth. In: Paper Presented in the Annual Meeting of the American Educational Research Association, pp. 12 – 17. Citeseer, In National Research Centre on Rural Education Support, University of North Carolina, Chapel Hill.

Schwartz H. 2008. The Role of Aspirations and Aspirations Adaptation in Explaining Satisficing and Bounded Rationality. *Journal of Socio-Economics*, 37 (3): 949 – 957.

Schwarzer R., Born A. 1997. Optimistic Self-beliefs: Assessment of General Perceived Self-efficacy in Three Cultures. *World Psychology*, 3: 177 – 190

Schwarzer R., Bäßler J., Kwiatek P., Schröder K., Zhang J. X. 1997.

The Assessment of Optimistic Self-beliefs: Comparison of the German, Spanish, and Chinese Versions of the General Self-efficacy Scale. *Applied Psychology*, 46 (1): 69 – 88.

Schwarzer R., Jerusalem M. 1995. Generalized Self-effcacy Scale. In: Weinman, J., Wright, S. & Johnston, M. (eds.), *Measures in Health Psychology: A User's Portfolio. Causal and Control Beliefs*. Windsor, England: NFER-Nelson: 35 – 37.

Selten R. 1998. Features of Experimentally Observed Bounded Rationality. *European Economic Review*, 42 (3 – 5): 413 – 436.

Selten R. 2001. What Is Bounded Rationality? In: Gigerenzer, G. & Selten, R. (eds.), *Bounded Rationality: The Adaptive Toolbox*. Cambridge, MA and London England: MIT Press: 13 – 36.

Shah J., Higgins E. T. 2001. Regulatory Concerns and Appraisal Efficiency: The General Impact of Promotion and Prevention. *Journal of Personality & Social Psychology*, 80 (5): 693 – 705.

Shen Y., Yang Y. 2008. Does Grassroots Democracy Reduce Income Inequality in China?. *Journal of Public Economics*, 92 (10): 2182 – 2198.

Sherer M., Maddux J. E., Mercandante B., Prenticedunn S., Jacobs B., Rogers R. W. 1982. The Self-Efficacy Scale: Construction and Validation. *Psychological Reports*, 51 (2): 663 – 671.

Simon H. A. 1955. A Behavioral Model of Rational Choice. *The Quarterly Journal of Economics*, 69 (1): 99 – 118.

Simons H. C. 1938. *Personal Income Taxation: The Definition of Income as a Problem of Fiscal Policy*. Chicago: University of Chicago Press.

Sitharthan T., Job R. F., Kavanagh D. J., Sitharthan G., Hough M. 2003. Development of a Controlled Drinking Self-Efficacy Scale and Appraising Its Relation to Alcohol Dependence. *Journal of*

Clinical Psychology, 59 (3): 351 - 362.

Snyder C. R. 1994. *The Psychology of Hope: You Can Get There from Here*. New York: Free Press.

Snyder C. R. 2000. The Past and Possible Future of Hope. *Journal of Social and Clinical Psychology*, 19: 11 - 28.

Stark O. 2006. Status Aspirations, Wealth Inequality, and Economic Growth. *Review of Development Economics*, 10 (1): 171 - 176.

Stone J., Lynch C. I., Sjomeling M., Darley J. M. 1999. Stereotype Threat Effects on Black and White Athletic Performance. *Journal of Personality & Social Psychology*, 77 (6): 1213 - 1227.

Stout J. G., Dasgupta N., Hunsinger M., Mcmanus M. A. 2011. STEMing the Tide: Using Ingroup Experts to Inoculate Women's Self-concept in Science, Technology, Engineering, and Mathematics (STEM). *Journal of Personality & Social Psychology*, 100 (100): 255 - 270.

Stutzer A. 2004. The Role of Income Aspirations in Individual Happiness. *Journal of Economic Behavior & Organization*, 54 (1): 89 - 109.

Thompson W. W., Janzen S. A., Magnan N. P., Sharma S. 2015. Social Drivers of Aspirations Formation and Failure in Rural Nepal. In: 2015 AAEA & WAEA Joint Annual Meeting, July 26 - 28, San Francisco, California. Agricultural and Applied Economics Association & Western Agricultural Economics Association

Tiberius V. 2004. Cultural Differences and Philosophical Accounts of Well-being. *Journal of Happiness Studies*, 5 (3): 293 - 314.

Tietz R. 1997. Adaptation of Aspiration Levels-Theory and Experiment. In: Albers, W., et al. (eds.), *Understanding Strategic Interaction: Essays in Honor of Reinhard Selten*. Berlin: Springer:

345 - 364.

Tschannen-Moran M., Hoy A. W., Hoy W. K. 1998. Teacher Efficacy: Its Meaning and Measure. *Review of Educational Research*, 68 (2): 202 - 248.

Tversky A., Kahneman D. 1974. Judgments under Uncertainty: Heuristics and Biases. *Science*, 185: 453 - 458.

Veblen T. 1899. *The Theory of the Leisure Class: An Economic Study in the Evolution of Institutions*. New York: Macmillan.

Walker K. A. 1997. The Aspirations of Disadvantaged Jamaican Male Youths. Virginia Polytechnic Institute and State University.

Wallston B. S., Wallston K. A., Kaplan G. D., Maides S. A. 1976. Development and Validation of the Health Locus of Control (HLC) Scale. *Journal Consulting and Clinical Psychology*, 44 (4): 580 - 585.

Wang Q., Bowling N. A., Eschleman K. J. 2010. A Meta-analytic Examination of Work and General Locus of Control. *Journal of Applied Psychology*, 95 (4): 761 - 768.

Wydick B., Glewwe P., Rutledge L. 2013. Does International Child Sponsorship Work? A Six-Country Study of Impacts on Adult Life Outcomes. *Journal of Political Economy*, 121 (2): 393 - 436.

Yamauchi F. 2007. Social Learning, Neighborhood Effects, and Investment in Human Capital: Evidence from Green-Revolution India. *Journal of Development Economics*, 83 (1): 37 - 62.

Zhong H. 2011. The Impact of Population Aging on Income Inequality in Developing Countries: Evidence from Rural China. *China Economic Review*, 22 (1): 98 - 107.

附　录

调查问卷（部分）

自查	互查	队长

农户编码：＿＿＿＿＿＿＿＿＿

苹果种植户收入渴望与收入不平等调查

尊敬的果农朋友您好，我们是西北农林科技大学"苹果产业经济研究"课题组成员。本次调查数据仅用于学术研究和政策报告撰写。按照《中华人民共和国统计法》，您的私人信息将被严格保密，感谢您的配合！

乡：＿＿＿＿＿＿＿＿＿
村：＿＿＿＿＿＿＿＿＿
组：＿＿＿＿＿＿＿＿＿

受访者姓名：＿＿＿＿＿＿＿＿＿
受访者电话：＿＿＿＿＿＿＿＿＿
调查员姓名：＿＿＿＿＿＿＿＿＿
调查日期：2016 年＿＿＿＿月＿＿＿＿日

0. 您当前的心情怎么样？1. 很不好　2. 不太好　3. 一般　4. 好　5. 非常好

1. 您家的苹果一般什么时候销售？1. 苹果采摘后及时卖　2. 过年前　3. 过年后

A. 家庭基本情况

A1. 农户结构

1. 您家现在共有_____口人，种植苹果的劳动力有_____人，外出务工有_____人。

2. 您家户主是谁_____（**代码1**）。

3. 家里离最近的车站（通村车站）多远_____里。

4. 户主父亲的受教育年限_____年，社会经历_____（**代码2**）。

5.

代码1：1＝本人；2＝配偶；3＝父母；4＝儿子，女儿；5＝儿媳，女婿；6＝其他

代码2：1＝普通农户；2＝村委会干部；3＝党员；4＝苹果经纪人；5＝合作社干部；6＝其他

代码3：1＝完全务农；2＝农忙时参与务农；3＝完全不务农；4＝参军或上学；5＝没有劳动力

个人编码	与户主关系	性别	年龄	上学年限	社会经历（含曾经）	务农状况	在家居住时间（月）	打零工收入（在家的人员，元）	种苹果几年（截至2015年）	5年后是否种植苹果	是否已购买或自建住房
	代码1	1＝男 2＝女	周岁	年	代码2	代码3	2015年	2015年	年	1＝是 0＝否	1＝是 0＝否
1	1＝本人										
2											
3											
4											
5											
6											
7											

A2. 非农就业情况

代码1：1＝建筑业；2＝制造业；3＝交通运输仓储及快递；4＝批发零售及贸易；5＝餐饮住宿；6＝居民服务业；7＝事业单位及政府机构；8＝农林牧副渔业；9＝其他

代码2：1＝本村；2＝本乡镇；3＝本县（区）；4＝本省；5＝本省以外

个人编码	做什么工作？	是拿工资还是自营	工作地点	从业年限	打工收入（现金和实物）	交给家里的钱物	从家里取走的钱物
	代码1	1＝拿工资 2＝自营	代码2	年	元	元	元

2015年非农工作

B. 收入渴望

B1 1. 2015年（指2014年生产情况），您家种植苹果的详细收入情况

年份	品种	80mm 单价 元/斤	80mm 数量 斤	80mm 金额 元	75mm 单价 元/斤	75mm 数量 斤	75mm 金额 元	70mm 单价 元/斤	70mm 数量 斤	70mm 金额 元	65mm 单价 元/斤	65mm 数量 斤	65mm 金额 元	残次果 数量 斤	残次果 金额 元
2014	品种① 早熟														
	品种② 富士														
	品种③（　）														

2. 2015 年（指 2014 年生产情况），在您所生活的村子里一户（或者认识的周围人）种植苹果，最高苹果种植收入_____元；最低苹果种植收入_____元。

3. 您家种植**品种**①收入_____元；您家种植**品种**②收入_____元；您家种植**品种**③收入_____元；2015 年（指 2014 年生产情况）自家未卖（自用或送人）值_____元。

4. 收入渴望：2015 年（指 2014 年生产情况）的时候您认为**在未来的生产生活中，对于品种**_____**每年收入，您想要达到多少？**

种植**品种**①收入_____元；种植**品种**②收入_____元；种植**品种**③收入_____元。

5. 2015 年（指 2014 年生产情况）是大年，小年，没有大小年？ 1 = 大年，2 = 小年，3 = 没有大小年；

2016 年（指 2015 年生产情况）是大年，小年，没有大小年？ 1 = 大年，2 = 小年，3 = 没有大小年。

C. 生产情况

C1. 2015 年土地基本情况

1. 您家现有土地_____亩。苹果种植总面积_____亩；其中挂果园_____亩，幼园_____亩，租赁地_____亩，租赁费_____元/（亩·年），租赁期限_____年；挂果园主要品种平均树龄_____年。

经济作物种植面积_____亩，租赁地_____亩，租赁费_____元/（亩·年），租赁期限_____年；

粮食作物种植面积_____亩，租赁地_____亩，租赁费_____元/（亩·年），租赁期限_____年。

2. 经济作物和粮食作物（除苹果以外）

作物名称	面积（亩）	物质与服务费用（元）	用工（工）	工价（元/工）
1				
2				

代码1：1=谷类作物；2=薯类作物；3=豆类作物；4=核桃；5=桃；6=其他

注：**物质与服务费用**包括种子、化肥、农家肥、农药、农膜、翻地、燃油、保险费、机械收割、销售。人工包括栽种、管理、收获、销售。

3. 养殖品种＿＿＿＿，花费总成本＿＿＿＿元。

4. 经济作物收入（除苹果以外）

品种	自用 （斤）	销售 （斤）	售价 （元/斤）	总补贴 （元）
1				
2				

5. 其他收入

粮食作物毛收入				养殖毛收入			决策者自营工商业净收入		人情往来收入	财产性收入（租金、股息、利息）
自用	销售	售价	补贴	自用	销售	补贴	类型	金额	金额	金额
斤	斤	元	元	元		元	代码1	元	元	元

代码1（可多选）：1=小卖部；2=农资店；3=苹果经纪人；4=其他。注：人情往来收入包括礼金收入和家庭以外的人员给予。

51. 变卖资产（如房子等）收入，名称＿＿＿＿，＿＿＿＿元；

52. 退休金、养老金、保险金收入＿＿＿＿元；

53. 其他收入（贫困补贴、五保户等）＿＿＿＿元。

6. 2015年保险赔偿＿＿＿＿元。

7. 苹果种植补贴收入

类型	果袋	化肥	农药	防雹网	杀虫灯、粘虫板	黑地膜	其他
单位	元	元	元	元	元	元	元

B2（收入渴望）

1. 今年（指 2015 年生产情况），在您所生活的村子里一户（或者认识的周围人）种植苹果，最高苹果种植收入_____元；最低苹果种植收入_____元。

2. 今年（指 2015 年生产情况），您家种植苹果的收入情况。

您家种植**品种**①收入_____元；您家种植**品种**②收入_____元；您家种植**品种**③收入_____元；2015 年自家未卖（自用或送人）值_____元。

3. 收入渴望：您认为**在未来的生产生活中，对于品种**_____**每年收入，您想要达到多少？**

种植**品种**①收入_____元；种植**品种**②收入_____元；种植**品种**③收入_____元。

D1. 控制点量表[①]

1. 我能否当上领导主要靠我的能力。I

选项：1. 非常不同意　2. 不同意　3. 不太同意　4. 基本同意　5. 同意　6. 很同意

2. 我的生活在很大程度上受意外事件所左右。C

选项：1. 非常不同意　2. 不同意　3. 不太同意　4. 基本同意　5. 同意　6. 很同意

3. 我感到我生活中所发生的事主要是由有势力的人操纵的。P

选项：1. 非常不同意　2. 不同意　3. 不太同意　4. 基本同意　5. 同意　6. 很同意

4. 一个人是否出车祸主要取决于这个人的驾驶技术。I

[①] 控制点量表中的题项 7、13、19、21 和 23 与经济控制点量表中的题项 7、12、18、19、20 一致，故在实际调研中，此处的省去。

选项：1. 非常不同意　2. 不同意　3. 不太同意　4. 基本同意　5. 同意　6. 很同意

5. 在制订计划时，我几乎肯定能实行它。I

选项：1. 非常不同意　2. 不同意　3. 不太同意　4. 基本同意　5. 同意　6. 很同意

6. 碰上运气不好的事情时，我常常没有机会保护自己的利益。C

选项：1. 非常不同意　2. 不同意　3. 不太同意　4. 基本同意　5. 同意　6. 很同意

8. 尽管我能力不错，但如果我不拉拢那些身居高位（有权势）的人就不可能被委以重任（重用）。P

选项：1. 非常不同意　2. 不同意　3. 不太同意　4. 基本同意　5. 同意　6. 很同意

9. 我有多少朋友取决于我这个人怎么样。I

选项：1. 非常不同意　2. 不同意　3. 不太同意　4. 基本同意　5. 同意　6. 很同意

10. 我常常发现那些将要发生的事注定会发生（是冥冥中天注定的）。C

选项：1. 非常不同意　2. 不同意　3. 不太同意　4. 基本同意　5. 同意　6. 很同意

11. 我的生活多为那些有势力的人控制。P

选项：1. 非常不同意　2. 不同意　3. 不太同意　4. 基本同意　5. 同意　6. 很同意

12. 一个人是否碰上车祸主要是这个人的运气问题。C

选项：1. 非常不同意　2. 不同意　3. 不太同意　4. 基本同意　5. 同意　6. 很同意

14. 对我来说，早订计划并不总是明智的，因为运气决定很多事情的好坏。C

选项：1. 非常不同意　2. 不同意　3. 不太同意　4. 基本同意　5. 同意　6. 很同意

15. 我需要讨好比我有权势的人才能得到我想要的东西。P

选项：1. 非常不同意　2. 不同意　3. 不太同意　4. 基本同意　5. 同意　6. 很同意

16. 我能否当上官取决于我是否足够走运，在恰当的时间处在恰当的位置。C

选项：1. 非常不同意　2. 不同意　3. 不太同意　4. 基本同意　5. 同意　6. 很同意

17. 如果重要的人物不喜欢我，我很可能交不上太多朋友。P

选项：1. 非常不同意　2. 不同意　3. 不太同意　4. 基本同意　5. 同意　6. 很同意

18. 我完全能够主宰我生活中的一切。I

选项：1. 非常不同意　2. 不同意　3. 不太同意　4. 基本同意　5. 同意　6. 很同意

20. 一个人是否出车祸，主要取决于其他驾驶者。P

选项：1. 非常不同意　2. 不同意　3. 不太同意　4. 基本同意　5. 同意　6. 很同意

22. 为了实行我的计划，我要确信这些计划符合那些权势比我大的人的口味。P

选项：1. 非常不同意　2. 不同意　3. 不太同意　4. 基本同意　5. 同意　6. 很同意

24. 我的朋友多与少主要是命运的问题。C

选项：1. 非常不同意　2. 不同意　3. 不太同意　4. 基本同意　5. 同意　6. 很同意

E. 自我效能感和经济自我效能感

第1、6、7、8、9题为能否解决难题；第4、5、10题为能否应对突发情况；第2、11题为能否得到想要的；第3、12题为能否坚持理想达成目标；13~18 为经济自我效能感。

1. 如果我尽力去做的话，我总是能够解决难题的。

选项：1. 完全不正确　2. 尚算正确　3. 多数正确　4. 完全正确

2. 即使别人反对，我仍有办法得到我想要的。

选项：1. 完全不正确　2. 尚算正确　3. 多数正确　4. 完全正确

3. 对我来说，坚持理想和完成目标是很容易的。

选项：1. 完全不正确　2. 尚算正确　3. 多数正确　4. 完全正确

4. 我相信我能有效（很好）地应对任何突发的事情。

选项：1. 完全不正确　2. 尚算正确　3. 多数正确　4. 完全正确

5. 以我的智慧，我一定能够应付意料之外的事情。

选项：1. 完全不正确　2. 尚算正确　3. 多数正确　4. 完全正确

6. 如果我付出必要的努力，我一定能解决大多数难题。

选项：1. 完全不正确　2. 尚算正确　3. 多数正确　4. 完全正确

7. 我相信自己处理问题的能力，所以在遇到困难时我能冷静面对。

选项：1. 完全不正确　2. 尚算正确　3. 多数正确　4. 完全正确

8. 面对一个难题时，我通常能（我一般能）找到解决办法。

选项：1. 完全不正确　2. 尚算正确　3. 多数正确　4. 完全正确

9. 有麻烦的时候，我通常能（我一般能）想到一些应对办法。

选项：1. 完全不正确　2. 尚算正确　3. 多数正确　4. 完全

正确

10. 无论什么事在我身上发生，我都能应付自如。

选项：1. 完全不正确　2. 尚算正确　3. 多数正确　4. 完全正确

11. 如果我的决定是对的，即使有人反对，我仍能得到我想的。

选项：1. 完全不正确　2. 尚算正确　3. 多数正确　4. 完全正确

12. 一旦我做出决定，我一定能坚持下来并达到目标。

选项：1. 完全不正确　2. 尚算正确　3. 多数正确　4. 完全正确

13. 一旦出现意外开支，我就很难坚持我的支出计划。

选项：1. 完全不正确　2. 尚算正确　3. 多数正确　4. 完全正确

14. 变得富有对我来说很有挑战性。

选项：1. 完全不正确　2. 尚算正确　3. 多数正确　4. 完全正确

15. 我必须借钱应对意外支出。

选项：1. 完全不正确　2. 尚算正确　3. 多数正确　4. 完全正确

16. 遇到经济困难时，我要费好大劲才能想到办法。

选项：1. 完全不正确　2. 尚算正确　3. 多数正确　4. 完全正确

17. 我对我的理财能力没有信心。

选项：1. 完全不正确　2. 尚算正确　3. 多数正确　4. 完全正确

18. 我担心我不务农后会缺钱。

选项：1. 完全不正确　2. 尚算正确　3. 多数正确　4. 完全正确

C2. 2015 年苹果要素投入

1. 肥料投入

化肥及商品有机肥总投入				其他有机肥（农家肥、沼液）			
金额	自用工量	雇工量	用工单价	金额	自用工量	雇工量	用工单价
元	工	工	元/工	元	工	工	元/工

2. 农药投入

打药次数	农药金额	自用工量	雇工量	用工单价	其他费用（水、油费）	打药费用
次	元	工	工	元/工	元	元

注：若是打药外包，花费直接计入最后一列"打药费用"；若雇主给雇工提供伙食，需计算花费金额，计入用工单价（平均一个工每天伙食费大概多少钱），若是外包，则计入打药费用中。

3. 套袋及摘袋费用

套袋						卸袋		
果袋用量	单价	果袋金额	自用工量	雇工量	用工单价	雇工总花费	自用工量	雇工量	用工单价
枚	分	元	工	工	元/工	元	工	工	元/工

4. 疏花/疏果以及修剪、农膜等费用

疏花/疏果			修剪与清园			反光膜（黑地膜）			
自用工量	雇工量	用工单价	自用工量	雇工量	用工单价	金额	自用工量	雇工量	用工单价
工	工	元/工	工	工	元/天	元	工	工	元/工

注：若雇主给雇工提供伙食，需计算花费金额，计入用工单价。

5. 采摘和销售费用

采摘			销售				
自用工量	雇工量	用工单价	储藏、包装费用	自用工量	雇工量	用工单价	运输费用
工	工	元/工	元	工	工	元/工	元

注：若雇主给雇工提供伙食，需计算花费金额，计入用工单价；储藏、包装费用量指纸箱、库存费等；运输费用一栏若使用的是自有运输工具，则只计入油费、电费。

6. 灌溉费用

建设维护费	政府补贴	灌溉面积	灌溉次数	水、电、油费	用工量	用工单价
元	元	亩	次/年	元/年	工/次	元/工

7. 其他生产要素投入

放烟		防冻剂或营养液		人工种草		防雹网		授粉	
次数	用工量	费用	用工量	费用	用工量	面积	用工量	费用	用工量
次	工	元	工	元	工	亩	工	元	工

8. 机械及其他生产设备购置和修理费（多台，只算最新的）

种类	购买（修建）时间	自己花费金额（元）	政府补贴（元）	每年修理费（元）
拖拉机（手扶机）				
三轮车（蹦蹦车）				
施肥开沟机				
旋耕机				
打药机（药泵+带）				
割草机				
沼气池				
冷库				
集雨设施（水窖）				
其他设施				

9. 保险及自然灾害受灾程度

投保面积，2015年投入_____亩，产量损失_____%，估计损失金额_____元。

F. 社会比较

1. 您是否会在苹果种植收入方面同外村人进行比较？1＝是，0＝否，若是，大约有_____户。

2. 以下表格中人群，您一般同（主要）哪些人在苹果种植收入上进行比较（队员勾选），农户编码_____；并挑选出其中最重要的一位，农户编码_____。

3. 你和谁比较？

选项：1. 亲密朋友 2. 熟人 3. 想象的人 4. 普通朋友 5. 陌生人 6. 自己 7. 家庭成员 8. 著名人物 9. 其他

4. 你和比较对象在比较维度上的相似程度。

选项：1. 比自己差得多 2. 比自己较差 3. 比自己稍差 4. 与自己相似或者一样 5. 比自己稍好 6. 比自己较好 7. 比自己好得多

5. 如果我想知道我做得怎么样，我会把自己做的和其他人做的进行比较。

选项：1. 很不符合 2. 比较不符合 3. 介于符合和不符合之间 4. 比较符合 5. 很符合

6. 与您的同龄人相比，从总体上来说，您认为您的健康状况如何？

非常差 0—1—2—3—4—5—6—7—8—9—10 非常好

D2. 经济控制点量表

内在因素：第1、2、8、16、18、19、20题，正向。机会：第5、11、13、15、21、22题。外在因素：第3、6、7、10、14题。权利他人：第4、9、12、17题，反向题。

1. 储蓄（节省）和小心投资是致富的关键因素。

选项：1. 非常同意 2. 同意 3. 比较同意 4. 不确定 5. 比较不同意 6. 不同意 7. 非常不同意

2. 我的能力通常（多半）决定了我是否可以变得富有。

选项：1. 非常同意 2. 同意 3. 比较同意 4. 不确定 5. 比较不同意 6. 不同意 7. 非常不同意

3. 懒惰使人贫穷。

选项：1. 非常同意 2. 同意 3. 比较同意 4. 不确定 5. 比较不同意 6. 不同意 7. 非常不同意

4. 有权有势的人主要决定了我的经济状况。

选项：1. 非常同意 2. 同意 3. 比较同意 4. 不确定 5. 比较不同意 6. 不同意 7. 非常不同意

5. 对于防止贫困，人们能做得很少。

选项：1. 非常同意 2. 同意 3. 比较同意 4. 不确定 5. 比较不同意 6. 不同意 7. 非常不同意

6. 过分夸大了贫穷的严重性（指贫穷本身，而不是贫穷造成的影响）。

选项：1. 非常同意 2. 同意 3. 比较同意 4. 不确定 5. 比较不同意 6. 不同意 7. 非常不同意

7. 通常因为我运气好，所以我能得到我所追求的（想要的）东西。

选项：1. 非常同意 2. 同意 3. 比较同意 4. 不确定 5. 比较不同意 6. 不同意 7. 非常不同意

8. 从长远来看，懂得理财才能保持富有。

选项：1. 非常同意 2. 同意 3. 比较同意 4. 不确定 5. 比较不同意 6. 不同意 7. 非常不同意

9. 如果不讨好有权有势的人，我的能力不会让我变得更富有。

选项：1. 非常同意 2. 同意 3. 比较同意 4. 不确定 5. 比较不同意 6. 不同意 7. 非常不同意

10. 我们国家不存在贫穷。

选项：1. 非常同意　2. 同意　3. 比较同意　4. 不确定　5. 比较不同意　6. 不同意　7. 非常不同意

11. 变得富有和运气没有关系。

选项：1. 非常同意　2. 同意　3. 比较同意　4. 不确定　5. 比较不同意　6. 不同意　7. 非常不同意

12. 当同那些有权有势的人起冲突时，像我这样的人几乎没有机会保护自己的利益。

选项：1. 非常同意　2. 同意　3. 比较同意　4. 不确定　5. 比较不同意　6. 不同意　7. 非常不同意

13. 当我贫穷时，我无法摆脱贫穷。

选项：1. 非常同意　2. 同意　3. 比较同意　4. 不确定　5. 比较不同意　6. 不同意　7. 非常不同意

14. 政府的人不能阻止贫穷。

选项：1. 非常同意　2. 同意　3. 比较同意　4. 不确定　5. 比较不同意　6. 不同意　7. 非常不同意

15. 因为运气决定很多事情的好坏，所以节约并不总是明智的。

选项：1. 非常同意　2. 同意　3. 比较同意　4. 不确定　5. 比较不同意　6. 不同意　7. 非常不同意

16. 通常是我自己的错误使我变得贫穷。

选项：1. 非常同意　2. 同意　3. 比较同意　4. 不确定　5. 比较不同意　6. 不同意　7. 非常不同意

17. 我需要取悦比我有权势的人来达到我在经济上的目标。

选项：1. 非常同意　2. 同意　3. 比较同意　4. 不确定　5. 比较不同意　6. 不同意　7. 非常不同意

18. 我一般能保护自己的利益。

选项：1. 非常同意　2. 同意　3. 比较同意　4. 不确定　5. 比

较不同意　6. 不同意　7. 非常不同意

19. 我得到了我想要的，通常是因为我为之（这个东西）勤奋努力过。

选项：1. 非常同意　2. 同意　3. 比较同意　4. 不确定　5. 比较不同意　6. 不同意　7. 非常不同意

20. 我的行为决定我的生活。

选项：1. 非常同意　2. 同意　3. 比较同意　4. 不确定　5. 比较不同意　6. 不同意　7. 非常不同意

21. 我变得富有或贫穷主要是命中注定的。

选项：1. 非常同意　2. 同意　3. 比较同意　4. 不确定　5. 比较不同意　6. 不同意　7. 非常不同意

22. 只有那些继承财产或赢钱的人才可能变得富有。

选项：1. 非常同意　2. 同意　3. 比较同意　4. 不确定　5. 比较不同意　6. 不同意　7. 非常不同意

G. 家庭支出情况调查

条目	明细	
食物类	面食、蔬菜、水果、零食、肉类、蛋类、豆类、海鲜、调料、酒类、饮料、茶叶、牛奶、在外就餐	
住房类	水费、电费、暖气费、物业费、网络费、天然气费、数字电视费、房屋租赁费、垃圾清运费、（家电）维修费	
服饰类	衣服、裤子、鞋子、内衣、包、饰品、口罩、围巾、帽子、袜子	
交通类	公交、出租、汽车、地铁、火车、飞机、自己的交通工具用油	
医药保险类	药品、检查、住院、医疗费用	
生活类	娱乐、理发、旅游、书籍、学习、教育、小家电	
日化类	化妆品、清洁工具、厨房用品、卫生用品、洗涤用品	
通信类	话费	
人情类	见面礼、压岁钱、红白事、请客吃饭	
贷款类	银行利息、住房月供	

续表

条目	明细
社会保险类	医疗保险、养老保险
商业保险类	商业保险（苹果生产之外）
赡养类	给老人

H. 家庭住房与耐用品拥有情况

序号	项目	数量	购买/建造年份（近2次）	购买市价（近2次）
1	住房			
2	卡车			
3	轿车			
4	彩色电视机			
5	电冰箱或冰柜			
6	洗衣机			
7	摩托车			
8	电动车/电瓶车			
9	电脑			
10	照相机			
11	空调			

图书在版编目(CIP)数据

收入渴望与收入不平等:以苹果种植户为例/尤亮,霍学喜著. -- 北京:社会科学文献出版社,2020.3
(中国"三农"问题前沿丛书)
ISBN 978 - 7 - 5201 - 6296 - 8

Ⅰ.①收… Ⅱ.①尤… ②霍… Ⅲ.①农民收入 - 研究 - 中国 Ⅳ.①F323.8

中国版本图书馆 CIP 数据核字(2020)第 030068 号

中国"三农"问题前沿丛书
收入渴望与收入不平等
——以苹果种植户为例

著　　者 / 尤　亮　霍学喜

出 版 人 / 谢寿光
责任编辑 / 任晓霞
文稿编辑 / 王红平

出　　版 / 社会科学文献出版社·群学出版分社 (010) 59366453
　　　　　 地址:北京市北三环中路甲 29 号院华龙大厦　邮编:100029
　　　　　 网址:www.ssap.com.cn

发　　行 / 市场营销中心 (010) 59367081　59367083
印　　装 / 三河市尚艺印装有限公司

规　　格 / 开　本:787mm × 1092mm　1/16
　　　　　 印　张:16　字　数:208 千字
版　　次 / 2020 年 3 月第 1 版　2020 年 3 月第 1 次印刷
书　　号 / ISBN 978 - 7 - 5201 - 6296 - 8
定　　价 / 99.00 元

本书如有印装质量问题,请与读者服务中心 (010 - 59367028) 联系

▲ 版权所有 翻印必究